무엇이 가격을 결정하는가?

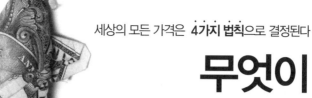

세상의 모든 가격은 **4가지 법칙**으로 결정된다

무엇이
가격을
결정하는가?

마이클 마이넬리, 이안 해리스 **지음**

윤태경 **옮김**

21세기북스

● 차례 ●

흐름 둘 경제학

흐름 셋 **시스템**

흐름 넷 진화

무엇이 세계를 움직이는가

금융시장에 정어리에 관한 오래된 일화가 있다. 20세기 초, 캘리포니아 주 몬테레이 해역의 정어리 어획량이 급감했다는 소문을 접한 거래상들이 앞다투어 정어리 통조림 매수 주문을 냈다. 시장에 주문이 몰리자 정어리 통조림 가격이 치솟았다. 금융시장에서 흔히 볼 수 있는 버블이었다. 정어리 통조림은 한동안 인기 거래종목이었다. 어느 날 한 상인이 다른 때보다 성공적으로 거래를 성사한 기념으로, 자신이 평소 거래하던 정어리 통조림을 따서 먹었다. 그런데 정어리 맛이 형편없었다. 기분이 언짢아진 상인은 통조림 판매업자에게 항의 전화를 걸었다. 뜻밖에도 판매업자는 이렇게 대답했다. "뭘 모르시는군요. 정어리 통조림은 먹으려고 만든 게 아니라 거래하려고 만든 겁니다."[1]

캘리포니아 주 앞바다에서 잡히던 정어리는 계속된 남획으로 인해 결국 1950년대에 자취를 감췄다.

이 일화가 말해주는 사실은, 사람들이 실제 물고기의 진정한 가격을 모른다는 것이다. 만약 사람들이 모든 어류 가격이 미래에 어떻게 변할지 완벽히 알고 있었다면, 북해, 뉴펀들랜드 해역, 몬테레이 해역 등의 어장에서 어류를 남획하지 않았을 것이다. 어류 수요공급이 어떻게 바뀌고, 수산업계가 정치적으로 어떻게 돌아가고, 그로 인해 세계시장이 어떤 압박을 받는지 총체적으로 이해할 일련의 도구나 개념적 틀이 현실적으로 아직 부족하다. 지금까지 경험으로 볼 때, 경제학만으론 부족하다. 경제학을 넘어선 사상의 집합이 필요하다. 세계가 움직이는 원리를 본질적으로 설명하는 이론, 장기적으로 더 나은 결정을 내리는 데 도움이 될 만한 이론이 필요하다.

'고약한 문제wicked problems'란 1970년대에 호스트 리텔과 멜빈 웨버가 대중화한 용어다.[2] 정어리 남획이 고약한 문제의 한 예라 할 수 있다. 고약한 문제는 대다수 결정이론 연구자들이 연구대상으로 삼는 체스, 게임이론, 퍼즐 맞추기 같은 '정돈된 문제tame problems'와 다르다. 현실 세계는 어지럽고, 순환하고, 공격적이다. 얽히고설킨 상황이 더 큰 혼란과 예기치 않은 결과를 낳는다. 『피터의 원리The Peter Principle』란 책으로 유명한 로렌스 피터 교수는 "어떤 문제들은 너무나 복잡해서, 단순히 객관적으로 문제를 인식하는 데만도 높은 지능과 풍부한 정보가 필요하다"라고 말했다.

고약한 문제는 '실제 거래real commerce'에도 연관되어 있다. 거래commerce는 흔히 돈이나 상품을 교환하는, 즉 사고파는 행위를 가리키는 단어지만, 원래 더 광범위한 의미를 담고 있다. 실제 거래는 사람들이 매일 다른 사람과 하는 일이다. 실제 거래는 개인과 조직, 단체가 소통하고 협상하는 복잡한 양상을 포함한다. 또, 복잡한 상호작용이 시간에 따라 바뀌는 과정도 포함한다. 실제 거래는 사회, 정치, 경제, 그리고 사람들의 미래에 영향을 미친다. 실제 거래는 세계가 실제 움직이는 방식이며, 이 방식을 이해하는 것이 이 책의 목표다. 이 목표는 다시 말해, 사람들이 물고기 가격의 모든 것을 이해하기 위해 알아야 하는 지식을 탐구하는 것이라 할 수 있다.

네 가지 흐름을 고려하라

아직 통일된 거래이론이 없고 이후로도 나오지 않을 수도 있다. 그렇다 해도 갈수록 좁아지는 세계에서 사람들이 함께 잘 살 수 있도록 현명한 결정을 내리는 데 필요한 도구와 지식을 탐구할 수는 있다. 이 책에서는 이러한 지식의 네 가지 기본 영역을 다룰 것이다. 현명한 결정을 내리려면 이 네 갈래의 흐름을 통합해야 한다.

- **선택** 사람들이 지식과 편견을 어떻게 습득하며, 행동에 어떤 영향을 미치는지 알 수 있는 영역이다. 의사결정이론, 선택할 수 있는 것이 너무 많을 때 처할 수 있는 위험, 그리고 현실세계에서 선택을 검토하는 것이 이론과 얼마나 다른지를 탐구할 것이다. 공정성, 신뢰, 윤리와 같은 선택의 규범적 측면에 대해서도 다룰 것이다

- **경제학** 이 영역에서는 기존 경제학에 나오는 거래 모형을 탐구하고, 정부와 사회기관의 역할에 관한 토론을 확장할 것이다. 세금이 시장에 어떤 영향을 미치는지 논의하고, 네트워크 경제가 과연 신경제인

지 다룰 것이다.

- 🐟 **시스템** 시스템을 공부함으로써, 상업경제와 정치경제 세계의 복잡한 시스템을, 서로 정보를 주고받고 연결된 하위체제로 분해해서 생각할 수 있다. 확률과 불완전한 정보의 역할을 탐구하여 시장이 비합리적으로 움직이는 이유를 이해할 것이다. 이 영역에서는 변동성, 유동성, 상업적 다양성, 유행, 패션을 다룰 것이다.

- 🐟 **진화** 이 영역에서는 특히 혁신과 경쟁적 선택을 다룰 것이다. 기후변화, 경제의 지속 가능성처럼 극히 풀기 어려운 문제들을 조명할 것이다.

위와 같은 네 갈래의 지식을 엮을 때, 현실을 이해하고 결정을 내리는 능력을 함양할 수 있다.

앞서 소개한 정어리 일화를 네 가지 관점에서 보면 다음과 같다.

- 🐟 **선택** 정어리 매입자, 판매자, 거래상의 행동.
- 🐟 **경제학** 정어리 통조림의 수요와 공급.
- 🐟 **시스템** 정어리 어획, 통조림의 제조와 유통, 거래, 소비, 정어리 남획의 시스템.
- 🐟 **진화** 정어리 상품 거래의 경쟁적 진화.

정어리 일화는 단순한 일화지만, 위와 같은 네 가지 측면에서 검토하지 않으면 본질을 놓치기 쉽다. 상인들은 자신이 거래하는 상품의 본질을 망각하고, 게임을 하듯 정어리를 거래했다. 실제 정어리는 사람들이 먹을 때만 내재가치가 있다. 실제 정어리 거래에서는 상거래가 개입할 여지가 별로 없다. 돈이나 경제적 측면만 고려하다가는 장기적 의사결정 과정에서 착오가 생길 수 있다. 게다가 과학자들은 정어리의 개체 수와 캘리포니아 조류의 자연적 주기 사이의 복잡한 시스템적 균형을 지목하고, 이러한 균형을 깨트린 정어리 남획이 캘리포니아 해역에서 정어리가 자취를 감춘 유일한 원인은 아닐지라도 주원인이라고 말한다.

나는 해양관리협의회MSC, Marine Stewardship Council 초창기에 해양관리협의회와 일했다. MSC는 환경단체인 세계자연보호기금WWF, World Wide Fund for Nature과 다국적 생활용품 기업인 유니레버Unilever가 1996년에 공동으로 설립한 단체다. MSC는 어류 자원 관리에 대한 경제적 인센티브를 제공하기 위한 방법을 모색했다. 그 결과 MSC는 지속 가능한 어획을 위해 환경기준을 설정하고, 이 기준을 통과한 수산회사를 인증하는 제도와 수산물 이력제를 시작했다. MSC의 기준을 통과한 수산회사는 수산물에 MSC 라벨을 부착할 수 있다. MSC 라벨 덕에 MSC가 설정한 환경기준을 만족하는 어획 활동으로 생산된 수산물을 소비자들이 쉽게 구분하고 선택할 수 있다. MSC 환경기준을 비롯한 환경적, 윤리적, 사회적 기준은 수산업, 농업, 임업, 가전제품을 비롯한 일부 산업 분야에 큰 영향을 미치게 됐다. 소비자만 선택한 것이 아니다. 초기에 MSC는 지속 가능한 어획 활동을 위해 수산회사를 공략하는 것보다 소비자를 공략하는 것이 수월하리라고 판단했다.

2000년도에 MSC는, 수산회사들에게 MSC 환경기준을 따를 가치가 있다는 점을 증명해달라고 내게 요청했다. 나는 수산회사들이 MSC

환경기준을 준수해 어획량 변동이 줄어들 경우, 수산회사들이 보게 될 재정적 이득을 검토했다. 나는 수산회사들이 지속 가능한 어획 활동에 참가할 경우 어획량 변동 감소로 수산물 가격이 안정돼, 수산회사들이 상당한 경제적 이익을 보며, 이러한 이익이 MSC 인증 비용을 상회한다는 사실을 입증했다. 그 결과 세계 각국의 주요 수산회사들이 MSC 기준을 준수하는 지속 가능한 어획 활동에 참가하게 됐고, 수산업이 MSC 기준에 맞게 진화했다.

이 사례는 선택, 경제학, 시스템, 진화라는 네 가지 흐름이 어떻게 연결되는지 보여준다. MSC는 긍정적 변화를 유도하기 위해 소비자 선택의 힘을 이용했다. 경제학은 비용, 가격, 가치를 계산하고 결정을 내리는 데 도움이 됐다. 수산회사들은 남획하는 쪽을 선택하는 것과 어류 개체 수를 유지하기 위해 어획량을 줄이는 쪽을 선택하는 것의 차이를 인식하게 됐다. 마지막으로, 수산물의 이력을 기록, 공개하고 지속 가능한 어획을 인증하는 단체들이 경쟁하면서 전체 환경기준 시스템도 진화하게 됐다. 어류 고갈은 여전히 고약한 문제다. 고약한 문제에는 옳든 그르든 답을 낼 수가 없다. 고약한 문제를 해결하는 데 도움이 되는 결정을 내리든가, 도움이 되지 않는 결정을 내릴 수 있을 뿐이다.

물고기 가격은 어떻게 정해졌나

먼 옛날에는 언어도 인생도 상당히 단순했다. 사람들은 필요한 것이 있으면 당장 만들거나 사냥했다. 가끔 교환 행위도 있었는데, 마을 사람들끼리 선물을 주고받거나 마을 밖에서 온 이방인과 물물교환을 하는 형태였다. 세월이 흐르면서 사람들은 여분의 물건을 다른 사람이 가진 다른 종류의 물건과 교환하거나 나중에 필요할 때를 대비해 저장할 수 있다는 사실을 깨달았다. 정기적으로 열리는 시장을 통한 공식적 거래행위는 약 5000년 전에 시작됐을 것이다. 1000년 뒤, 법과 정치제도가 뒷받침하는 국가 경제가 중동에서 나타났다. 이윽고 세계는 복잡해졌다. 사람들은 거래할 뿐 아니라 저장하기 위해 점점 더 많은 부를 추구하게 됐다. 기원전 600년경에 리디아인Lydian, 고대 터키 서부에 거주하던 민족-옮긴이이 주화를 발명하자 상거래가 급증했다. 가치를 거래하고 저장하기 위해 다양한 금융 도구들이 출현했다. 오늘날과 유사한 파생 금융상품도 나왔다.

사회에는 더 복잡한 형태의 시장과 조직과 통제가 도입되었다. 도시국가와 국민국가가 출현했다. 오늘날 경제활동은 국제적으로 세계적으로 상당한 지역에 걸쳐 벌어지고 있다. 개발도상국의 상대적 빈곤이나 사람들이 사소한 욕망을 충족하기 위해 활용하는 복잡한 유통망을 생각해보라. 경제활동이 늘면서, 연기금과 건강보험과 같은 경제 문제뿐 아니라 기후변화와 어류 남획을 비롯한 환경 문제 등 여러 가지 이질적이고 거대한 문제가 나타나고 있다.

물고기의 가격만 해도 고대보다 문제가 복잡해졌다. 비교적 최근까지만 해도, 거의 모든 어류가 근해에서 잡히고 국내시장에서 거래되고 국내에서 소비됐다. 이미 고대인은 건조, 훈제, 염장 같은 보존기술을 개발해 거래가능 기간을 약간 연장하고 어촌에서 어류시장을 열었다. 고대 로마인들은 굴부터 해산물 소스까지 로마 제국에서 생산되는 모든 것을 거래했다. 19세기와 20세기에 통조림, 냉동, 냉장 기술이 개발된 덕분에, 거래되는 어류의 양과 종류가 급증했다. 오늘날 세계시장에서 물고기 가격은 어부, 어부 가족, 해양구조대, 등대지기, 통조림 공장 사장, 냉동 창고 사장, 물류회사와 식품회사, 소매업자, 식당의 사장, 소비자의 희망과 꿈을 반영한다.

물고기의 가격은 이 모든 사람들에게 영향을 주고 영향을 받는다. 태평양산 참치 통조림은 단순히 샌드위치 재료로 여길 수도 있지만, 좀 더 생각해보면 수천 명의 손을 거쳐 지구 반대편에서 온 놀라운 물건임을 알 수 있다. 런던의 수산시장 빌링스게이트에 가면, 영국 어부가 가까운 도버 해협에서 갓 잡은 신선한 물고기도 살 수 있고, 수산업체가 지구 반대편 칠레 앞바다에서 잡은 냉동 물고기도 살 수 있다. 10억 명이 넘는 사람들이 물고기를 주요 단백질 공급원으로 삼는다. 물고기는 세계에서 가장 거래량이 많은 상품 중 하나로, 거래 금액이 한해 수천억 달러로 추산된다.

하지만 수산업의 앞날은 어둡다. 수산업체들이 세계 어류의 절반 이상을 남획한 탓에, 주요 어류의 개체 수가 멸종 위기 수준으로 줄었다. 이 때문에 21세기 중반까지 대부분의 어류가 멸종할 것으로 전망된다. 많은 전문가들이 오랫동안 남획이 심각한 문제를 낳을 것이라고 경고했다. 캐나다 뉴펀들랜드 해역에서 많이 잡히던 대구가 1992년 갑자기 자취를 감춘 것이 좋은 사례다. 4만 개가 넘는 일자리가 사라졌다. 우리가 이 책을 쓰고 있는 동안에도 뉴펀들랜드 해역의 수산업체들은 여전히 문을 닫은 상태다. 뉴펀들랜드 해역의 어류 개체 수를 복원하려는 시도가 여러 차례 있었지만 아직 성공하지 못했다. 앞서 소개한 정어리 사례와 마찬가지로, 뉴펀들랜드 해역에서 대구가 사라진 현상도 네 가지 영역의 지식을 모두 동원해 분석해야 제대로 설명할 수 있다.

선택의 측면만 검토해서는 정치인과 어부들이 실패한 이유를 제대로 설명하지 못한다. 대구가 멸종 위기에 있다는 증거가 오래전부터 나왔는데도, 정치인과 어부들은 대구의 어획량을 줄이는 쪽을 선택하지 않았다. 어획량을 줄이는 것은 고통스럽지만 대구의 멸종을 막기 위해 필요한 선택이었다. 전통적인 경제학대로라면, 대구 어획량이 줄면 대구 가격이 올라 대구 수요가 줄고, 이 때문에 어획량이 줄어 대구 개체 수가 회복될 터였다. 시스템 연구학자들은 뉴펀들랜드 해역에서 대구가 멸종한 원인을 설명할 시스템 모형을 아직 만들지 못했다. 그들은 다른 해역의 어류 멸종을 예방하기 위해 필요한 조치를 합리적 확신을 가지고 내놓지도 못했다. 또, 진화의 측면만으로도 뉴펀들랜드의 대구가 생존에 실패한 원인을 설명할 수 없다.

더 나은 결정을 위해

이 책에서는 개인, 단체, 사회에 중대한 영향을 미치는 여러 가지 문제를 다룰 것이다. 정어리 상인들과 뉴펀들랜드의 어부들은 거래의 진짜 목적을 망각했다. 모든 사람들이 이러한 함정에 빠지기 쉽다. 각 문제를 따로따로 분석하면 큰 그림을 놓치기 쉽다. 이 책에서는 실제 거래에서 생기는 많은 문제를 탐구한 다음 각 문제들을 하나로 엮어보기로 하겠다.

경제계에는 자원 고갈부터 환경오염, 인프라 부족, 금융 위기까지 지속 가능성과 관련 있는 고약한 문제들이 많다. 사람들은 시간이 흘러도

퇴색하지 않는 안정적 가치를 만들려고 노력했지만 실패했다. 나는 실제 거래의 네 가지 측면을 이해하고 통합해야 이러한 중대한 문제들을 더 명확히 이해하고 더 나은 결정을 내릴 수 있을 것이라 확신한다. 만약 모든 거래를 다 설명하는 통합이론이 나온다면 그 이론에 선택, 경제학, 시스템, 진화라는 네 가지 영역이 포함될 것이 틀림없다.

흐름 하나 선택

선택

경제학

시스템

진화

1장

여럿 가운데서 선택하기

네 가지 지식 흐름을 탐구하는 여행의 첫 경유지로, 우선 결정과정을 보자. 사람들은 스스로 합리적이라 생각하지만, 사람들의 결정을 설명하려면 경제적 합리성을 훨씬 뛰어넘는 부분까지 봐야 한다. 현대 사회에서 사람들은 종종 선택의 가짓수가 너무 많아 곤란을 느낀다. 사실상 선택의 여지가 없는 유명무실한 선택도 있다. 기업과 정부기관의 물품 구매 과정에서는 현명하게 선택하지 못하고 '입찰 함정'에 빠지기 쉽다. 이번 장에서는 이러한 현상을 설명하고, 선택 과잉 시대를 사는 현대인들이 결정을 내리는 과정을 설명하고자 한다.

다음과 같은 두 가지 시나리오를 고려해보자. 각각 두 가지 가능성 가운데 하나를 선택해야 하는 상황이다.

1번 시나리오 수산물 가공공장 세 곳을 보유하고, 직원이 600명인 기업이 최근 판매부진으로 인원을 감축해야 할 상황에 처했다. 재무 담당 이사는 두 가지 기업 회생 계획을 세웠다.

◈❊ 플랜 A를 선택하면, 공장 한 곳과 직원 200명을 유지할 수 있다.
◈❊ 플랜 B를 선택하면, 공장 세 곳과 직원 600명을 유지할 확률이 3분의 1, 공장과 직원을 유지하지 못할 확률은 3분의 2다.

독자라면 플랜 A와 플랜 B 중 어느 쪽을 선택하겠는가?
이제 약간 다른 시나리오를 보자.

2번 시나리오 수산물 가공공장 세 곳을 보유하고, 직원이 600명인 기업이 최근 판매부진으로 일부 조직만 유지할 수 있는 상황에 처했다. 재무 담당 이사는 두 가지 기업 회생 계획을 세웠다.

◈❊ 플랜 Y를 선택하면, 공장 두 곳과 직원 400명을 잃는다.
◈❊ 플랜 Z를 선택하면, 모든 공장과 직원을 잃을 확률이 3분의 2, 공장과 직원을 전혀 잃지 않을 확률이 3분의 1이다.

독자라면 플랜 Y와 플랜 Z 중 어느 쪽을 선택하겠는가?
여러 실험 결과, 80%가 넘는 참가자들이 1번 시나리오에서는 플랜 A를, 2번 시나리오에서는 플랜 Z를 선택했다. 사람들은 자신이 앞서 있는 상황에서는 위험을 회피하려 하고, 뒤처진 상황에서는 위험을 감수하려 한다. 플랜 A와 플랜 Y, 플랜 B와 플랜 Z는 기대할 수 있는 결과가 같다. 그러나 어떤 단어로 상황을 묘사하느냐에 따라 사람들은 다른 플랜을 선택한다.

합리적으로 결정하기

실제 결정과 합리적 결정의 차이를 연구하는 일이 최근 경제학에서 인기다. 선택의 자유가 있다는 말은 비합리적 선택을 하고, 일관성 없는 결정을 내릴 수 있다는 것을 뜻한다. 이처럼 의사결정 과정에서 일어나는 비합리적 행태를 이해하는 것이 실제 경제활동에 도움이 된다.

우선, 경제적 합리성이란 개념이 실제로는 얼마나 비합리적인지 살펴보자. 사람들은 의사결정권자가 본인의 성향에 따라 문제를 정의하고 인식하고 분류하며, 모든 대안을 인식하고 평가하며, 가장 높은 가치를 실현하는 대안을 정확히 계산해서 선택한다고 가정한다. 이를 합리적 선택이라고 부른다. 실제론 이와 같은 합리적 선택과 거리가 먼 문제해결 시스템이 많지만, 의사결정 이론가들은 합리적 선택의 정의에 집착해 이런 현실을 무시한다. 『불확실한 세계의 합리적 선택Rational Choice in an Uncertain World』이란 책에서 저자 라이드 하스티와 로빈 도스는 "논리학의 모순율에 따르면, 같은 증거에 기반을 둔 추론 과정들이 서로 모순되는 결론에 도달하는 것은 비이성적이다"라고 말한다.[1] 하지만 시나리오 플래닝scenario planning, 미래에 발생 가능한 일을 시나리오로 만들어 시나리오별 전략적 대안을 수립하는 경영 기법-옮긴이에서는, 같은 정보에서 서로 다른 결론이 나오는 것이 가능하다. 합리적 선택의 정의대로라면, 전략 기획 시스템strategic planning system은 비합리적인 셈이다.

행동과학적 조직론의 창시자로 1978년 노벨 경제학상을 받은 허버트 사이먼은 1950년대 말 '제한적 합리성bounded rationality'이란 개념을 도입했다.[2] 제한적 합리성은 인간의 지식과 인지능력에 한계가 있다는 사실을 인정한 개념이다. 허버트 사이먼은 합리적 선택 모델의 몇 가지 가정에 집착하지 말고 실제 의사결정 과정을 보라고 말한다. 사람들은 문제를 분석하고 최적의 해법을 찾는 데 필요한 본질적 정보가 부족한 상태에서 결정을 내려야 할 때가 많다. 심지어 정보가 풍부한 상태에서도 대부분의 사람들은 모든 정보를 소화해 최적의 해법을 계산할 능력이 없다. 경제학자와 사회학자들은 합리적 의사결정 모형이 현실 속 의사결정 과정과 너무나 달라, 무용지물이란 사실을 깨달았다. 이에 따라, 현실에서 일어나는 의사결정 과정을 실증적으로 연구하는 학자들이 늘고 있다.

그렇지만 아직도 주류 경제학 교수들은 "사람들이 모든 정보를 손에 쥐고 기대효용이론에 따라 합리적 결정을 내린다"라고 가르친다. 1992년 노벨 경제학상을 받은 게리 베커조차 "시장에서 나타나는 인간의 모든 행동은, 시장 참여자들이 최적의 정보를 수집하고 효용을 극대화하려는 노력의 일환으로 볼 수 있다"라고 말했다.[3]

즉, 의사결정 과정은 두 가지 대조적인 관점에서 연구할 수 있다.

- 게리 베커처럼 최적의사결정 모형에 따라 의사결정 과정을 연구하는 규범적 관점.
- 허버트 사이먼처럼 실제 사람들이 결정을 내리는 과정을 관찰하고

24

그 속의 원리를 이해하고자 하는 서술적 관점.

두 관점 모두 나름대로 장점이 있지만, 다음 몇 단락에서는 서술적 관점에 따라 이야기를 풀어보겠다.

의사결정 단순화하기

대니얼 카너먼과 아모스 트버스키는 1960년대와 1970년대에 심리학과 경제학을 접목한 연구를 수행했다. 두 사람이 만든 전망이론prospect theory은 개인이 합리적 결정과 동떨어진 결정을 내리는 이유를 서술하고자 시도한다.[4] 허버트 사이먼이 인간의 이성이 제한적인 이유를 설명했다면, 카너먼과 트버스키는 인간이 제한적 합리성에 따라 결정을 내리는 과정을 탐구했다. 인간은 정보와 시간, 노력, 그리고 처리 능력이 제한적이기에, 경험 법칙rule of thumb을 적용해 의사결정 전략을 단순화한다. 카너먼과 트버스키는 경험 법칙에 따라 단순화한 의사결정 전략을 추단법heuristic, 휴리스틱, 발견적 해법이라 불렀다. 추단법은 편리한 도구다. 사람들은 의사결정 과정에서 모든 정보를 다 처리할 수 없기에 추단법을 써서 결정을 내린다. 문제는 사람들이 추단법을 쓰면서 체계적 오류systematic error를 범한다는 것이다. 카너먼과 트버스키는 이러한 체계적 오류를 '편향bias'이라 불렀다.

사람들은 의사결정 과정에서 다양한 추단법을 쓴다. 맥스 베이저먼은 『경영결정의 판단Judgment in Managerial Decision Making』[5]이란 책에서 전망이론의 추단법을 세 가지로 분류했다.

❊❊ 가용성 추단법Availability heuristic: 사람들은 불확실한 사안에 대해 결정을 내릴 때 쉽게 생각나는 사례를 참고한다. 발생빈도가 낮고 사안과 연관성이 낮은 사례여도, 쉽게 생각나는 사례를 참고한다. 이를 가용성 추단법이라 한다. 정보가 지나치게 많은 현대 사회에서 가용성 추단법은 도움이 될 때가 많다. 하지만 가용성 추단법을 쓰다 보면 자칫, 극단적 위험의 확률은 과대평가하고 덜 극단적 위험의 확률은 과소평가하기 쉽다. 더 쉽게 생각나는 정보 쪽으로 생각이 치우치기 쉽다. 또, 우연의 일치로 함께 일어난 사건들을 기억하는 사람은 이 사건들이 다시 우연의 일치로 함께 일어날 확률을 과대평가한다.

❊❊ 대표성 추단법Representativeness heuristic: 사람들은 이전에 발생한 유사한 사건을 정형화해, 새로운 사건이 발생할 확률과 사건의 영향을 평가한다. 이를 대표성 추단법이라 한다. 대표성 추단법은 분류하는 작업에 많이 쓰인다. 예를 들면 신입사원을 뽑을 때다. 사람들은 더 유용한 정보를 활용할 수 있을 때도 대표성 추단법에 의존한다. 사람들은 서술적 정보와 직접 관련이 없는 사안에도 서술적 정보에 의존해 판단한다. 사람들은 종종, 어떤 일이 논리적 인과관계에 따라 발생할 것으로 예측하는 대신, 우연히 발생할 것이라고 생각한다. 사람들은 평균회귀 현상을 간과하는 오류도 저지른다. 현실에선 정규분포의 평균과 크게 동떨어진 사건이 발생한다. 하지만 시간이 흐를수록 대부분의 사건이 평균으로 회귀한다.

❊❊ 고정 및 조정 추단법Anchoring and adjustment heuristic: 사람들은 종종 최초의 가치 또는 역사적 가치를 준거점reference point으로 삼고 평가를 시작한다. 한 예로, 기업들은 내년 예산을 짤 때 올해 예산을 준거점

으로 삼고 내년 예산을 몇 퍼센트 조정할지 결정한다. 이 추단법은 개인과 조직이 여러 가지 상황에서 활용하지만, 최적의 결정을 내리는 데 도움이 되지 않을 때가 많다. 부적절한 정보를 준거점으로 삼은 경우 부적절한 결정을 내리게 된다. 또, 사람들은 자신의 평가 능력을 과대평가하는 경향이 있다.

이러한 추단법에서 생기는 여러 가지 편향을 이번 장과 다음 두 장에서 다룰 것이다. 이 중 몇 가지는 먼저 언급할 가치가 있다. 첫째, 확증 편향confirmation bias이다. 사람들이 자신의 생각과 일치하는 정보는 받아들이고 일치하지 않는 정보는 무시하는 경향을 말한다. 칼 포퍼는 기존 가설을 부정하는 정보를 찾는 과정에서 과학이 진보한다고 믿었다. 둘째, 사후해석 편향hindsight bias이다. 사람들은 '내 그럴 줄 알았어' 하고 과거 자신의 결과예측 능력을 과신한다. 또, 타인의 행동을 예측할 때, 그 사람이 모르는 정보를 자신이 알고 있을 수 있다는 사실을 종종 무시한다.

트버스키와 카너먼은 사람들이 단순히 가망이 있을 뿐인 결과를 확실히 얻을 수 있는 결과보다 낮게 평가하는 이유를 설명하려고 했다. 이를 확실성 효과certainty effect라 한다. 확실성 효과 때문에 사람들은 확실한 이익을 얻을 수 있는 상황에서 위험을 회피하는 선택을 하고, 손해가 확실한 상황에서 위험한 선택을 한다. 사람들은 낮은 확률을 과대평가하는 경향이 있다. 이것이 보험에 드는 사람, 도박하는 사람이 많은 이유를 설명해줄지도 모른다.

이러한 개념을 설명할 때 중요한 개념이 '프레이밍framing'이다. 사람들은 평균적으로, 자신이 뒤처졌다고 느낄 때는 위험을 선호하고, 자신이 앞서 있다고 느낄 때는 안전을 선호한다. 문제를 규정하는 틀에 따라, 사람들은 위험한 결정을 내리기도 하고, 안전한 결정을 내리기도 한다.

프레이밍과 관련해 전망이론은 다음과 같이 말한다.

- 사람들은 중립적 준거점과 비교해 보상과 손실을 평가한다. 준거점의 프레임을 바꿀 경우, 다른 결정을 내릴 수 있다.
- 사람들은 수익에 대한 결정을 내릴 때 위험을 회피risk-averse한다. 또 처음에 본 이익을 나중에 본 이익보다 높게 평가한다.
- 사람들은 손실에 대한 결정을 내릴 때 위험을 추구risk-seeking한다. 사람들은 손실을 대폭 줄일 방법을 찾고자 더 큰 손실을 볼 위험을 감수한다.
- 사람들은 수익보다 손실에 더 크게 반응한다. 100파운드를 잃었을 때 느끼는 고통은 100파운드의 이득을 봤을 때 느끼는 기쁨보다 크다.

프레이밍은 여러 가지 결정에 영향을 미친다. 이번 장의 도입부에 제시한 수산물 가공공장 시나리오를 생각해보라. 만약 두 시나리오가 기대가치 측면에서 동일하다는 것을 파악한 독자라면, 플랜 A/Y나 플랜 B/Z를 선택했을 것이다. 그러나 독자가 재무 담당 이사라면 이와 같은 선택을 내리지 않을 수도 있다. 직원을 해고하지 않으려고 3분의 1의 확률을 택할지도 모른다. 재무 담당 이사로서 모든 수를 다 동원했다고 말하고 싶은 독자도 있을 것이다. 반대로, 보수적인 재무 담당 이사로서 신중하게 인원과 설비를 감축하는 결정을 내리고 싶은 독자도 있을 것이다. 결과를 어떤 단어로 서술하느냐에 따라, 확실한 가능성을 선택하는 사람도 나오고, 불확실성에 승부를 거는 사람도 나온다. 실험 참가자들은 대부분 1번 시나리오를 직원을 유지할 수 있는 낙관적 상황으로 해석하고, 위험을 회피했다. 반면, 2번 시나리오는 직원을 해고해야 하는 비관적 상황으로 해석하고, 낮은 확률에 기대를 걸고 위험을 감수했다.

리처드 탈러와 에릭 존슨은 준거점의 중요성을 입증하기 위해 간단한 실험을 행했다.[6] 그들은 두 교실에 미묘하게 다른 제안을 했다.

A 교실에서는 학생들이 각각 30달러씩 준 다음, 동전을 던져 앞면이 나오면 9달러를 얻고 뒷면이 나오면 9달러를 잃는 게임을 제안했다. A 교실 학생들이 이 게임에 참가하지 않으면 30달러를 그대로 가질 수 있었지만, A 교실 학생의 70%가 게임에 참가하는 쪽을 선택했다.

B 교실에서는 학생들에게 다음과 같은 선택을 제시했다.

- 앞면이 나오면 39달러를 얻고, 뒷면이 나오면 21달러를 얻는 게임에 참가하는 선택.
- 게임에 참가하지 않고 그냥 30달러를 얻는 선택.

B 교실 학생의 43%가 게임에 참가하는 쪽을 선택했다. 리처드 탈러와 에릭 존슨이 두 교실에 제안한 게임은 기대되는 결과가 완전히 같다. A 교실 학생들의 준거점은 처음에 얻은 이익인 30달러였기에 심리적으로 앞서 있는 상태였다. 반면 B 교실 학생들은 30달러를 확실히 얻을 수 있는 상황에서, 39달러나 21달러를 얻는 게임에 참가하는 선택

을 불필요한 리스크로 봤다. 『리스크*Against the Gods*』라는 책에서 저자 피터 번스타인은 이러한 불일치를 다음과 같이 서술했다. "주머니에 돈이 있는 상태에서 시작하는 사람들은 도박을 선택하려 하고, 주머니가 빈 상태로 시작하는 사람들은 도박을 거부하려 한다."[7]

　의사결정권자들을 설득하려는 사람들에게 전망이론은 간명한 메시지를 전달한다. 첫째, 의사결정권자들이 위험을 감수하는 선택을 내리게 하려면, 그들이 이미 뒤처진 상황이라고 느끼도록 유도하라. 예를 들어, 컴퓨터 프로그램을 판매하려는 사람은 "정보화 사회에서 뒤처지지 마세요!" 하고 소비자들을 자극한다. 둘째, 의사결정권자들이 위험을 회피하는 선택을 하게 하려면, 그들이 앞서 있는 상황이라고 느끼도록 유도하라. 예를 들어, 보험판매업자들은 "살다 보면 때때로 예기치 못한 불행이 닥칩니다. 지금 바로 종합보험에 드세요" 하고 말한다.

선택 과잉일 때

슈퍼마켓이 등장하기 전에는 식료품점에서 고를 수 있는 상품이 수백 가지에 불과했다. 하지만 오늘날에는 작은 슈퍼마켓에 가도 수천 가지가 넘는 상품을 고를 수 있다. 대구, 연어, 가자미, 고등어, 송어, 농어, 참치를 선택할 수 있을 뿐 아니라 뼈를 발라낸 살코기만 구매할지, 스테이크류를 구매할지, 비늘만 벗겨서 구매할지 선택할 수 있다.

　소비자 선택의 진화는 경쟁의 힘과 분리해서 생각할 수 없다. 「기업 경쟁 방식How Firms Compete」[8]이란 글에서 시브 마터의 모형은 경쟁 전략을 분류하고, 기업과 소비자의 상호 작용에 초점을 맞춰 상업적 선택이 진화하는 과정을 설명한다.

마터의 모형을 변형한 그림 1.1은 경쟁 전략을 다음과 같은 네 단계로 분류했다. 일상재commodity, 농수산물처럼 어느 회사가 판매해도 품질에 별 차이가 없는 상품-옮긴이, 제품, 서비스, 시스템이다.

이처럼 경쟁 전략을 네 가지 유형으로 나눈 기준은 내구재hard merchandise의 양, 필요한 지원의 양이다. 예를 들어 IT 산업에서는 네 가지 경쟁 전략이 모두 필요하다. 대형 도매점에서는 어느 기업이 만들었는지 드러나지 않는 조립 PC를 쌓아놓고 일상재로 판매한다. 애플 컴퓨터 등 일부 기업은 자사 제품에 상표를 붙여 제품으로 판매한다. 소비자의 집에 있는 PC에 인터넷을 연결해주는 작은 업체들의 경쟁 전략은 서비스 지향적이다. 반면, 아웃소싱 시장에서 경쟁하는 일

그림 1.1 네 가지 경쟁전략

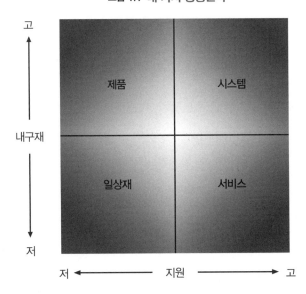

부 대기업들의 경쟁 전략은 소비자에게 완전한 시스템 해법을 제공하는 것이다.

보통, 새로운 상품은 그림 1.1의 오른쪽 위에 있는 시스템에서 시작한다. 최초의 컴퓨터, 최초의 자동차, 최초의 비행기는 아무나 살 수 없었다. 고도의 제조, 수리, 개량 기술을 보유한 사람들이 붙어 있어야만 했다. 그러다가 시장경쟁이 심해지고 기술표준이 등장해 대량생산이 가능해지면, 사람들이 싸게 사려고 하는 서비스와 제품이 된다. 나중에 경쟁이 더 심해져서 어느 회사가 만들어도 별 차이가 없어지는 상품은 일상재가 된다. 즉, 시간이 흐르면서 상품은 그림 1.1의 오른쪽 위에서 왼쪽 아래로 이동한다. 상품이 일상재에 속하는지 아닌지 구별하는 방법은 무엇일까? 구매자가 제조업체에 관심 없고 가격에만 신경쓸 경우, 이 제조업체가 판매하는 것은 일상재다.

광고는 제조업체들이 자사 상품이 일상재로 인식되는 것을 막고자 애쓴다는 신호다. 광고의 목적은 소비자가 특별한 선택을 한다는 점을 강조해 상품을 차별화하는 것이다. 원래 사람들은 구체적 선택을 내리기 귀찮아한다. 사람들은 그저 목적지까지 잘 굴러가는 자동차, 설명서에 써진 대로 작동하는 소프트웨어, 평범한 생선튀김이면 만족할 수도 있다. 그러나 산업이 진화하면서 선택도 진화하게 됐다. 경쟁적이고 혁신적인 시장에서 광고는 건전한 역할을 담당하므로 규제할 필요가 없다. 이익을 줄여가며 과도하게 광고하는 비효율적 기업은 시장경쟁에서 밀려 자연히 파산할 것이기 때문이다. 광고 범람은 시장 실패의 신호가 아니다. 소비자가 취할 수 있는 선택이 많다는 신호이며, 기업들이 소비자에게 선택받기 위해 경쟁한다는 신호다.

선택의 기회가 주어지더라도 늘 받아들일 수 있는 것은 아니다. 방송시장은 수십 년 전, 케이블채널과 위성채널에 오페라 채널, 예술 채널, 과학 채널 등이 생기면서 경쟁이 심해졌다. 기술의 발달로 마이크로 브로드캐스팅micro-broadcasting, 소규모 방송이 가능해지자 채널 수가 급증하고 공중파 채널이 위기를 맞을 것처럼 보였다. 하지만 20년이 지난 지금도 대다수 사람들은 주로 공중파 채널의 리얼리티 쇼나 스포츠 경기를 시청한다(반면, 마이크로 브로드캐스팅이란 개념은 SNS와 블로그 같은 새로운 미디어에 일부 이식돼 성공을 거뒀다).

최근 몇 년간 경영계에서는 크리스 앤더슨이 이익분포 통계를 설명하면서 만든 롱테일long tail이란 개념이 화제였다.[9] 인터넷의 등장으로 아마존닷컴 같은 기업들은 극소수 사람들만 구매하는 비인기 서적들까지 판매해 수익을 올릴 수 있게 됐다. 인터넷이 없었다면, 서점은 이러한 비인기 서적들을 보관하고 진열하는 비용만으로도 파산했을 것이다. 반면 인터넷 서점은 여러 종의 책을 조금씩만 판매해도 전체 출판시장에서 상당한 점유율을 차지할 수 있다. 이것이 롱테일의 개념이다. 출판 시장에서 소비자 선택의 폭은 매우 넓다. 하지만 극소수 베스트셀러 작가가 쓰는 극소수 책들이 출판시장의 상당 부분을 점유한다. 소비자의 선택이 이렇게 몰리는 이유는 무엇일까?

과거보다 소비자 선택의 기회는 늘었지만, 실제 선택에는 한계가 있다. 한 예로 광고를 보자. 사람들이 가장 자주 접하는 광고들은 독점기업이나 공기업의 광고다. 독점기업은 소비자에게 어떤 선택도 허용하지 않는다. 독점기업이 내보내는 광고는 소비자들이 선택을 할 수 있다는 허상을 보여줄 뿐이다. 일부 사람들은 광고가 소비자들에게 편견을 심을 위험이 있으니 제재해야 한다고 생각한다. 하지만 광고는 일부 영역에서 충분한 선택의 기회가 존재한다는 것을 보여주는 신호다. 광고가 부족한 것이야말로 소비자의 선택이 부족하거나 독점이 존재한다는 신호일 수 있다.

그렇다면 선택의 과잉은 어떻게 측정할까? 사람들은 언제, 선택이 너무 많아 곤란을 겪을까? 『선택의 패러독스The Paradox of Choice』라는 책에서 저자 배리 슈워츠는 신차를 구매할 때의 선택을 전망이론으로 분석해 선택 과잉의 문제를 설명한다.[10] 시장에는 여러 제조사의 수많은 자동차 모델이 있고, 정보를 얻을 수 있는 곳도 많다. 사람들은 이 경우 가용성 추단법을 쓴다. 친구와 이웃이 하는 말에 귀를 기울이는 것이다. 소비자 10만 명의 의견을 종합한 소비자 보고서보다도 주변의 한두 사람의 말에 영향을 받아 결정을 내릴 수도 있다.

선택 과잉의 상황은 판매자에게도 불리하다. 복잡한 선택에 혼란을 느낀 잠재적 고객이 구매를 미룰 수도 있기 때문이다. 특히 트레이드오프가 존재하는 선택이라면 더욱 그렇다. 자동차 구매시의 선택에서는 안전과 가격이 트레이드오프 관계다. 음향기기의 기능과 디자인처럼 덜 중요한 트레이드오프 관계만으로도 소비자는 갈등을 느끼고 구매를 미룰 수 있다.

아모스 트버스키와 에드가 샤피르는 사람들이 할인된 CD플레이어를 구매하는 선택 과정을 실험했다.[11] 중급 소니Sony CD플레이어를 99달러에 팔겠다는 제안이 있을 경우, 실험 참가자의 66%가 구매를 선택했고, 34%는 구매를 미뤘다.

여기에 최고급 아이와Aiwa CD플레이어를 169달러에 팔겠다는 제안을 추가할 경우, 참가자의 27%가 소니 제품을, 27%는 아이와 제품을 선택했고, 46%는 결정을 미뤘다.

처음에 소니 제품을 제시한 다음, 저성능 아이와 제품을 105달러에 팔겠다는 제안을 추가했다. 이번에는 참가자의 73%가 소니 제품을, 3%는 저성능 아이와 제품을 선택하고, 24%만이 선택을 미뤘다. 트버스키와 샤피르는 최초의 소니 제품 할인 제안을 압도적 제안이라고 표현했다.

물론 일반적으로 판매자는 소비자의 구매를 유도하고자 하므로, 트버스키의 실험처럼 여러 종류의 선택을 제시하지 않고 한 가지 종류의 선택만 제시한다. 하지만 사람들이 선택의 기회가 너무 많거나 선택이 서로 충돌할 때 결정을 미루는 것은, 상거래 과정에서 흔히 나타나는 현상이다.

쇼핑과 구매는 다르다

선택 과정을 상세히 분석하기 위해, 쇼핑과 구매로 나누어 생각해보자. 사람들은 가게를 돌아다니다가 충동구매를 할 때가 있다. "쇼핑은 금성인, 구매는 화성인이 한다"라는 말도 있다. 쇼핑과 구매는 다른 특징을 보인다. 이를 표 1.1로 정리했다.

일상재를 구매할 때는 별 고민 없이 빨리 선택할 수 있다. 그러나 일상재를 제외한 중요 물품을 구매할 때는 쇼핑의 특징도 보인다.

자동차 구매의 사례를 보자. 아니, 자동차 쇼핑의 사례라고 하는 편이 더 정확할 것이다. 사람들은 자동차를 쇼핑하러 가서 가격, 좌석,

대출, 안전, 속도, 색상 등 자동차에 관한 것들을 알게 된다. 배우자와 함께 스포츠카를 쇼핑하러 갔다가 가족이 함께 탈 패밀리카를 사서 집에 돌아오는 경우도 있고, 반대의 경우도 있다. 새로운 사실을 알게 돼, 다른 결정을 내리는 경우도 있다. "나는 생각했던 것과 다른 일이 벌어지면, 생각을 바꿉니다. 귀하는 어떻게 하십니까?"라고 말한 존 메이너드 케인스라면 이러한 쇼핑객을 칭찬했을 것이다.

허버트 사이먼은 제한적 합리성이란 개념을 통해, 인간이 제한된 정보와 정보처리능력 안에서 합리적 선택을 내리는 과정을 설명한다. 그는 사람들이 최적의 경제적 선택을 내리기보다 적당한(만족스럽거나 충분한) 선택을 내리는 전략을 쓴다고 설명했다. 그는 이러한 전략을 '만족화_{satisficing}'라고 불렀다.[12] 허버트 사이먼의 제한적 합리성 이론은 행동경제학과 전망이론을 뒷받침한다.

선택 과정을 심리학적으로 분석한 배리 슈워츠는 인간을 최적 추구자_{maximizer}와 적정만족 추구자_{satisficer}라는 두 부류로 나눴다. 최적 추구

표 1.1 쇼핑과 구매 비교

쇼 핑	구 매
가능성 보기	사전 분석
종종 현지 탐사	종종 사전 결정
특징 비교	가격 비교
배우는 과정	단 한 번의 과정
반복 과정	빠른 과정
상품의 정보를 알아내려고 한다	기어코 상품을 구매하고자 한다

36

자는 최적의 해법을 찾으려 한다. 모든 정보와 선택권을 분석했다고 느낄 때만 선택한다. 반면, 적정만족 추구자는 결론까지 도달하는 시간이 짧다. 추단법으로 정보를 분석한 다음, 어느 정도 만족스럽게 필요를 충족할 듯 보이는 해법을 선택한다.

사람들이 언제나 최적 추구자 또는 적정만족 추구자인 것은 아니다. 사람들은 상황에 따라 최적 추구자일 때도 있고, 적정만족 추구자일 때도 있다. 심리 테스트로 자신이 어떤 유형인지 알 수 있다. 예를 들어 어떤 사람은 옷이나 생활용품, 오토바이를 살 때는 적정만족 추구자, 집을 고르거나 가족의 건강과 교육에 관해 선택할 때는 최적 추구자다. 여기서 "쇼핑은 금성인, 구매는 화성인이 한다"라는 말보다 약간 나은 경험 법칙을 도출할 수 있다. "쇼핑은 최적 추구자, 구매는 적정만족 추구자가 한다."

입찰의 함정

큰 조직에선 쇼핑과 구매의 차이가 크게 나타날 수 있다. 대기업과 정부기관들은 규모의 경제를 달성하고자, 중앙집권적으로 구매결정을 내린다. 중요한 결정은 전문가가 내리도록 한다. 예를 들면, 직원을 고용하거나 사무용품, 업무용 차량을 구매하는 일을 전담하는 부서가 있다. 해당 부서에서 일상재를 대량구매하거나 정적인 결정을 내릴 때는 별로 문제가 없지 않지만, 지역적 필요를 충족해야 할 때는 어려움을 겪는다. 예를 들어, 해외 주재원을 채용할 때, 누가 지사장보다 나은 선택을 할 수 있겠는가? 중앙 부서에서 구매할 때는 각 지역을 직접 돌아다니며 쇼핑하지 않으므로, 쇼핑 과정에서 얻을 수 있는 정보를 얻지 못한다. 그 결과 생기는 문제들을 '입찰 함정'이라 부를 수 있다.

그런 예 중 하나가 중앙정부 부서의 소프트웨어 구매다. 중앙정부의 관료들은 쇼핑을 가서 소프트웨어 정보를 알아보고 입찰을 조정하기보다, 가장 먼저 요구사양 명세서부터 작성하려고 한다. 이러한 요구사양 명세서에는 "우리는 소프트웨어가 필요한데 너무 중요한 직책에 있고 바빠서 쇼핑에 신경 쓸 틈이 없다"라는 관료들의 자세가 드러난다. 관료들은 요구사양 명세서를 써서 자신들이 어떤 용도로 소프트웨어를 쓸 것인지도 모르고 소프트웨어에 관한 지식도 없는 구매 전문가들에게 하달한다. 구매 전문가들의 일은 요구사양 명세서대로 소프트웨어를 구매하는 것이다. 소프트웨어 판매자들은 조금만 유연성을 발휘하면 최신 소프트웨어를 낮은 가격으로 공급할 수 있는 상황에서도, 요구사양 명세서 그대로 소프트웨어를 공급한다. 그 결과 정부는 비싼 돈 주고 구식 소프트웨어를 사용하게 된다. 구매는 진화할 수 있지만, 쇼핑을 통해서만 진화할 수 있다.

판매자 측에도 함정이 있다. 입찰 경쟁에 뛰어드는 기업 대부분이 입찰에 실패한다는 명백한 사실을 제쳐두고라도, 입찰에 성공한 기업도 종종 '승자의 저주winner's curse'에 빠진다. 입찰 경쟁자들의 입찰 비용과 가치에 대한 정보가 불완전한 탓에, 입찰에 성공한 기업이 비용 대비 이익이 적은 것을 말한다. 입찰에 성공한 기업이 다 손해를 보는 것은 아니지만, 전체 비용을 감안하면 손해 보는 기업, 기대한 수익보다 실망스러운 수익을 보는 기업이 많다. 『승자의 저주The Winner's Curse』란 책에서 저자 리처드 탈러는, 입찰 참가 기업이 많을수록 승자의 저주

가 커진다고 말한다.[13]

시장 참가자들이 합리적이라는 전통적 경제학 이론이 옳다면, 입찰 참가자들은 승자의 저주에 걸리지 않을 만큼 합리적인 가격을 제출할 것이다. 하지만 실험을 해보면 승자의 저주를 알고 있는 참가자들도 계속 같은 실수를 반복한다. 실제로 인수합병, 통신사 주파수 입찰에 성공한 기업들이 승자의 저주에 걸리는 일이 종종 생긴다. 승자의 저주를 기업 경영자의 무능과 자만, 독선적 의사결정 탓으로 돌리는 사람도 있다. 하지만 때때로 자선단체 같은 NGO들이 더 큰 승자의 저주에 걸린다.[14] 갈수록 더 많은 공공서비스를 자선단체나 민간업자에게 맡겨 국민에게 제공하고 있는 영국에서, 이는 심각한 문제다. 승자의 저주로 생긴 손실을 기부금으로 메우거나, 회계장부에서 숨기는 자선단체도 있다.

우리는 1980년대 말에 일한 한 기업에서 BUSC_{Buyer-User-Shopper-Chooser, 구매자-사용자-쇼핑자-선택자}라는 용어를 처음 사용했다. 여기에 핵심 결정자_{Key decision maker}라는 개념을 더해 BUSCK라는 모형을 만들었는데, 수년간 이 모형을 써보니 유용했다. 다른 사람이 먼저 만들었는지 모르겠지만, 자료를 검색해 봐도 BUSCK 모형을 먼저 사용한 사람을 찾을 수 없었다. 혹시 우리보다 먼저 BUSCK 모형을 만든 사람이 있다면, 양해를 부탁한다.

그림 1.2에는 선택의 정도와 통제의 정도라는 두 개의 축이 있다. 이론적으로 구매자(B)는 물품조달 과정에서 고도의 통제력을 보여준다. 필요한 물품을 한 곳에서 구매할 수도, 여러 곳에서 구매할 수도 있다. 반면 쇼핑자(S)는 즉석에서 구매할 권한이 있는 경우도 있고, 선택을

검토할 권한만 있는 경우도 있다. 선택자(C)는 종종 조달업무를 전문적으로 수행하는 사람이다. 때때로 외부 컨설턴트가 선택자인 경우도 있다. 선택자는 적절한 범위의 선택을 제시할 권한은 있어도, 의사결정 과정에서 이를 뛰어넘는 권한이 없는 경우도 있다. 반면 사용자(U)는 물품조달 과정에 강한 영향을 미칠 권한이 있다. 가령 요구사양 명세서를 작성해서 영향을 미칠 수 있다.

때때로 한 사람이 이 네 가지 역할 중 한 가지 이상을 수행한다. 이 경우 여러 역할을 수행하는 사람이 핵심 결정자일 가능성이 높다. 반면 한 역할을 여러 사람이 나누어 수행할 경우 핵심 결정자가 누구인지 파악하기 힘들다. 여러 사람이 모여 결정하는 경우도 있지만, 최종 결정을 내리는 핵심 결정자가 있는 경우가 많다. 핵심 결정자를 설득

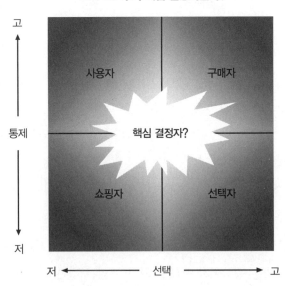

그림 1.2 누가 핵심 결정자인가?

하는 판매자가 판매에 성공할 확률이 높다. 따라서 판매자는 조달과정 초기에 BUSCK 평가 모형을 활용해 누가 핵심 결정자인지 파악해야 한다.

복잡한 결정과정에는 그림 1.1에 제시한 시브 마터의 전략 모형보다 그림 1.2의 BUSCK 모형이 적합하다. 예를 들어 병원에서 치료받는 환자는 사용자(U)다. 환자를 담당하는 의사는 구매자(B)다. 병원, 의사, 보험사는 진료와 의약품의 선택자(C)와 쇼핑자(S)다.

각각 다른 사람이나 기관이 사용자, 구매자, 선택자, 쇼핑자의 역할을 수행하는 경우가 많다. 독자가 대출을 받아 집을 살 때, 은행은 구매자, 독자와 가족은 사용자, 부동산 중개업자는 쇼핑자, 독자의 배우자는 선택자일 수 있다. 핵심 결정자는 상황마다 다르다. 반면, 일상재를 살 때는 한 사람이 BUSCK 모형의 모든 역할을 담당할 수 있다. 가령 독자가 밖에 나가 신문을 살 때는, 독자가 구매자, 사용자, 쇼핑자, 선택자, 핵심 결정자 역할을 모두 겸한다.

미국의 공공 조달시장에서 구매자는 재무부, 사용자는 정부 부서, 쇼핑자는 조달 부서, 선택자는 전문가 패널이다. 전문가 패널에는 종종 기술 컨설턴트가 들어간다. 공공 조달과정에서 전문가들이 넘치다 보니, 요구사양 명세서와 조달과정이 지나치게 복잡해질 때가 많다. 일이 복잡해지면 정보를 다 파악하지 못하고 손실을 볼 위험이 높아진다. 한 예로, 미국 보건부가 일부 부서의 아웃소싱 계약 입찰 공고를 《유럽연합 관보Official Journal of the European Union》에 실었다. 당초 이 계약의 가치는 1140억 달러 정도로 보였으나, 훗날 60억 달러로 밝혀졌다. 계약의 실제 가치를 몰랐기 때문에 많은 업체가 입찰했다. 미국 보건부가 최종 선정자를 발표하기까지 2년간 입찰 참가업체들은 수수료와 기회비용을 지불했다.

기회비용과 아쉬움

선택에는 기회비용_{opportunity cost, 두 기회 중 하나를 선택해 지출한 명시적 비용과 포기한 기회의 가치인 암묵적 비용을 합친 비용-옮긴이}과 함께 아쉬움_{opportunity guilt}이 따른다. 한 기업이 전략기획 워크숍을 열어 포괄적 기업전략을 세웠다. 워크숍을 마쳤을 때 전략기획 과정에서는 없었던 새로운 기회가 나타났다. 만약 이 새로운 기회를 잡으면 워크숍은 시간과 자원을 낭비한 셈이 될까? 기업이 새로운 기회를 포기하고 워크숍에서 세운 전략을 밀어붙이는 것이 옳을까?

　한 수산물 유통 기업이 경쟁업체를 인수할 수 없다고 가정하고, 자생적 성장_{organic growth, 인수합병 없이 매출액을 늘리는 것-옮긴이} 전략을 세웠다고 치자. 그런데 우량한 경쟁 기업의 창업주가 갑자기 죽고 창업주의 후계자들은 기업을 즉시 매각하고자 한다. 이처럼 예상치 못한 인수합병 기회가 생긴 임원이라면, 당초의 전략을 고수할지, 새로운 기회를 잡을지 고민할 것이다. 새로운 기회를 잡자니 전략 수립에 투입한 시간과 자원이 아쉽다. 수립한 전략을 실천하자니 새로운 기회를 포기하기 아깝다.

　『선택의 패러독스』에서 저자 배리 슈워츠는 선택을 내릴 때 겪는 심적 갈등이 기회를 놓쳐 느끼는 아쉬움보다 클 수 있다고 말한다. 슈워츠는 선택할 수 있는 대안이 많을 때 개인이 느끼는 갈등을 이렇게 설명한다.

선택의 여지가 없을 때 사람들은 실망할지언정 후회하진 않는다. 선택할 수 있는 대안이 몇 개 있을 때는 대안 중에 최선이 없을 수도 있다. 선택할 수 있는 대안이 많을 때는 대안 중에 최선이 있는 것처럼 느끼게 된다. 따라서 최선의 선택을 내려야 한다는 부담감이 커진다.

그는 "기회가 너무 많아서 심적으로 압도당할 때가 있다. 기회가 너무 많으면 어찌할 바를 모른다"라고 말한다. 게다가 압박을 받는 상황에서 어려운 선택에 직면하면, 사람들은 자신은 비록 선택하고 싶더라도 막상 주저하는 경우가 많다. 단적인 예가 암 치료다. 설문조사를 해보면, 많은 사람들이 자신이 암에 걸리면 치료 방법을 스스로 선택하고 싶다고 진술한다. 하지만 실제 암 환자들에게 물어보면 대다수 환자들이 전문가가 치료 방법을 선택해주길 바란다고 답한다.

공익과 조화를 이루는 선택 설계

스스로 선택한 것에는 책임이 따른다. 하지만 사람들은 때때로 책임을 회피하려 한다. 사람들은 선택할 때 느끼는 부담을 덜고자, 어떤 틀 안에서 선택하려고 한다. 최근 정치철학자들은 이런 선택과 책임의 갈등을 연구하기 시작했다. 정부가 개인의 선택을 도울 수 있다는 자유주의적 개입주의libertarian paternalism가 새로운 연구 주제로 떠올랐다. 자유주의적 개입주의는 다른 말로 연성 개입주의soft paternalism, 비대칭 개입주의asymmetrical paternalism라고 한다. 비록 모순적 용어처럼 들리지만, 자유주의 진영과 시장개입주의 진영이 모두 연구하고 있는 주제다. 자유주의적 개입주의는 개인의 자유를 제약하지 않는다. 단지 선택을 한 프레임으로 제시해, 사람들이 쉽게 선택할 수 있게 도울 뿐이다.

단적인 예가 사후 장기 기증이다. 일부 국가는 옵트인opt-in, 사전 동의 제도를 채택했다. 죽은 뒤 자신의 장기가 의료 목적으로 쓰이는 데 동의하는지 선택하게 하고, 이 선택을 하지 않은 사람은 동의하지 않은 것으로 가정하는 제도다. 반대로, 옵트아웃opt-out, 사전 거부 제도도 있다. 모든 사람이 사후 장기 기증에 동의했다고 가정하고, 기증을 원치 않는 사람만 동의 거부 의사를 밝히게 하는 제도다. 프랑스는 옵트아웃 제도를 채택했다. 그러나 장기 기증을 철회할 수 있는 권한이 유족들에게 있다. 유족들은 고인의 장기 기증을 철회하는 경우가 많다. 장기 기증은 고인의 명시적 동의가 아니라 암묵적 동의였기 때문이다. 자유주의적 개입주의 연구의 선구자이자 『넛지Nudge』의 공저자인 리처드 탈러와 캐스 선스타인은 정부가 암묵적 동의보다 명시적 동의를 얻는 편이 낫다고 주장한다.[15] 미국 일리노이 주정부는 운전면허증 취득자에게 사후 장기 기증 여부를 명시적으로 선택하도록 규정했다. 탈러와 선스타인은 옵트인 제도가 장기 기증자를 늘리는 데 가장 적합한 제도라고 생각한다.

자유주의적 개입주의를 채택해도 개인의 자유는 제약되지 않는다는 사실을 주목하라. 자신의 장기를 기증하지 않으려는 사람은 기증을 거부하는 선택을 할 수 있다. 이러한 자유주의적 개입주의 정책이 여러 면에서 비대칭적이라는 사실도 주목하라. 자유주의적 개입주의 정책

44

은 극히 제한적인 합리성을 가진 사람들의 선택을 돕는다. 특히, 공익도 추구하고 자신의 이익도 최대한 추구하고 싶지만 비합리적으로 행동하는 사람들이 옳은 결정을 내릴 수 있게 돕는다. 자유주의적 개입주의 정책은 최소한의 노력으로 합리적 선택을 내리고 싶은 사람들을 돕는다.

자유주의적 개입주의 정책은 비대칭적이다. 사람들이 무엇을 선택하든 그 결과는 합리적으로 받아들일 수 있는 범위의 것이어야 한다. 사람들이 무엇을 선택하든 정책 결과는 취향의 차이일 뿐이어야 한다. 설령 사람들이 비합리적으로 선택한다 해도, 그것이 공공정책과 조화를 이루도록 선택을 설계해야 한다. 사후 장기 기증 프로그램 같은 특정 공공정책에 동의하지 않는 사람이 있어도 상관없도록 공공정책을 설계해야 한다.

탈러와 선스타인은 2008년 『넛지』라는 책에서 이러한 설계를 '선택설계choice architecture'라고 표현했다. 사람들은 살면서 무의식적으로 선택을 설계한다. 고급 해물 레스토랑의 식단표를 만든다고 가정해보자. 식단표의 레이아웃이 고객의 선택 구조를 보여준다. 만약 전통적 코스 요리를 제공하는 레스토랑이라면, 전채 요리, 메인 요리, 디저트 섹션으로 식단표를 나눌 것이다. 만약 고객들이 요리 유형에 따라 주문하길 바란다면, 해산물, 육류, 채소 섹션으로 식단표를 나눌 것이다. 만약 해물 요리에 자신이 있는 레스토랑이면 해물 섹션을 앞에 놓을 것이다. 이러한 식단표의 레이아웃은 식단표를 읽는 고객이 가장 만족할 만하고 식당에 이윤을 줄 선택을 하도록 유도하기 위한 선택 구조의 한 형태다.

탈러는 2008년 한 강연회The Edge Masterclass에서 "중립적 설계가 없듯, 중립적 선택 설계도 없다. 어차피 사람은 살면서 간섭에서 벗어날 수 없다. 바람직한 방식으로 개입해야 한다"라고 말했다.[16]

시장에 필요한 것

비록 지금까지 선택 가능한 대안이 너무 많아 겪는 문제를 설명했지만, 우리는 선택을 긍정적으로 본다. 요새는 선택과 시장의 중요성을 홍보하다간 비판에 직면하기 쉽다. '제3의 길'이나 '종합적 내포'에 관해 이야기하는 편이 훨씬 쉽다. 선택과 시장의 중요성을 얘기하려면, 경쟁의 중요성, 아니 개인의 자유, 자유 시장 같은 기본 주제부터 얘기해야 할 것이다. 선택에 대한 담론은 다음 세 가지의 하위 주제를 포함한다.

- 🔹 **더 나은 정보** 적절한 정보가 없는 상태에서 선택하는 것은 결국 선택하지 못한 것과 마찬가지다. 새로운 기술과 네트워크가 등장한 덕분에, 사람들에게 더 나은 정보를 제공하는 것만으로도 시장을 개선할 여지가 커진다. 정보 과잉이 정보를 무의미한 노이즈noise로 만들어 올바른 선택을 방해할 위험이 있지만, 우선 정보를 얻은 다음에 정보를 처리할 기술을 고민해야 한다.
- 🔹 **시장 기반 해결책과 진정한 경쟁의 촉진** 시장이 효율적이면, 시장이 정부보다 쉽고 효율적으로 문제를 해결할 때가 많다. 그러나 역설적으로, 시장에 필요한 것은 기술적 분석보다 리더십과 신념이다. 국민은 정부의 시장규제를 경계해야 한다. 정부가 시장을 규제하면 개인과

기업의 선택이 제한되고, 개인과 기업의 선택이 유명무실해지는 경우가 생긴다.

◉◈ **적절한 측정** 시장이 잘 작동하는 것처럼 보이는 시기에도, 사람들은 시장을 정확히 측정하는 법을 모른다. 탄소 배출권 시장이 한 예다. 시장은 정보를 공유하고 자원을 합리적으로 배분하는 일에는 비교적 능하다. 시장에서 적절한 결정이 이루어지도록 필요한 정보를 공급해야 한다.

이 주제는 6장에서 시장, 측정, 예측을 논의하면서 함께 다루겠다. 2장에서 탐구할 주제는 여러 사람이 상호 작용하고 장기적으로 영향을 미치는 상황에서 내리는 선택이다.

2장

가격보다 중요한
신뢰와 윤리

여러 이해집단이 얽힌 선택에 직면했을 때 누구를 신뢰할 것인가? 2장에서 다룰 신뢰와 윤리의 선택은 가격과 경제학의 차원을 넘어서는 얘기다. 먼저, 게임이론으로 2장을 시작해보겠다.

공정한 게임

게임 이론은 경제학자, 생물학자, 공학자, 정치학자, 컴퓨터 공학자, 철학자가 활용하는 응용수학의 한 분야다. 게임 이론은 개인의 선택이 성공했는지 여부가 타인의 선택에 달려 있는 전략적 상황을 모형화하기 위해 논리, 확률 등 수학을 사용한다. 게임 이론은 제로섬 게임zero-sum game에서 출발했다. 제로섬 게임이란 한 참가자가 이익을 보면 나머지 참가자는 그만큼 손실을 보는 상황을 말한다. 포커가 제로섬 게임의 예다. 이윽고 게임 이론은 참가자가 협력하면 서로 이익을 늘릴 수 있는 비제로섬 게임non-zero-sum game도 분석하게 됐다.

여러 가지 게임에는 균형equilibria 지점이 있다. 균형은 각 참가자가 자신의 전략을 고수하는 상태다. 수학자 존 내시는 내시균형Nash equilibria이란 개념을 만들었다. 내시균형이란, 모든 참가자가 다른 참가자의 평형 전략을 알고 있고, 다른 참가자가 전략을 유지하고 있을 때 혼자서 전략을 바꾸면 어떤 이득도 얻을 수 없는 상태를 말한다. 내시균형은 누적 보상pay-off이 가장 큰 상태가 아니다. 가격 담합이 예다. 기업들은 서로 협력해, 게임의 규칙을 바꾸고, 내시균형을 벗어날 수 있다. 비록 타인은 손실을 볼 수 있지만, 카르텔을 형성한 기업들은 더 높은 보상을 얻을 수 있다.

다른 참가자와 협력할지 말지, 다른 참가자를 신뢰할지 말지 선택하는 것은 비제로섬 게임과 협력 게임에서 두드러진 문제다. 공정성에 대한 인식이 사람들의 행동에 큰 영향을 미친다.

두 사람이 참가하는 단순하고 유명한 게임이 최후통첩 게임Ultimatum Game이다. 두 참가자는 1파운드짜리 동전 100개를 나누는 방법을 선택해야 한다. A 참가자는 B 참가자에게 동전을 나누는 방법을 제안한다. B 참가자는 이 제안을 수락하거나 거부할 수 있다. B 참가자가 수락하면 A 참가자의 제안대로 동전을 나눈다. B 참가자가 거부하면 두 참가자는 아무것도 얻지 못한다. 이 게임은 익명으로 진행하며, B 참가자는 단 한 번만 선택할 수 있고 그 선택으로 게임이 끝난다.

내시균형의 세계에서는 이 최후통첩 게임의 해법이 간단하다. A, B

참가자가 논리적이고 합리적이라면, A 참가자가 자신은 동전 99파운드를 갖고 B 참가자에게 1파운드를 주겠다고 제안하고, B 참가자는 제안을 받아들일 것이다. B 참가자가 제안을 거부하면 아무것도 얻지 못하고, 제안을 수락하면 1파운드라도 얻을 수 있기 때문이다. A 참가자는 B 참가자에게 항상 최소의 동전만 주겠다고 제안할 것이다.

실제로 실험을 해보면, 이런 일이 거의 일어나지 않는다. B 참가자가 수락하지 않기 때문이다. 실험결과는 문화권마다 다르게 나왔다(옥시토신과 세로토닌 같은 호르몬이 이 게임에 미치는 영향을 연구하는 실험도 있었다).[1] 대부분의 경우 A 참가자가 최소한 80 대 20으로 동전을 나누자고 제안해야 B 참가자가 수락했다. 서구 문화권에서는 A 참가자가 평균적으로 70 대 30으로 동전을 나누자는 제안했다. A 참가자가 50 대 50으로 나누자고 제안하는 경우도 많았다. 금액이 커진다고 해서 참가자의 행동이 그리 달라지는 것은 아니었다(어쩌면 100만 파운드를 나누는 실험을 했으면 다른 행동이 나타났을지 모르지만).

여기서 핵심은, 사람들이 선택을 할 때 공정, 정의, 평등을 고려한다는 것이다. 가끔 B 참가자가 보잘 것 없는 보상을 받느니, 차라리 둘 다 아무것도 얻지 못하는 쪽을 선택했다. B 참가자가 이렇게 비합리적 선택을 한 이유는 윤리적으로 불공정한 제안이라고 생각했기 때문이다. A 참가자는 B 참가자가 제안을 거부할 위험을 최소화하기 위해 전략을 구성했다. A 참가자 역시 공정해 보이는 제안을 하려고 노력했다.

최후통첩 게임에서 내시균형은 이론상으로만 최적의 답이다. 인간의 실제 행동은 내시균형 같은 처방적 결과prescriptive result가 아니라, 기

술적 결과descriptive result다. 사람들은 공정, 협력, 신뢰라는 개념을 감안
해 규범적 관점normative perspective에서 어떻게 행동하고 어떤 선택을 내
릴지 정한다.

최후통첩 게임을 약간 변형한 독재자 게임Dictator Game에서는 B 참가
자가 아무 선택권이 없다. A 참가자가 얼마만큼 나눌지 결정하고 B 참
가자는 이 결정을 받아들일 뿐이다(사실 이 게임은 B 참가자가 아무것도 할 수
없기에, 기술적으로 정의하면 게임이 아니다). 독재자 게임에서 내시균형은 A
참가자가 모든 돈을 챙기고 B 참가자에게 아무것도 주지 않는 것이다.
실험을 해보면, A 참가자 역할을 맡은 참가자 중 3분의 1만 혼자 모든
돈을 챙겼다. 3분의 2는 아무것도 할 수 없는 B 참가자에게 얼마의 돈
을 나눠줬다. 이는 A 참가자가 공정과 정의라는 개념을 고려해 결정을
내렸다는 것을 보여준다.

최후통첩 게임을 약간 변형한 경쟁적 최후통첩 게임Competitive
Ultimatum Game에서는 제안자가 많고, 제안을 선택하는 사람은 한 명뿐이
다. 이때 단 하나의 제안만 선택할 수 있다. 제안을 거부당한 참가자는
빈손으로 집에 가야 한다. 제안자의 수가 세 명을 초과할 경우 이 게임
은 거의 언제나 내시균형이라는 결과를 낳는다. 거의 100%를 나누어
주겠다고 제안한 사람이 선택받았다. A 참가자는 최후통첩 게임에서
이익을 거의 100% 가져갔지만, 경쟁적 최후통첩 게임에서는 이익을
거의 가져가지 못했다. 앞 장에서 경쟁적 조달시장에서 나타나는 승자
의 저주를 설명했는데, 경쟁적 최후통첩 게임은 많은 사람이 경쟁하는
상황에서 승자의 저주가 자주 일어나는 원인을 설명해준다.

경쟁시장의 윤리

이쯤에서, 게임 이론, 신뢰, 윤리가 경쟁적 조달시장의 구매자와 판매자가 내리는 선택과 어떤 관련이 있는지 살펴보겠다.

단순한 구매와 판매와 달리, 조달은 대리인 문제principal-agent problem를 안고 있다. 대리인 문제가 생기는 것은 조달의 두 가지 특징 때문이다. 첫째, 의뢰인principal의 이익과 대리인agent의 이익이 완전히 일치하지 않는다. 둘째, 의뢰인과 대리인은 정보가 비대칭적이다. 이 때문에 불확실성과 위험이 생긴다. 그림 2.1은 대리인 문제를 도식화한 것이다.

조달시장에서 구매자가 의뢰인, 판매자가 대리인이다. 대리인 문제

그림 2.1 대리인 문제

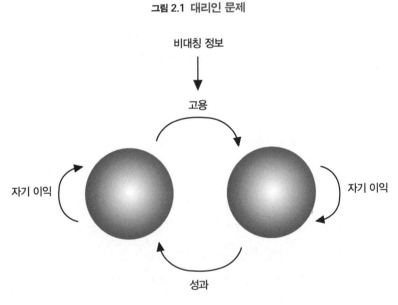

그림 출처: //en.wikipedia.org/wiki/Principal-agent_problem

는 조달시장에 국한한 문제가 아니다. 고용 과정에서 의뢰인과 대리인의 관계를 연구하는 과정에서 대리인 이론agency theory이 나왔다. 대리인 이론을 적용해 성과급, 스톡옵션, 기업 지배구조 등의 문제를 분석할 수 있다.

대리인 문제는 큰 조직이 대규모 조달을 하는 상황에서 특히 복잡해진다. 이 경우 의뢰인–대리인 관계가 여럿 있다. 구매단체–판매단체, 구매단체–조달 담당 직원의 관계가 의뢰인–대리인 관계다. 예를 들어 구매단체는 조달 담당 직원이 판매단체에게 뇌물을 받지 않을지 걱정한다. 그래서 전문가로 구성된 제3의 단체로 하여금 조달과정을 감시하게 한다. 구매단체가 입찰과정에서 비리가 일어나지 않게 제3의 단체에게 감시를 의뢰하는 것도 또 다른 의뢰인–대리인 관계다. 이 관계에서는 정보 비대칭, 불확실성, 리스크, 불신, 비열한 수foul play가 나타난다.

사실, 대규모 조달 상황은 비리 문제뿐 아니라 윤리 문제도 낳을 수 있다. 구매단체와 판매단체 양쪽 다 윤리 문제를 야기할 수 있다. 구매단체는 협상 과정에서 판매단체를 최대한 쥐어짜려 한다. 판매단체가 절박한 상황에 있다는 사실을 구매단체가 알고 있을 때는 더욱 그렇다. 이러한 쥐어짜기는 순수하게 실용적 관점이나 상업적 관점에서 보면 현명하지 못한 처사다. 구매단체가 가격을 후려치면 상품의 질이 낮아진다. 판매단체가 장기간 이익을 올려야 양질의 상품을 공급할 수 있다. 가격을 후려치는 것과 적정가격을 지불하는 것 중 어느 쪽이 올바른 방향인가 하는 윤리적 문제는 최후통첩 게임에서 A 참가자가 고민해야 하는 공정성 문제와 유사하다. 가격을 많이 깎는 것이 공정한

가? 구매단체는 판매단체가 승자의 저주에 걸리지 않게 배려할 윤리적 의무가 있는가?

판매단체도 고민해야 할 윤리적 문제가 있다. 판매단체는 입찰과정에서 구매자에게 상품 정보를 사실대로 알리는 것이 윤리적이지만, 그렇게 했다간 성공 확률이 낮아질 수 있다는 점을 안다. 따라서 적당히 상품 정보를 부풀릴 수도 있다. 독자가 판매자라면 정직하게 알릴 수 있겠는가? 어떻게 해야 완전히 정직한 판매자가 되는지, 적당히 정직한 판매자가 되는지 구분할 수 있겠는가?

앨버트 카는 1968년에 발표한 「비즈니스 블러핑은 윤리적인가?Is Business Bluffing Ethical?」라는 글에서 포커와 비즈니스를 비교했다.

> 포커의 윤리는 인간관계의 이상적 윤리와 다르다. 포커에서 이기려면 상
> 대방을 속여야 한다. 다른 사람을 속인다는 이유로 포커 플레이어를 비
> 난하는 사람은 없다. 이와 같은 맥락으로, 비즈니스 게임의 윤리가 사회
> 의 전통적 윤리와 다르다고 해서, 비즈니스 게임을 비난해선 안 된다.[2]

윤리 문제는 이번 장의 뒷부분에서 다시 다루겠다.

신뢰 게임의 공정성

포커 게임에선 서로 신뢰하지 않아도 게임이 되지만, 여러 상업 '게임'에선 협력과 신뢰를 약간이나마 보이지 않으면 게임이 성립하지 않는다.

머릿속으로 신뢰와 상업적 합리성을 실험해보자. 당신이 매주 금요

일 해산물 요리를 즐겨 먹는다는 사실을 아는 수산물 상인이 있다고 상상해보자. 이 상인은 당신이 가장 좋아하는 해산물 요리 한 접시를 밀봉 포장해, 매주 금요일 아침에 숲 속 나무 옆에 놓을 테니, 접시를 집에 가지고 갈 때 5파운드를 접시가 놓여 있던 자리에 두고 가라고 제안한다.

이렇게 해서 당신은 매주 금요일 점심에 상인에게서 해산물 요리 한 접시를 사게 됐다. 하지만 당신은 불만이 생겼다. 해산물 요리에 불만을 느껴도, 5파운드를 회수하려고 숲 속으로 돌아가기 귀찮다. 설령 상인이 파는 요리가 항상 맛있어도 언젠가 상인이 판매를 중단할 수도 있다. 만약 당신이 상인이 어느 주에 마지막으로 판매할지 미리 안다면, 그 마지막 주 금요일에는 요리를 먹고도 5파운드를 놓아두지 않을 수도 있다. 하지만 상인도 어느 주가 마지막 판매인지 미리 안다면, 이 마지막 주에 요리를 놓아둘 이유가 없다. 당신이 요리를 먹고 돈을 내지 않을 위험이 있다는 것을 예측할 수 있기 때문이다.

마지막에서 두 번째 주에도 이와 같은 문제가 생긴다. 당신은 마지막 주에 상인이 요리를 갖다놓지 않을 가능성이 있다는 점을 알기에, 마지막에서 두 번째 주에 5파운드를 놓고 갈 동기가 없다. 상인도 이러한 구매자의 입장을 파악하고, 마지막에서 두 번째 주에도 요리를 갖다놓지 않으려 한다. 이는 마지막에서 세 번째 주에도 마찬가지다. 결국 구매자와 상인이 합리적이라면 애초에 이 계약을 맺지 않았을 것이다. 이 상업 거래의 내시균형은 어느 측도 거래를 시작하지 않는 것이다.

앞서 소개한 독재자 게임을 약간 변형한 신뢰 게임Trust Game이 이러한 문제를 탐구하는 데 쓰인다. 신뢰 게임은 꽤 단순하다. 두 참가자는 서로 상대방을 모르고, 게임은 한 번만 할 수 있다. A 참가자는 처음에 10달러를 가진 상태다. A 참가자는 일부 금액이나 전액을 B 참가자에게 투자하거나 아예 투자하지 않을 수 있다. B 참가자가 투자받은 돈은 30달러로 불어난다. B 참가자는 30달러의 일부를 A 참가자에게 보내거나 아예 보내지 않을 수 있다. 신뢰 게임의 후반부는 독재자 게임과 비슷하다. 신뢰 게임에선 A 참가자가 B 참가자를 신뢰해 돈을 보냈다는 점이 다를 뿐이다.

이 게임의 내시균형은 처음에 A 참가자가 돈을 보내지 않는 것이다. B 참가자에게 돈을 돌려받을 것이라는 보장이 없는데 돈을 보낼 이유가 있겠는가? A 참가자는 그냥 10달러를 쥐고 있어도 된다. 하지만 A 참가자와 B 참가자가 협력하면 두 사람이 보유하는 돈은 30달러로 늘 수 있다. 신뢰 게임에선 두 플레이어의 협력이 필요하지만, 협력을 이끌 방법이 없다. 신뢰 게임에선 상대방이 협력할 것이란 신뢰가 있어야만 거래가 이루어진다. 신뢰 게임을 실험해보면, A 참가자는 가진 돈의 전부나 대부분을 B 참가자에게 보내고, B 참가자는 불어난 돈의 상당 부분을 A 참가자에게 보내는 경향이 있다.

신뢰는 단순한 개념이 아니다. 신뢰를 완전한 선이라고 생각할 필요도 없다. 물론 신뢰는 단순한 이윤추구를 훨씬 넘어서는 개념이다. 신뢰는 이윤뿐 아니라 인간관계, 의무, 경험, 타인의 행동에 대한 기대와 연관된 개념이다. 신뢰는 고전 경제학이 다루진 않지만 실제 거래에서 중요한 요소들과 연관된 개념이다.

신뢰trust의 어원과 정의를 살펴보면 여러 가지 단서를 얻을 수 있다. 고대 영어의 'trēowe'와 고대 노르만어의 'traust'는 '신실함faithfulness'이란 의미를 지닌 단어였다. 영어에서 trust라는 명사는 의존관계를 뜻한다. 미래에 만일의 사태가 생겨도 의존할 수 있는 관계다. 신뢰가 있어야 거래하거나 청구하거나 의무를 질 수 있다. Trust는 경제용어로 신탁회사, 카르텔이라는 뜻도 있다. 영어에서 trust라는 동사는 다른 사람을 의지한다, 믿는다는 뜻이다. 의존은 신뢰 관계를 확고하게 한다.

신뢰는 협력보다 미묘한 개념이다. 협력은 사람들이 상호 이익을 위해 함께 일하기로 동의할 때 가능하다. 협력이 없으면 사회는 작동할수 없고, 사회가 존재할 수 없다. 서로 신뢰하는 사이가 아니어도 협력은 가능하다. 일부 단순한 산업 활동은 협력에 기반을 두지만, 신뢰를 요구하진 않는다. 『협력의 진화The Evolution of Cooperation』라는 책에서 저자 로버트 액설로드는 협력은 '미래의 그림자shadow of the future'에 의존한다고 표현했다. 즉, 미래에도 계속 거래할 것이란 예상과 공정하게 게임하지 않으면 상대방에게 손해를 볼 수 있다는 두려움 때문에 협력이 일어난다는 뜻이다.[3] 평판은 개인과 조직에게 극히 중요하다. 평판은 여러 상호작용의 과정에서 생긴다. 평판을 높이고 유지하기 위해 협력적으로 행동하는 것이 전적으로 합리적인 선택이다.

신뢰가 없다면 해산물 요리를 거래하지도, 투자활동을 시작하지도 못할 것이다. 거래와 상업 활동이 일어나는 이유는 최후통첩 게임과 독재자 게임에서 설명된다. 현실 세계에선 다른 사람들이 공정하게 행동할 것이라고 예상하고 거래를 시작하는 것이 합리적이다. 여러 최후통첩 게임과 독재자 게임 실험을 통해, 대부분의 사람들은 다른 사람이 공정하게 행동할 것이라 기대한다는 사실을 알 수 있다. 이는 새삼스러운 발견이 아니다. 애덤 스미스는 1759년에 쓴 『도덕감정론The

Theory of Moral Sentiments』이란 책에서 다음과 같이 말했다.

> 인간이 아무리 이기적 존재로 보일지라도, 인간에겐 다음과 같은 본성이
> 분명 있다. 비록 타인의 행복을 지켜보는 즐거움 외엔 자신에게 아무 이
> 득이 없어도, 타인의 행복에 관심을 가지고, 신경 쓰는 본성이다.[4]

사전적 의미로 신뢰를 가정하고 거래를 시작하는 것은 엄밀히 말해 합
리적이지 못하거나, 이론적으로 타당하지 않을 수 있다. 하지만 상대
방에게 신뢰를 기초로 한 공정한 대우와 협동을 예상하는 편이 현실적
으로 합리적이다. 사람들은 오랜 인간관계의 역사를 통해 이를 알고
있다. 사람들은 대부분의 거래 상황에서 신뢰를 가정해야 하는 추단법
적 근거를 가지고 있다. 이전 거래의 결과, 개인이나 조직의 평판, 이
번 거래를 성공하면 향후 다시 거래할 확률이 높다는 가능성 등이 이
러한 근거가 될 수 있다.

　심지어 한 번만 거래하고 다시 거래하지 않을 익명의 상황에서도 상
대방을 믿는다. 이는 오랜 역사를 거치면서 인간에게 전해진 문화 유
전자와도 같다. 대부분의 사람들은 처음 만나는 사람들이 대부분 믿을
만하고, 자신도 신뢰를 저버리지 않아야 한다는 사실을 직감적으로 알
고 있다. 신뢰는 거래를 촉진하고 사회 공익을 증진한다. 애덤 스미스
가 『국부론The Wealth of Nations』에서 쓴 표현을 살짝 바꿔 말하자면, 신뢰
는 어쩌면 자유무역보다도 '인간을 스스로 전혀 의도하지 않은 목적으
로 이끄는 보이지 않는 손'일 수도 있다.

팁을 언제 주는가

협력은 액설로드 표현대로 '미래의 그림자'에 의존한다. 미래에도 계속 거래할 것이란 예상과 공정하게 게임하지 않으면 상대방에게 손해를 볼 수 있다는 두려움 때문에 협력이 이루어진다. 이는 복수거래 게임 multiple-round game과 대부분의 현실 상황에 적용될 수 있는 분석이다. 하지만 이것만으로는 사람들이 단 한 번만 거래할 상황one-off에도, 사람들이 공정하게 행동하고 신뢰와 페어플레이를 예상하는 이유를 다 설명할 수 없다.

한 번만 거래하는 관계에서도, 여러 번 거래하는 관계에서도 사람들은 신뢰를 예상한다. 단적인 예가 팁을 주는 행동이다. 사람들은 여러 상황에서 팁을 준다. 집에서 멀리 떨어진 곳을 여행하면서 다시 만날 가능성이 거의 없는 종업원에게도 팁을 준다. 외국을 방문할 때 그 나라에서 팁을 몇 퍼센트 주는 것이 관행인지 굳이 조사하기까지 한다. 여행안내 책자는 적정 팁 수준까지 설명한다. 사람들은 여행안내 책자도 참고하고, 서비스의 질도 고려하고, 방문한 나라의 환율도 감안해서 서비스 제공자에게 팁을 준다. 어쩌면 그날 기분이 좋으면 팁을 더 주는 변덕을 부리기도 한다.

다시 방문하지 않을 곳이라고 해서 팁을 주지 않는 사람은 거의 없다. 합리적으로 생각해보면, 서비스 제공자를 다시 만날 확률은 거의 없다. 따라서 팁을 주기 싫은 사람이 이렇게 추론하는 것은 합리적이다. "서비스 제공자는 내가 다시 이곳을 방문하지 않을 것이란 사실을 알고 있고, 내게 팁을 받을 확률이 거의 없다고 생각할 것이다." 합리적 세계에서, 서비스 제공자가 팁을 기대하는 것은 비합리적이다. 그러나 앞서 설명한 해산물 요리 거래, 신뢰 게임, 독재자 게임의 예에서 보듯, 인간의 심리는 이와 다르다. 대다수 사람들은 공정하게 행동하고 싶어한다. 따라서 대다수 사람들은 다시 방문하지 않을 가게 종업원에게도 팁을 준다.

집 근처 레스토랑이나 업무상 자주 머무는 호텔처럼 자주 방문하는 곳에서 종업원에게 팁을 주는 것은 합리적 분석과 '미래의 그림자'라는 측면에서 더 쉽게 이해할 수 있는 행위다. 이때 팁을 주는 행위는 소비자와 서비스 제공자 사이에 형성된 지속적 관계의 일부다. 이런 상황에서 팁을 주는 행위는 더 나은 서비스를 보장받는 길이기도 하다. 더 나은 서비스를 제공한 직원에게 보상하는 의미로 후한 팁을 주는 것이다. 이를테면, 당신이 선호하는 테이블을 배정해주는 웨이터, 당신이 극장에 가기 전 레스토랑에 오는 단골임을 알고 신속하게 음식을 대접하는 웨이터, 당신이 식사 후 여유 있게 술을 마실 수 있게 배려하는 웨이터에게 후한 팁을 줄 것이다.

앞서, 대규모 조달과정에서 생기는 의뢰인-대리인의 딜레마를 거론했다. 의뢰인-대리인 관계는 정보 비대칭, 불확실성, 리스크가 있는 환경에서 존재한다. 최고급 해물 레스토랑에서 볼 수 있는 의뢰인-대리인 관계는 식당 주인과 웨이터의 관계다. 식당 주인이 의뢰인이다. 의뢰인은 대리인(웨이터)이 양질의 서비스를 제공해주길 바란다. 의뢰인의 목표는 약간 불분명하다. 이윤을 많이 챙기는 것일 수도, 고객에게 행복을 선사하는 것일 수도, 재고 관리일 수도, 비는 테이블 없이 최대한 손님을 많이 받는 것일 수도 있다.

대리인(웨이터)에 대한 차별 원가differential cost, 조업수준이 높아짐에 따라 생기는 원가 증가분-옮긴이는 매우 높다. 단순히 주방에서 테이블로 음식을 나르는 것과 손님에게 양질의 서비스를 제공하는 것은 차이가 크다. 도덕적 해이가 나타날 수도 있다. 식당에 손님이 오지 않아도 웨이터가 잃는 돈은 없다. 그렇기에 역선택adverse selection, 불완전한 정보 탓에 내리는 비합리적 선택-옮긴이이 일어날 수 있다. 대부분의 식당 주인은 웨이터에게 대접받기 전에는 웨이터가 잘하고 있는지 모른다.

대리인의 성과를 보상하는 비용은 비싸다. 모든 테이블이 손님으로 꽉 차면 식당 주인이 웨이터에게 보상해줘야 할까? 식당 주인들은 종종 이러한 보상을 손님에게 맡기는 것이 최선이라고 생각한다. 즉 손님이 웨이터에게 팁을 주는 것으로 충분히 보상이 된다고 생각한다. 팁은 웨이터들이 도덕적 해이에 빠져 형편없는 서비스를 제공할 위험을 줄인다. 또, 의뢰인이 대리인에게 큰 보상을 제공하지 않아도 되기에 역선택의 위험도 줄인다. 물론 일부 고객들은 이에 동의하지 않을 것이다. 식당 주인이 종업원의 임금을 높여야지 고객에게 비용을 전가하는 것은 불합리하다고 생각하는 사람도 있다.

실제로 일부 문화권에서는 팁을 주는 행위를 비윤리적이라고 여긴다. 대표적인 예가 중국이다. 관광객이 별로 없는 지역에선, 팁을 주는 것을 무례하고 부패한 행동이라고 인식한다. 관광객이 많은 찾는 지역에선, 서구의 팁 문화가 들어와 사회 기강을 문란하게 하고 있다는 비판이 신문과 인터넷에서 인다. 만약 팁 때문에 종업원이 차등 서비스를 제공한다면, 팁은 국제투명성기구Transparency International가 정의한 부패의 요건을 충족한다. 국제투명성기구는 부패를 '위임받은 권력을 사적 이익을 위해 남용하는 것'이라 정의한다. 통상적 비율이나 액수를 벗어나는 팁을 주는 고객은, 종업원이 다른 고객에게 제공하는 서비스보다 나은 서비스를 자신에게 제공하길 기대할 것이다. 이는 종업원이 위임받은 권력을 남용해 사적 이익을 추구하길 기대하는 것이다.

그렇기에 식당에 가서 팁을 줄 때 조심해야 한다. 그곳에서 적정한 수준의 팁이 어느 정도인지 고려하고, 신뢰 게임의 공정성도 고려할 뿐 아니라 독자나 웨이터가 부패하지 않도록 신중하게 팁을 줘야 한다. 식사 한 번 하기도 힘들다.

적당한 부패는 필요하다

팁은 우리가 여러 해에 걸쳐 연구한 '신뢰와 부패의 관계'라는 주제와 관련이 있다. 현실 세계에 널리 퍼진 팁 문화는 신뢰 게임의 예일 수도 있고, 부패의 예일 수도 있다. 최소한 부패가 생길 수 있는 환경이라는 신호일 수 있다.

신뢰와 부패가 상호 작용하는 상업 세계의 특징을 보여주는 예는 이 것만이 아니다. 『대중의 지혜The Wisdom of Crowds』라는 책에서 저자 제임스 서로위키는 상업적 신뢰의 사회사, 즉 신뢰가 깨질 위험을 막기 위한 사회적 노력의 역사를 그렸다. 그는 영국의 퀘이커교, 대서양 무역, 북아프리카 상인들의 지중해 무역, 독일 한센 동맹 같은 상업 길드를 예로 활용했다.[5] 그는 다음과 같이 지적했다. "신뢰와 협동은 사회적 혜택도 있지만 한 가지 문제를 낳는다. 더 많은 사람이 신뢰할수록, 더 많은 사람이 착취당하기 쉽다는 점이다." 그는 이러한 예로 1990년대

말 주식시장의 거품과 미국 회사 타이코Tyco의 회계부정을 들었다. 서로위키는 컨설팅 회사 아서 앤더슨Arthur Andersen이 당시 문제를 겪고 있던 월드컴, 엔론 같은 기업들의 회계를 감사하고 있다는 점을 완곡하게 언급한 다음, 다음과 같이 충고했다. "모든 자본가들이 퀘이커 교도가 아닌 세상이기에, '신뢰하지만 확인한다'는 말을 실천해야 한다." 더 많은 권력을 위임받을수록 더 많은 사익을 추구할 여지가 생긴다. 따라서 신뢰를 악용해 배를 불리려는 사람이 나타날 확률이 높아진다.

그러면 사람들은 신용이 높은 사회를 원하는가, 낮은 사회를 원하는가? 많은 학자들이 이 질문을 던졌다. 사람들은 대체로, 신용이 높은 사회가 살기 좋고 효율적인 사회라고 생각한다. 그렇다고 해서 신뢰가 절대선이란 뜻도, 신뢰가 공짜라는 뜻도, 타인을 언제나 무조건 신뢰해야 한다는 뜻도 아니다. 남을 속이는 사람이 없는 나라가 있는데, 이 나라를 찾은 외국인들이 식당에서 밥을 먹고 돈을 내지 않고 나온다고 상상해보자. 경미한 사기는 약한 바이러스와 같아서, 주민들이 자기방어를 강화하는 계기가 된다. 가장 이상적인 길은 경계를 늦추지 않으면서 신뢰를 높이는 것이다. 신용이 높은 사회에선 사람들이 서로 너무 신뢰하는 나머지, 의심과 확인을 게을리할 소지가 있다. 신용이 높은 사회에서 갈취를 견제하는 장치가 효과적으로 작동하지 않을 수 있다. 반면 신용이 낮은 사회에선 갈취당하는 일이 많아, 서로 끊임없이 확인하게 되고, 이 때문에 자원을 낭비한다. 맬컴 쿠퍼라는 친구는 미국 워싱턴 시에서 나이지리아 이민자가 운전하는 택시를 탄 일화를 자주 말한다. 친구는 나이지리아와 비교해서 미국이 어떤지 운전사에게 물었다. 운전사는 "미국이 마음에 드는 점은 적당히 부패한 나라라는 점입니다" 하고 대답했다. 사람들은 부패가 너무 심각해서 문제라고 말하지만, 부패가 너무 없는 것도 문제일 수 있다.

상업은 돈에 관한 일일 뿐 아니라, 인간과 신뢰에 관한 일이다. 신용이 낮지만 수익이 높은 거래는 주로 범죄와 관련 있다. 신용과 수익이 낮은 거래는 자주 일어난다. 거리에서 물건을 사고파는 것이 한 예다. 사회가 정상적으로 작동하면 신용이 높고 수익이 낮은 거래가 효율적으로 일어날 것이다. 서적 구매나 의약 처방이 그 예다. 사회가 호황을 누리면 신용과 수익이 높은 거래가 일어날 것이다. 건설 계약이 한 예다. 건설은 장기간 진행하기에 사회에 신뢰가 부족하면 계약을 체결하기 어렵다.

『두둑한 주머니와 법치The Bulging Pocket and the Rule of Law』란 책에서 저자 에릭 우슬라너는 "부패의 정도는 신뢰 또는 도둑들 사이의 명예에 달려 있다"라고 말한다.[6] 다시 말해, 최후통첩 게임과 신뢰 게임을 하는 사람들에게서 관찰할 수 있는, 인간에게 내재한 본성처럼 보이는 신뢰는 호혜적 상업 활동의 전제조건일 뿐 아니라 부패의 전제조건이기도 하다. 미국 범죄조직의 두목 알 카포네는 자본주의를 '지배층의 합법적 강탈'이라고 표현했다. 어쩌면 알 카포네는 이런 생각에 따라 행동했는지 모른다.

『상식 밖의 경제학Predictably Irrational』이란 책에서 저자 댄 애리얼리는 여러 가지 흥미로운 실험을 통해 인간에게 내재한, 정직하지 못한 본성을 설명한다.[7]

그는 하버드 비즈니스 스쿨의 학생들에게 다음과 같은 실험을 했다. 먼저 학생들에게 객관식 문제지를 나눠주고, 다른 종이에 답을 적도록

했다. 알아맞힌 문제의 수대로 돈을 주기로 하고, 일부 학생들에게 정답을 보여줬다. 제출할 답안지를 수정할 기회, 다시 말해 커닝할 기회를 준 것이다. 댄 애리얼리는 약간 다른 실험도 했다. 그중에는 학생들에게 처음 답안지를 찢어버리게 (그래서 커닝을 해도 증거가 남지 않게) 지시한 실험도 있고, 학생들에게 자신이 맞힌 문제의 수만큼 상금을 받아가라고 지시한 실험도 있다.

댄 애리얼리는 많은 학생들에게 실험했다. 그 결과 일부 학생들이 경미한 부정을 저지른 것으로 나왔다. 자신이 원래 맞힌 것보다 10% 정도 부풀려서 맞혔다고 답한 것이다. 이상하게도, 부정행위 증거가 남지 않게 한 실험에서도 결과는 별로 다르지 않았다. 애리얼리는 최초 실험 그룹의 결과를 분석하면서, 대다수 학생들이 경미한 부정을 저질렀다는 사실을 알아냈다. 이는 몇몇 학생들이 심각한 부정을 저질러 나온 결과가 아니었다.

이와 같은 실험을 실시하기 전에, 애리얼리는 UCLA 학생들에게 기억력 테스트를 했다. 실험 참가 학생 중 절반에겐 학교에서 읽은 책 10권의 제목을 열거하도록 지시하고, 나머지 절반에겐 기독교 십계를 열거하도록 지시했다. 나중에 커닝할 기회가 생겨도, 십계를 열거하도록 지시받은 학생들은 책 제목을 열거하도록 지시받은 학생들보다 커닝하는 비율이 훨씬 낮았다.

MIT 학생들을 대상으로 실시한 실험에서는, 답안지에 인쇄된 "나는 본 실험이 MIT 자율 시행제에 속하는 것임을 숙지하고 있습니다"라는 진술 옆에 서명하도록 했다. 실제 MIT에는 그런 제도가 없지만, 이런 진술에 서명한 학생 그룹은 서명하지 않은 학생 그룹보다 커닝 비율이 훨씬 낮았다. 이와 같은 여러 실험에서, 부정행위 기회를 얻기 전에 윤리를 생각하는 것만으로도 부정행위를 선택하는 비율이 낮아지는 것으로 나타났다.

영국의 뉴캐슬 대학교에서 실시한 실험은 사람들이 얼마나 쉽게 정직의 인식을 바꿀 수 있는지 보여준다.[8] 뉴캐슬 대학교는 자율적으로 요금을 넣는 상자honesty box를 놓고 구내식당을 운영했다. 이 상자를 감시하는 사람은 없었다. 사람들은 구내식당에서 먹고 마신 다음 알아서 상자에 돈을 집어넣으면 됐다. 연구자들은 요금 상자에 붙은 사진을 매주 바꿨다. 한 주는 꽃 사진을 붙였다. 다음 주에는 대충 만든 흑백 눈 사진을 붙였다(마치 구내식당 이용자들을 감시하고 있는 것 같은 눈 사진이었다). 눈 사진을 붙인 주에 요금 상자에 들어온 금액은 다른 주보다 2.76% 높았다. 아주 작은 조치만으로도, 사람들이 협력과 정직이 필요한 상황이라고 인식하게끔 유도할 수 있는 것처럼 보인다.

현금 사용 여부도 사람들의 선택에 영향을 미친다. 애리얼리는 MIT 학생들에게 커닝할 기회를 주는 실험을 여러 개 했다. 한 실험에서는 학생들을 두 그룹으로 나눴다. 한 그룹은 맞힌 문제 수에 따라 즉시 현금을 받아갈 수 있게 했다. 다른 그룹은 맞힌 문제 수에 따라 토큰을 받아 몇 미터 떨어진 곳에서 현금으로 바꿀 수 있게 했다. 비록 토큰도 현금과 같은 결과를 기대할 수 있었지만, 토큰을 받는 그룹의 커닝 비율이 즉시 현금을 받는 그룹의 커닝 비율보다 배 이상 높았다.

부정행위로 돈을 받을 수 있는 기회를 주는 실험을 해보면, 실제 화폐를 쓸 때와 대용 화폐를 쓸 때 명확히 다른 결과가 나온다. 사람들은 현금이 걸려 있을 때 더 진지하게, 신뢰를 저버리지 않고 정직하게 행동하려고 한다. 당신은 직장 사무실에 있는 20센트짜리 연필 한 자루를 집으로 가져가 아이에게 주겠는가? 아니면 직장 사무실에 있는 돼지 저금통에서 20센트를 꺼내 연필을 사서 아이에게 주겠는가? 대다수 사람들은 전자를 택한다. 후자를 택하는 사람은 별로 없다.

사람들이 실제 화폐보다 대용 화폐에 대해 더 부정직한 태도를 보이는 현상은 갈수록 실제 화폐보다 신용카드 결제, 전자상거래가 늘고 있는 현대 사회에 의미하는 바가 크다. 어쩌면 앞으로 사람들은 대용 화폐에 대한 인식이 변하든지, 새로운 유형의 전자상거래 범죄가 증가할지도 모른다.

윤리적 선택

이번 장에서 논의한 공정성, 협력, 신뢰라는 개념이 경제활동에서 중요한 이유는 경제학 이론에서 기대하는 합리적 행동과 실제로 일어나는 행동이 다르기 때문이다. 경제학에서는 사람들이 최선의 결과를 얻기 위해 합리적으로 행동하고 목적만 바라보고 움직인다고 가정한다. 실제로 사람들은 타인과 거래할 때 더 큰 이익을 얻는 선택을 내리려고 한다. 하지만 당장 눈에 보이는 이익이 없어도 타인과 협력하고 공정성과 신뢰를 유지하려고 한다. 한 번만 거래하고 다시 거래하지 않을 상황에서도 이런 경향을 보인다.

인간에겐 사익을 추구하는 마음과 옳은 일을 하려는 마음이 있다. 이 두 가지 사고에 따라 목적론teleology과 의무론deontology이라는 대조적 상업 윤리 학파가 생겼다. 목적론이란 단어는 '목적'을 뜻하는 그리스어 단어 '텔로스telos'에서 유래했다. 목적론에 기반을 둔 윤리는 좋은 것을 추구하는 윤리다. 목적론적 윤리는 의사결정권자가 내린 선택의 결과를 중시한다. 의무론이란 단어는 '의무'를 뜻하는 그리스 단어 '데온deon'에서 유래했다. 의무론에 기반을 둔 윤리는 옳은 것을 추구하는 윤리다. 의무론적 윤리는 의사결정권자의 행동 원리와 원칙에 기반을 둔 윤리적 의무를 중시한다.

은행가, 거래 상인, 전문 서비스 제공자 등 경제인들은 주로 목적론적 윤리에 기반을 두고 사고한다. 반면 공무원, 생태학자, 철학자는 주로 의무론적 윤리에 기반을 두고 사고한다.

표 2.1은 목적론과 의무론의 차이를 정리한 것이다. 공정성, 신뢰, '옳은 일'에 대한 사람들의 인식은 상황에 따라 쉽게 왜곡될 수 있다. 사람들의 윤리 인식은 어느 정도 예상 가능하면서도 비합리적인 방식으로 이랬다저랬다 바뀔 수 있다.

상거래를 할 때는 언제나 윤리를 지켜야 한다. 하지만 상거래 과정에서 직면하는 윤리적 선택의 상당수는 명확한 판단이 힘들다. 먼저

표 2.1 목적론과 의무론 비교

목적론	의무론
어원: 목적	어원: 의무
좋은 것을 추구하는 윤리	옳은 것을 추구하는 윤리
결과에 따라 시비를 판단	당위성, 원칙, 규칙에 근거를 둔 의무
법 실증주의	자연법
현명한 이기심, 공리주의, 결과주의	도덕적 절대주의, 칸트주의, 정언 명령

여러 윤리적 선택의 미묘한 차이를 인식한 다음, 건전하고 일관성 있는 윤리적 선택을, 내리려고 노력해야 한다. 자신이 직면한 윤리적 선택을, 결과를 중시하는 목적론적 관점과 과정을 중시하는 의무론적 관점에서 모두 검토해봐야 한다.

그림 2.2는 독자가 상거래에서 직면할 윤리적 선택을 검토하는 방식을 제시한다.

- ◉ **하지 마라** 당신이 취하려는 행동이 명백히 상업적으로 나쁜 결과를 낳고 윤리적으로도 나쁜 일이라면, 오래 고민할 것 없이 이런 행동을 해선 안 된다.

- ◉ **하라** 당신이 취하려는 행동이 명백히 상업적으로 좋은 결과를 낳고 윤리적으로도 옳은 일이라면, 오래 고민할 것 없이 이런 행동을 하면 된다.

- ◉ **희생양** 당신이 취하려는 행동이 상업적으로 나쁜 결과를 낳지만 윤리적으로 옳은 일이라서 감행한다면, 당신은 봉이다. 당신은 성공하지 못하고, 경력을 오래 유지하지 못할 것이다.

- ◉ **사기꾼** 당신이 취하려는 행동이 상업적으로 좋은 결과를 낳지만 윤리적으로 나쁜 일인데 어쨌든 감행한다면, 당신은 사기꾼이다. 어쩌면 단기간에 성공할 수 있을 수도 있다. 당신이 내린 선택의 결과가 부메랑이 돼서 당신에게 돌아오기 전에, 이익을 챙겨서 멀리 도망가야 할지도 모른다.

물론 현실 거래에서 직면하는 윤리적 선택 중 이처럼 딱 잘라 구분할 수 있는 선택은 별로 없다. 대부분의 선택은 윤리적으로 모호한 영역에 속한다. 그림 2.2의 가운데에 이 영역을 표시해놓았다. 이 영역의 선택은 결과나 과정이 좋을 수도 있고 나쁠 수도 있다. 이 영역은 상황에 따라 많이 바뀐다. 앞서 소개한 실험들은, 상황을 조금만 바꿔도 사람들이 다른 윤리적 선택을 내리게 할 수 있다는 사실을 입증했다.

조직에서는 구성원들이 어떤 행동이나 선택을 받아들이거나 받아들일 수 없도록 하는 맥락을 정하기 쉽다. 기업문화는 '직원들이 행동을 결정하는 방식'을 말한다. 윤리 체제가 견고한 기업문화를 가진 기업에서는 직원들이 사기꾼 같은 선택을 해야 하는 상황이 적다. 또 희생양이 되는 선택을 해야 하는 상황도 적다. 반면 윤리 체제가 형편없는 기업문화를 가진 기업에서는 직원들이 사기꾼 같은 선택을 하기 쉽다.

그림 2.2 윤리적으로 모호한 영역

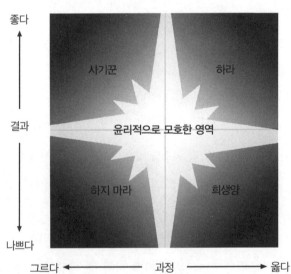

부패로 인해 망한 기업에서는 공통적으로 다음과 같은 기업문화 패턴을 발견할 수 있다. "너무 많은 것을 묻지 마라." "상사가 가장 잘 안다. 그저 시키는 대로만 해라." "이 일은 아무도 주시하지 않을 거야." "이건 너무나 좋아 보였는데." "중요한 것은 이익뿐이다."

경기 변화에 따라 조직 구성원의 윤리적 선택이 영향을 받기도 한다. 기업의 수익이 늘고 리스크가 낮아지는 호황기에는 그림 2.2의 사분면이 그림 2.3처럼 이동한다.

호황기에는 다른 기업들이 더 높은 이익을 올리기에, 기업 임원들은 자신이 희생양 사분면에 속하는 선택을 했다고 느낀다. 호황기에는 옳은 과정을 거쳐 좋은 결과를 내기 쉽다. 어느 정도가 좋은 결과인지 현실적으로 판단할 때에 한해서다. 그렇지 않으면 이미 양호한 결과를

그림 2.3 윤리적으로 모호한 영역

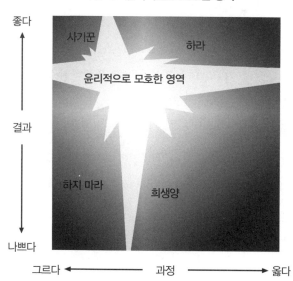

거뒀는데도 뒤처져 있다고 초조해할 수 있다. 더 많은 이익을 올리려는 욕심 때문에 사기꾼 같은 행동을 묵과하기 쉽다.

예를 들어, 1980년대에는 내부자 거래 금지법을 무시하는 사람들이 많았다. 물론 거물 거래상, 딜러, 은행가들이 내부 정보를 가지고 있었다. 런던 금융가는 남보다 앞선 정보를 가진 사람들의 사적인 모임처럼 운영됐다. 이 모임에 들어가려면, 기존 회원들에게 도움이 될 연줄이나 탁월한 능력이 있어야 했다. 1986년에 규제가 바뀌고 1987년에 증시가 폭락하면서 이러한 분위기는 상당히 바뀌었다. 비난을 뒤집어쓸 희생양이 필요한 상황에서, 내부 거래자가 희생양이 됐다. 정부는 규제를 강화했고 일부 고위 임원들은 재판을 받았다. 내부자 거래의 상당수는 법과 윤리를 침해했다. 기존 법을 아슬아슬하게 피해갔던 내부자 거래는, 규제 당국의 분위기가 바뀌면서 윤리적으로 용인되지 못할 행위가 됐다.

윤리 인식 변화의 좋은 예는 1990년대 일본에서 찾을 수 있다. 아비 퍼소드와 존 플렌더는『윤리와 금융Ethics and Finance』이란 책에서 이러한 일본 사례를 생생히 기록했다.[9] 일본은 2차 세계대전 후 장기 호황기를 거치면서 고위 관료와 기업 사이에 몇 가지 관행이 생겼다. 하나는 고위 관료의 낙하산 인사다. 일본에선 고위 관료가 50대 초반에 공직에서 물러나, 전에 감독하던 기업의 임원이 돼 몇 년간 높은 연봉을 받는 것이 관행이었다. 이를 일본어로 '하늘에서 내려왔다'는 뜻의 '아마쿠다리'라 한다.

1990년대 일본에서 유명했던 또 다른 관행은 '노팬 샤브샤브no pan shabu shabu'다.

일본 재무부 관료들에게 특혜를 바라는 기업 임원들은 비금전적 뇌물을 제공했다. 그들은 로란이라는 고급 중국음식점에서 노팬티 샤브샤브 코스로 식사를 대접했다. 이 코스에선 팬티를 입지 않고 미니스커트만 입은 웨이트리스들이 요리 시중을 들었다. 이때 요리는 고객 취향에 따라 달랐다. 샤브샤브 대신 스시가 나올 수도 있었다(아비 퍼소드의 책 내용에 따르면 '노팬 스시 사시미'가 더 적당한 이름일지 모른다). 이 과정에서 관료들은 임원들에게 언제 어떻게 규제하고 감독할지 정보를 흘렸다.

이 스캔들이 터지자, 호황을 누리던 일본 경제는 금융 위기를 맞고 경기 침체기에 진입했다. 홋카이도 다쿠쇼쿠 은행과 효고 은행을 비롯한 여러 은행이 도산하고, 실물 경제도 타격을 입었다. 실업률이 높아지고 경기회복 전망이 어두워졌다. 정부는 은행 감독 최고책임자인 미야가와 고이치를 구속했다. 그는 자신이 받은 향응이 관행을 벗어난 것으로 생각하지 않았다고 검찰 조사에서 진술했다. 과거에는 용인되면 관행들이 더 이상 용인되지 않게 됐다. 이러한 인식 변화는 그림 2.4처럼 나타났다. 윤리적으로 모호한 영역이 이동하고 크게 넓어진 것이다.

순수하게 목적론의 관점에서 보면, 한 국가가 질서 있는 은행 시스템을 가지고 있는지 따질 때 답은 둘 중 하나다. 질서가 있거나 무질서하거나 둘 중 하나다. 일본에서 은행 시스템이 질서를 잃자, 좋은 결과에 대한 기준이 훨씬 밑으로 내려가 사기꾼 사분면이 훨씬 넓어졌다. 동시에 금융계에 대한 대중의 판단 기준도 바뀌었다. 금융계가 호황을 누리고 있을 때는 관료와 기업가들의 비리를 대중이 문제 삼지 않았지만, 스캔들과 금융 위기가 터지자 비리에 연루된 관료와 기업가들을 비난하는 여론이 높아졌다.

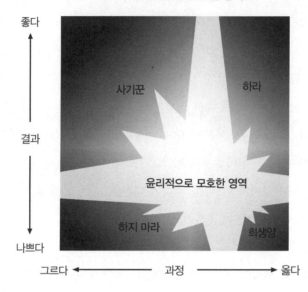

그림 2.4 윤리적으로 모호한 영역

개인, 조직, 사회가 윤리적 선택을 내리는 기준이 되는 윤리 체제를 일관성 있게 유지해야 하지 않을까? 호황기에는 관행으로 묵인한 행태를 불황기에 비리로 규정한 것은 일관성이 없었다. 사람들이 기분과 감정에 따라 타인의 선택을 다르게 평가하는 점을 인정하더라도, 윤리적 선택을 일관성 있게 평가하는 것이 사회를 위해 바람직하다. 특히 이러한 윤리상의 선택이 상업적으로나 사회적으로나 중대한 결과를 초래할 경우에 그렇다.

고약한 문제를 더 현명하게 판단하기

1장과 2장에서는, 고약한 문제를 더 현명하게 판단하기 위해 필요한 지식의 네 가지 흐름 중 하나인 선택에 관해 탐구해보았다. 의사결정은 불확실한 환경에서 몇 가지 대안 가운데 하나의 대안을 선택하는 과정이다. 고약한 문제를 더 현명하게 판단하려면, 의사결정에 관해 공부하는 것이 중요하지만, 의사결정에만 초점을 맞추는 것으론 부족하다. 선택에선 시간과 공간이 중요하다. 시간과 불확실성이란 개념은 선택에서 중요한 요소다.

불행히도, 인간은 시점 간 결정intertemporal decision에 서툴다. 서로 다른 시점에 내린 결정들이 결정의 일부를 이룬다는 뜻이다. 의사결정에 들어가는 시간이 길어질수록 의사결정이 복잡해진다.

다음 장에서는 시점 간 행동intertemporal behavior과 장기 투자 평가 등 시간이 선택에 미치는 영향을 탐구해보겠다. 이 과정에서 경제학으로 이야기의 흐름을 돌릴 것이다. 4장과 5장에서는 경제학과 선택을 함께 풀어보겠다.

3장

미래 세대의
자산을 훔치는 선택

사람들이 개인적으로 내리는 중요한 결정의 상당수는 장기적 관점의 결정이다. 더 나은 교육을 선택하거나 주택을 구매하거나 은퇴를 대비해 저축하는 것이 그 예다. 하지만 개인, 조직, 정부는 장기적 관점에서 건전한 쪽을 선택하려고 애쓰면서도, 장기적 계획보다 단기적 이익을 선호하는 모습을 보인다. 그래서 정부가 미래 세대의 돈을 털어 지금 쓰기로 결정할 때, 사람들은 이 결정을 합리적이고 공정하다고 인식하기까지 한다.

시간을 고려한 결정

의사결정에 시간 요소가 개입해, 시점 간 결정intertemporal decision이 될 때는 더욱 흥미로운 양상이 나타난다. 리처드 탈러, 조지 로웬스타인, 드라젠 프릴렉은 여러 유형의 시점 간 결정을 실험했다.[1] 로웬스타인은 학생들에게 일주일 간격을 두고 두 가지 결정을 내리도록 했다.

결정 1. 당신은 1년에 30일 쉬는 직장에서 일한다. 사장은 업무성과를 보상하고자 휴가를 14일 추가해주겠다고 제안한다. 당신에겐 두 가지 선택이 있다.

❀ A. 올해 추가로 14일 쉰다.
❀ B. 올해 추가로 7일 쉬고, 내년에 추가로 7일 쉰다.

당신은 A를 선택하겠는가, B를 선택하겠는가?

결정 2. 당신은 1년에 30일 쉬는 직장에서 일한다. 사장은 업무성과를 보상하고자 휴가를 14일 추가해주겠다고 제안한다. 당신에겐 두 가지 선택이 있다.

❀ Y. 올해 44일 쉬고, 내년에 30일 쉰다.
❀ Z. 올해 37일 쉬고, 내년에 37일 쉰다.

당신은 Y를 선택하겠는가, Z를 선택하겠는가?

A/Y, B/Z는 결과가 같은 선택이지만, 학생들은 대부분 A와 Z를 선택했다. 로웬스타인이 추가로 쉬는 날을 배분하여 문제의 프레임을 짤

경우, 학생들은 미래보다 지금 추가로 쉬는 쪽을 선호했다. 반면 로웬스타인이 전체 휴일을 배분하여 문제의 프레임을 짤 경우, 학생들은 휴일을 똑같이 배분하는 쪽을 선호했다.

로웬스타인이 1980년대에 수행한 또 다른 실험에선, 학생들에게 동네 음반 가게에서 쓸 수 있는 7달러짜리 상품권을 주기로 했다(당시에는 7달러로 음반을 1개 또는 여러 개 살 수 있었다). 로웬스타인은 일부 학생에겐 1주일 뒤에, 일부 학생에겐 4주일 뒤에, 또 다른 일부 학생에겐 8주일 뒤에 상품권을 주겠다고 했다.[2] 학생들은 상품권 받는 날짜를 앞당기고 7달러보다 가치가 낮은 상품권을 받을지, 상품권 받는 날짜를 늦추고 7달러보다 가치가 높은 상품권을 받을지를 선택했다. 표 3.1은 학생들의 선택을 비율로 나타낸 것이다.

학생들은 상품권 받는 날짜를 늦추고 프리미엄을 얻는 쪽을 선호했다. 학생들이 상품권 받는 날짜를 앞당기고 금액을 공제하는 쪽을 피한 것은 전망이론에 나오는 손실회피 경향과 일맥상통한다. 로웬스타인은 시점 간 의사결정이 전망이론과 통하는 면이 많다고 지적한다. 사람들은 의사결정 과정에서 시간적 측면의 준거점이 바뀌면 다른 결

표 3.1 상품권 받는 날짜와 상품권 금액 선택

시간 간격	날짜를 늦추고 프리미엄을 얻는 쪽을 택한 사람	날짜를 앞당기고 금액을 공제하는 쪽을 택한 사람
1~4주	16%	4%
4~8주	12%	5%
1~8주	25%	7%

정을 내린다.

　로웬스타인은 세 번째 실험에서, 괜찮은 그리스 레스토랑 또는 고급 프랑스 레스토랑에서 공짜로 식사할 수 있는 기회를 학생들에게 제시했다. 그리고 학생들에게 어느 레스토랑에 갈지, 한 달 뒤에 갈지, 두 달 뒤에 갈지 물었다. 학생들은 대부분 고급 프랑스 레스토랑을 선택했고, 대부분 한 달 뒤에 가겠다고 답했다. 한 달 뒤에 고급 프랑스 레스토랑에 가겠다고 답한 학생들에게 다시 다음과 같이 물었다. 괜찮은 그리스 요리와 고급 프랑스 요리를 공짜로 먹을 수 있는 상황에서 한쪽 요리는 한 달 뒤에, 다른 쪽 요리는 두 달 뒤에 먹을 수 있다면 어느 쪽을 먼저 먹겠는가. 이번에는 학생들 대다수가 한 달 뒤에 괜찮은 그리스 요리를 먹고, 두 달 뒤에 고급 프랑스 요리를 먹는 쪽을 택했다. 대부분의 사람들은 시간이 흐를수록 효용이 증가하는 패턴을 선호하는 듯 보인다. 즉 시간이 흐를수록 만족감이 커지는 편을 선호한다. 로웬스타인은 다른 실험에서, 고급 레스토랑에서 고급 가재 요리를 먹는 선택을 추가했다.

장기 투자를 결정하는 방법

상품권, 휴일, 가재 요리를 지금 받을지 몇 달 뒤에 받을지 일관성 있게 선택하기란 어렵다는 사실을 감안한다면, 어떻게 장기투자에 관한 결정을 내릴 수 있을까? 경제학자와 금융학자들은 순현재가치NPV, net present value란 개념을 이용해 단기투자와 장기투자의 가치를 비교하라고 말한다.

우선 몇 가지 용어를 정리하고 넘어가자. 대다수 사람들은 금리가 뭔지 안다. 금리는 저축한 돈에 매년 붙는 돈의 비율이다. 금리란 개념에 숨은 가정은 오늘의 100달러가 내일의 100달러보다 가치가 크다는 것이다. 오늘 돈을 써서 얻을 수 있는 만족을 내일로 보류하는 저축이나 투자에는 그만큼 보상이 따라야 한다. 할인율discount rate이란 개념도 있다. 할인율은 미래의 현금흐름을 현재가치로 할인해서 계산하는 것이다. 이러한 금리와 할인율의 의미는 이 책의 뒷부분에서 계속 언급될 것이다.[3]

순현재가치는 기업들이 자본투자를 결정할 때 널리 사용하는 개념이다. 기본적으로, 미래의 모든 비용과 현금흐름을 현재 화폐가치로 계산한 것이 순현재가치다. 순현재가치와 관련한 몇 가지 개념이 있다. 하나는 현금흐름 할인법DCF, discounted cash flow이다. 여러 애널리스트들이 현금흐름 할인법으로 기업의 주식 가치를 계산한다. 그들은 기업의 미래 현금 흐름을 예상하고, 이를 자본비용cost of capital 또는 금리에 따라 순현재가치로 할인한다. 이때 금리는 은행예금 금리나 국채 금리를 적용한다. 따라서 기업의 가치는 미래 현금흐름의 순현재가치다.

기업에서 의사결정권자는 어떤 사업에 대해 투자 여부를 결정한다. 결정 근거는 단순하다. 어떤 계획이 투입하는 현금보다 많은 현금을 벌어들인다면 투자하고, 벌어들이지 못한다면 투자하지 않는다. 이때 현금흐름을 할인 계산해, 다음과 같은 문제를 검토한다.

◑◐ 기업은 투자비용을 (돈을 빌리거나 빌리지 않고도) 감당할 수 있는가?
◑◐ 투자수익률이 자본비용을 초과하는 시점은 언제인가?

◆◆ 다른 사업의 투자수익률과 비교한 초과 수익률은 얼마인가?

예를 들어, 사업가가 100달러를 10년간, 현금으로 가지고 있거나 마이
크로 프로젝트에 쓰거나 메가 프로젝트에 쓰거나 어느 쪽이든 선택할
수 있다고 가정해보자. 현금으로 가지고 있겠다면 100달러가 그대로
남는 거고, 마이크로 프로젝트라면 100달러, 메가 프로젝트라면 400
달러가 필요하다. 이 사업가는 마이크로 프로젝트와 메가 프로젝트의
투자수익률을 연간 25%로 예상한다.

그림 3.1은 이를 그래프로 설명한 것이다. 메가 프로젝트에 투자하면
500달러의 수익을 올릴 수 있다. 마이크로 프로젝트에 투자하면 50달
러의 수익을 올릴 수 있다. 100달러를 현금으로 가지고 있으면 늘어나

그림 3.1 단순한 순현재가치 계산

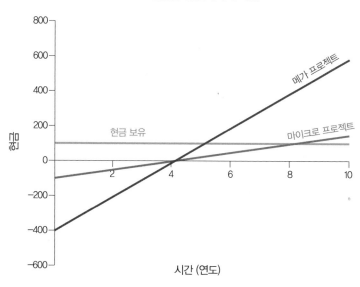

는 돈이 없다. 사업가는 10년 뒤 100달러를 600달러로 불리든, 150달러로 불리든, 100달러로 유지하든 선택할 수 있다.

이 순현재가치 계산에는 두 가지 문제가 있다. 하나는 사업가가 100달러를 투자에 쓰지 않더라도 가만히 가지고 있지 않을 것이란 점이다. 100달러를 최소한 은행에 예금할 것이다. 예금 금리를 5%라 가정하면, 10년 뒤에는 복리 이자가 붙어서 100달러는 163달러가 된다. 마이크로 프로젝트는 현금으로 가지고 있을 때와 비교해 수익이 13달러 적다. 따라서 마이크로 프로젝트에 투자할 바에 현금으로 가지고 있는 편이 낫다.

또 하나 문제는 메가 프로젝트에 투자하려면 300달러를 빌려야 한다는 점이다. 돈을 빌리면 이자를 줘야 한다. 대출 금리를 10%라 가정

그림 3.2 예금 금리와 대출금리를 감안한 순현재가치

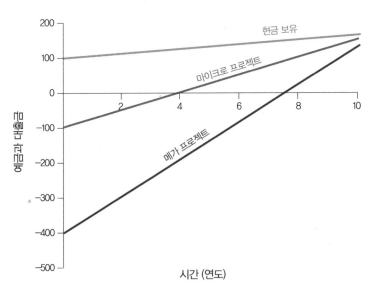

하면, 메가 프로젝트로 10년간 벌어들이는 수익은 35달러에 불과하다. 반면 마이크로 프로젝트가 10년간 벌어들이는 이익은 50달러다. 현금 보유를 선택하면 10년간 벌어들이는 이익이 63달러다. 이를 그래프로 표현하면 그림 3.2와 같다.

알베르트 아인슈타인은 복리를 '수학 역사상 가장 위대한 발견'이라 했다. 복리와 경제성장의 관계는 흥미롭다. 『돈의 미래The Future of Money』란 책에서 저자 버너드 리어타는 다음과 같이 말한다.

금리는 현상 유지를 위한 평균 성장률 수준을 정한다. 현대인은 영속적 성장의 필요를 너무나 당연한 것으로 여기지만, 이를 금리나 화폐 시스템과 연결해서 생각하지 않는다.[4]

『화폐의 종말The End of Money and the Future of Civilization』이란 책에서 저자 토머스 그레코는 한 발 더 나간다.

영속적 성장이 불가능하다는 사실을 인식하고, 금리가 세계 금융 시스템에 어떤 영향을 미치는지 이해하는 사람은 거품 형성과 거품 붕괴가 주기적으로, 점점 더 대규모로 일어나 결국 금융 시스템이 무너지는 사태를 예상할 것이다.[5]

순현재가치는 대출 금리, 예금 금리와 밀접한 관련이 있다. 대부분의 프로젝트에는 투자가 필요하다. 따라서 사업가는 투자효과를 계산하기 위해, 음의 현금흐름negative cash flow과 할인율이란 개념을 이용한다.

여기서 할인율은 기업이 순현재가치를 계산할 때 쓰는 금리나 최소 목표 수익률hurdle rate이다.

다년간 진행되는 프로젝트에서 x번째 해의 현금흐름을 CF(x)라 하고, 할인율을 d, 프로젝트의 햇수를 n이라 하면, 순현재가치인 NPV는 다음과 같이 표현할 수 있다.

$$NPV = CF(0) + CF(1)/(1+d) + CF(2)/(1+d)2 + \cdots\cdots + CF(n)/(1+d)n$$

여기서 CF(0)은 대개 마이너스다. 대부분의 투자 프로젝트는 초기에 적자를 보기 때문이다.

앞서 설명한 메가 프로젝트의 예를 좀 더 확대해서 생각해보자. 이번에는 50조 달러에 달하는 세계 GDP의 1%인 5000억 달러를 쓰는 가가 프로젝트가 있다고 가정해보자. 가가Garga 프로젝트가 향후 연간 500억 달러씩 가치를 창출한다고 가정하자. 할인율을 생각하지 않는 사람은 가가 프로젝트에서 해마다 10%씩 이익을 얻을 것이라 예상할 것이다. 하지만 할인율을 10%라고 가정하면, 연간수익 500억 달러의 가치는 해가 지날수록 10%씩 낮아진다.

가가 프로젝트가 둘째 해에 거둘 이익 500억 달러의 현재가치는 450억 달러다. 셋째 해에 거둘 이익 500억 달러의 현재가치는 405억 달러다. 넷째 해에 거둘 이익 500억 달러의 현재가치는 360억 달러를 약간 넘는다. 10번째 해에 거둘 이익의 현재가치는 170억 달러다. 할인율을 10%로 가정하면, 연간수익의 현재가치가 거의 0이 될 때까지 60년이 걸린다.

가가 프로젝트의 할인율을 2%에서 14%까지 가정해, 그림 3.3로 나타냈다. 할인율이 10%가 넘으면 가가 프로젝트는 양수로 움직이지 않는다. 즉 5000억 달러를 투자한 가가 프로젝트의 수익은 비용보다 적다. 할인율이 10%보다 낮으면 투자비용 5000억 달러를 회수할 수 있다. 만약 가가 프로젝트의 연간 수익이 더 높아지면, 할인율이 덜 중요해지고, 투자비용 회수까지 걸리는 기간이 더 짧아진다. 할인율에 대한 예시는 여기서 마치겠다. 할인율은 장기 투자 결정을 내릴 때 중요하게 고려해야 할 개념이다. 또 장기 경제성장과 지속 가능한 경제 문제를 다룰 때도 고려해야 할 개념이다.

그림 3.3 투자를 할인하기

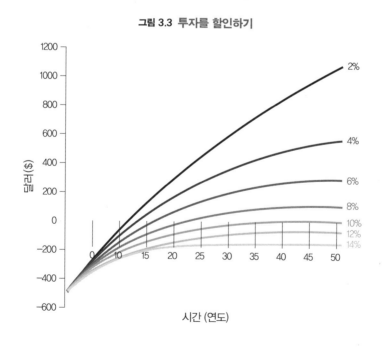

물가상승률과 세금까지 고려하라

실제 사업에서는 반드시 정확한 할인율을 구할 필요가 없지만 때로는 할인율을 몇 퍼센트로 가정할지를 놓고 기업 내에서 열띤 논쟁을 벌이기도 한다. 기업들이 자본비용을 계산할 때 핵심이 할인율이라고 해도 과언이 아니다. 자본비용은 자본자산가격결정모형CAPM, Capital Asset Pricing Model을 이용해 계산한다. CAPM은 무위험수익률, 자기자본수익률, 채권금리, 기업의 부채/자본 구조 등의 요소를 종합해서 자본비용을 계산하는 모형이다.

지금까지 논의에서는 물가상승률과 세금을 감안하지 않았다. 국가마다 세금제도가 다르다. 일부 국가에선 자본투자보다 지출에 세금을 적게 물리지만 그 반대의 경우도 있다. 일부 국가에선 자기자본보다 부채에 세금을 적게 물리기도 하지만 그 반대의 경우도 있다. 물가상승률이 낮은 상황에서 대부분의 기업가들이 채택하는 할인율은 8%에서 10%다. 이는 기업가들이 종종 할인율 계산을, 이미 내린 투자결정을 정당화하기 위한 수단으로 악용한다는 뜻을 내포한다.

지금까지 논의에서는 리스크도 감안하지 않았다. 리스크는 프로젝트가 당초 예상보다 많은 비용을 초래할 위험, 프로젝트가 당초 예상보다 적은 이익을 올릴 위험을 말한다. 앞서 예시한 마이크로, 메가, 가가 프로젝트에 당초 예상보다 많은 비용이 들 수도 있다. 또 예상보다 적은 이익을 올리거나 아예 이익을 올리지 못할 수도 있다. 전문가들은 실물옵션 모형, 포트폴리오 분석 등 더 정밀한 투자평가 기술을 가지고 있지만, 이러한 복잡한 얘기는 뒤로 미루겠다.

미래의 수익뿐 아니라 미래의 소비도 할인할 수 있다. 가령 유한한 자원의 소비를 할인할 수 있다. 세계 수산업 규모는 550억 달러다. 하지만 남획으로 인해 미래에 어획량이 급감할 수도 있다. 극단적인 예를 들면, 오늘 먹는 6달러어치 물고기는 할인율 1%를 적용하면, 세계인이 향후 2000년 뒤에 소비할 모든 물고기보다 더 큰 가치가 있을 수도 있다. 할인율을 10% 적용하면 오늘 6달러는 260년 후 세계 어획량과 맞먹는 가치를 지닐 수 있다. 물론, 60년 뒤 세계 어획량이 0이 될 것으로 전망하는 사람에게는 이러한 계산이 무의미하다.

두 시점 사이의 선택 실험

순현재가치와 할인율에 근거를 둔 시점 간 결정이 고전 경제학에서 가정하는 합리적 결정과 비슷하다고 느끼는 독자가 있을지도 모른다. 하지만 이번 장의 앞부분에서 설명한 실험에서 보듯, 시점 간 결정은 프레이밍과 준거점에 영향을 받는다. 이러한 사실을 보여주는 로웬스타인, 프릴렉, 탈러의 해산물 요리 실험이 또 하나 있다.

실험자는 피실험자에게 고급 레스토랑에서 해산물 요리를 2주 뒤에 먹을지, 6주 뒤에 먹을지 물었다. 피실험자가 2주 뒤에 먹는 쪽을 선호한다고 가정한 실험자에게는 '돈을 얼마 받으면 해산물 요리를 먹는 날짜를 4주일 연기하는 쪽을 선택할지'를 물었다. 실험에 참가한 학생의 80%에서 90%가 2주 뒤에 해산물 요리를 먹는 쪽을 선택했고, 몇 달러를 받는다면 해산물 식사를 다시 4주 연기하겠다고 대답했다.

실험자는 학생들에게 다음과 같은 두 가지 선택을 제시했다. 1년 뒤에 고급 레스토랑에서 해산물 요리를 먹는 것, 앞선 실험에서 학생들이 식사 연기 대가로 요구한 금액보다 2달러 적은 금액을 보상받고 똑같은 해산물 요리를 1년 4주일 뒤에 먹는 것이다. 첫 번째 실험에서 2달러가 넘는 보상을 요구했던 학생들의 약 70%가 두 번째 실험에선 첫째 실험보다 2달러가 적은 보상을 선택했다. 첫 번째 실험, 두 번째 실험에서 각각 제시한 두 가지 선택의 시간 차이가 똑같이 4주일이라는 점을 감안하면 흥미로운 결과다.

만약 사람들이 할인율을 정확히 적용해서 결정을 내린다면, 언제나 일관성 있는 결정을 내릴 것이다. 하지만 사람들은 먼 미래에 적용하는 할인율보다 가까운 미래에 적용하는 할인율의 가치를 더 높게 평가하는 경향이 있다.

인내심이 필요한 거래

시점 간 선택은 시점 간 자기억제intertemporal self-control와 연결된다. 더 나중에 만족을 느끼고 더 큰 가치를 보상받는 쪽을 선택하려면 인내심이 많아야 한다. 거래는 자기억제와 인내심에 의존한다. 사회학자들은 만족을 느끼는 시점을 뒤로 미룰 줄 아는 어린이들이 나중에 더 성공적이고 행복한 삶을 보낼 확률이 높다는 연구결과를 발표했다. 1981년 리처드 탈러와 허시 시프린은 시점 간 선택과 자기억제에 관한 중요한 논문을 발표했다. 이 논문은 멀리 내다보고 계획하기도 하고, 근시안적으로 행동하기도 하는 개인이 직면하는 내적 갈등을 검토했다.[6] 이 갈등은 2장에서 논의한 대리인 문제와 유사하다. 단, 대리인 문제에선 의뢰인과 대리인의 입장이 각각 다른 반면, 탈러와 시프린의 논문에선 한 개인이 두 가지 대립적 입장을 동시에 가지고 있다.

대리인 문제를 해결하는 기법은 인센티브 배분과 규칙 시행이다. 이 두 기법은 시점 간 자기억제를 촉진하기 위해서도 쓸 수 있다. 예를 들어, 더 많은 돈을 저축하거나 빚을 갚으려는 사람들의 일부는 스스로 목표를 설정하고, 이 목표를 달성했을 때 심리적 보상을 받는다. 다른 일부는 규칙을 정한다. 예를 들어 달마다 일정 금액을 저축 계좌나 부채상환 계좌로 자동이체 한다.

일부 시점 간 선택은 시점이 너무 멀리 떨어져 있어 사람들이 스스로 규칙을 정하기 힘들다. 이러한 시점 간 선택의 대표적 예는 근로자 연금 계획과 저축 계획이다. 설문조사를 해보면, 대다수 근로자들이 은퇴를 대비할 만큼 충분한 금액을 저축하지 못했다고 답한다. 절반에 가까운 근로자들은 내년에 더 많은 돈을 저축할 것이라 답하지만 나중에 실천하지는 않는다. 개인에게는 멀리 내다보고 계획하는 자아와 근시안적으로 행동하는 자아가 공존하는데, 미래를 대비해 계획해도 행동으로 옮기지는 못하는 경우가 많다. 주정부가 운영하는 연금 계획의 상당수가 기본 보험료율이 0%이고, 대다수 근로자들이 주정부에 실제 납부하는 보험료율이 0%다. 연금정책에는 2장에서 논의한 자유주의적 개입주의 요소가 있다.[7] 근로자는 기본적으로 연금보험에 자동 가입한다. 연금보험에 가입하고 싶지 않은 노동자는 따로 보험탈퇴를 신청해야 한다. 브리짓 매드리언과 데니스 오셔는 이러한 옵트아웃 시스템 덕분에 연금보험 가입률은 크게 높아졌다고 말한다.[8] 리처드 탈러와 슬로모 베나르치는 한 발 더 나가, '내일 더 저축하기Save More

Tomorrow 계획'을 주장한다. 이는 보험 가입자가 경제 환경에 적응할 수 있도록, 연금보험에 납부하는 보험료율을 자동으로 높이는 계획이다.[9] 기본 보험료율은 인터넷 사이트에서 몇 번 클릭하면 바꿀 수 있지만, 보험 가입자들이 거의 바꾸지 않으니 보험료율을 자동으로 높이자는 주장이다.

신고전주의 경제학자들은 각 개인이 '시간 선호의 한계대체율marginal rate of time preference'에 따라 시점 간 선택을 해야 한다고 주장한다. 여기서 시간 선호의 한계대체율은 각 선택에 적용되는 금리다.[10] 연령, 혼인 여부, 현재 소득흐름, 미래 소득흐름과 같은 인구통계학적 요소가 개인의 대출 금리, 즉 시간 선호의 한계대체율에 영향을 미친다. 시점 간 선택은 군중의 행동에 영향을 받는다. 사람들은 다른 사람들이 하는 것을 선택하려는 경향이 있다. 빈곤이 시간 선호의 한계대체율에 미치는 영향은 행동경제학자들의 연구주제 중 하나다.

최근 센딜 뮬러네이튼의 연구팀은 인도 첸나이에서 과일과 야채, 꽃을 파는 상인들을 연구했다.[11] 대대수 상인들은 극도로 높은 할인율을 감수하려 한다. 장사를 하기 위해, 높은 이자를 주고 돈을 빌리려 한다는 뜻이다. 종종 소득의 절반을 이자로 지출하기도 한다. 이러한 환경은 '빈곤의 덫'이라고 표현된다. 하지만 첸나이 상인들은 대부분 하루에 차를 두 잔씩 마신다. 하루에 차를 한 잔씩만 덜 마셔도 한 달 만에 빚을 모두 갚을 수 있는 상인들도 그렇다. 첸나이 상인들의 일부는 소비를 자제해 빈곤의 덫에서 벗어나지만, 대부분은 그런 자제력을 가지고 있지 않다. 뮬러네이튼은 희소성(이 경우에는 빈곤)이 시점 간 선택에 독특한 심리적 영향을 미쳐, 사람들이 최적의 선택을 하지 못하고 비

효율적으로 배분하도록 유도한다고 주장한다.[12]

대다수 사람들은 희소한 시간을 비효율적으로 배분하는 결정을 한다. 최근 한 일을 돌이켜보면, 왜 쓸데없는 일에 그렇게 시간을 소모했는지 이해하지 못하는 사람이 많을 것이다. 첸나이 상인들처럼 빈곤에 직면한 사람들은 스스로 최적의 결정을 내리기 어려운 환경에 있다. 첸나이 상인들처럼 가난한 사람들에게는, 대다수 사람들이 쉽게 굴복하는 작은 유혹(차 한 잔이나 군것질)이 경제 상황에 심대한 영향을 미치기 때문이다. 조금만 자제심이 흐트러져도 크게 적자를 보는 상황에 있는 사람은 빈곤의 덫에서 빠져나오지 못하고, 오히려 더 깊은 수렁에 빠지기 쉽다.

탈러와 시프린이 자기억제를 분석한 1981년 논문은 이와 비슷한 결론을 도출한다. 탈러는 이와 같은 결론을 도출하는 과정에서 제리 하우스먼의 연구를 인용했다.[13] 하우스먼은 에어컨 구매 가구들을 에어컨의 구매비용과 유지비용에 따라 분석했다. 구매자들의 선택에서 구매자가 적용한 할인율을 계산할 수 있었다. 저소득층은 대체로 구매비용이 낮지만 유지비용은 높은 (따라서 할인율이 높은) 에어컨을 선택했다. 반면 고소득층은 구매비용이 약간 높지만 유지비용은 약간 낮은 (따라서 할인율이 낮은) 에어컨을 선택했다. 가장 부유한 구매자들이 적용한 할인율은 5%, 가장 빈곤한 구매자들이 적용한 할인율은 89%, 평균적인 구매자들이 적용한 할인율은 20%였다.

하루 벌어 하루 살기 급급한 사람은 멀리 내다보고 계획하고 선택하기 힘들다. 그저 필요한 것을 얻기 위해 근시안적으로 움직이기 쉽다. 따라서 가난한 사람들이 자제력이 부족해 가난한 것인지, 가난하기 때문에 자제력이 부족한 것인지 인과관계가 불분명하다. 분명한 것은 근시안적 선택은 높은 할인율을 적용받는 반면, 멀리 내다본 선택은 낮은 할인율을 적용받는다는 사실이다. 이러한 시점 간 변칙은 다음과 같은 문제의 답을 도출하는 데 열쇠가 된다. 사람들은 어째서 자식 세대의 돈을 지금 끌어다 쓰는 선택을 할까?

미래 소비를 할인하는 세 가지 이유

사람들은 대놓고 도둑이 되려 하지는 않지만, 할인율 개념을 이용해 미래의 비용이 현재 비용보다 훨씬 적다는 주장을 정당화한다. 미래 소비를 할인할 세 가지 이유가 있다.

- 소비 수준은 미래에 더 높을 것이다. 따라서 추가 소비의 한계효용은 낮아질 것이다.
- 미래의 소비 수준은 불확실하다.
- 미래 소비는 미래에 일어나는 일이고, 사람들은 미래보다 현재의 혜택(현금이든 상품권이든 해산물 요리든)을 선호하므로 미래 소비를 할인해야 한다.

경제학의 최대 이슈 중 하나는 다양한 상황에서 적용하는 할인율이다. 사회적 투자나 공공사업의 순현재가치를 계산할 때 종종 '사회적 할인율social discount rate'이란 용어를 사용한다. 이는 앞서 소개한 할인율 또는 최소 목표 수익률과 기술적으로 같은 개념이다. 하지만 실제로 관료들

92

이 사회적 투자에 적용하는 할인율은 기업가들이 사업에 적용하는 할인율보다 상당히 낮다. 기업가들은 자본비용에 근접하는 할인율을 적용해야 하지만, 관료들은 이보다 낮은 할인율을 적용할 수 있다.

2002년에 영국 재무부는 다음과 같이 발표했다.

> 지금까지는 각 사업에 따라 할인율을 다르게 적용했다. 이제부터 적용할 새로운 할인율은 한 가지 요소, 즉 사회적 시간선호율만 반영해 3.5%로 고정한다. 현재 6%에 달하는 할인율은 리스크, 낙관 편향, 변동성 비용과 같은 요소들을 암묵적으로 반영한다. 앞으로는 이러한 요소들을 개별적이고 명시적으로 다루게 될 것이다.[14]

사회 전반의 경제 가치를 평가할 때 할인율은 더 낮아진다. 학자들은 세대간 전이를 분석할 때, '순 시간선호율pure rate of time preference'을 추산하려고 시도한다. 학자들은 먼저 인구조사와 설문조사로 세대간 전이의 효용을 파악한다. 그리고 여러 가지 모순적인 데이터를 분석한 끝에 순 시간선호율을 1.5% 전후로 추산한다. 성인의 평균 연간 사망률은 1.5%다. 따라서 순 시간선호율이 1.5%인 것은 그리 이상한 일이 아니다. 어떤 의미에서는 사회란 허구의 개념이고 개인만이 존재한다고 볼 수도 있다. 만약 사회가 사고능력을 가진 독립적 개체라면, 자신이 영원히 살 것이라고 가정하고 모든 세대의 소득 불균형 상황을 바로잡으려 할 것이다. 개인은 죽기 전에 투자에 대한 보상을 받길 원한다. 노인들이 장기 투자에 인색한 것은 당연하다. 만약 의료기술 발전으로 평균수명이 훨씬 늘어날 것이라고 모든 사람이 예측한다면, 순 시간선호율이 낮아질 것이다.

순 시간선호율이란 개념과 함께, 투자결정에 대한 '순 시간할인율 pure time discount rate'이란 개념도 고려해야 한다. 인간은 모든 일을 할 수가 없으므로, 순 시간할인율은 순 시간선호율보다 높게 설정해야 한다. 순 시간할인율을 0으로 설정하기엔 미래 세대의 수가 너무 많고, 미래가 너무도 길다. 아주 적은 소득 흐름일지라도 순현재가치가 크게 계산된다. 순 시간할인율을 낮게 설정하면 무한히 많은 미래 세대를 위해 현재에 모든 것을 준비해야 한다는 강박관념이 생기게 된다. 2002년 영국 재무부가 사회적 시간선호율을 3.5%로 설정했다고 앞서 인용했는데, 이는 합리적 설정으로 보인다.

순 시간할인율을 추정하는 지표로는 글로벌 장기 실질금리가 있다. 현재 선진국의 장기 실질금리는 2% 정도다. 하지만 10년 전에는 글로벌 장기 실질금리가 4% 정도였다. 현재 사람들은 10년 전보다 미래 세대를 더 배려하고 있는가? 150년이 지난 지금까지도 작동하도록 사회간접자본을 건설한 19세기 영국인들은 순 시간할인율을 지금보다 훨씬 낮게 설정했을까? 아니면 그들은 무심코 사회간접자본을 필요 이상으로 건설한 것일까?

품질 과잉도 문제다

필요 이상의 고품질로 제품을 만드는 오버엔지니어링overengineering, 과잉품질은 문제를 낳는다. 19세기 후반 빅토리아 시대 영국인들은 필요 이상으로 오래 유지되도록 설계하고 건설했다. 당시 기술자들은 배를 만들 때, 모든 부품이 똑같은 수명을 가지도록 설계하고자 했다. 예를 들어, 88만 시간이 지난 뒤에 엔진 수명이 끝나고 다른 부품도 모두 수명이 끝나, 고철 처리장으로 가도록 설계했다.

하지만 시스템이 노후해 붕괴하기 시작할 무렵에는 문제가 복잡해졌다. 수십 년간의 관리소홀 탓에 영국의 수도공급 체계는 21세기 초에 문제를 드러냈다. 전통적으로 영국 수도공급 체계의 수압은 3에서 4바bar, 수압 단위-옮긴이였다. 이는 어떤 수도공급회사의 수도관에서도 30미터에서 40미터 높이로 물을 끌어올릴 수 있는 수압이란 뜻이다. 이러한 수압을 유지하도록 법으로 정한 것은 아니지만, 오랫동안 업계에서 이 수압을 지켜왔다. 반면 미국 유타 주에서는 법으로 정한 수도관 수압이 2바 정도에 불과하다. 수도관에서 물이 새는 문제를 줄이기 위해 영국 수도공급회사들은 수압을 낮췄다. 그 전에 수도공급회사들이 수도관을 적절히 보수하지 않은 탓에, 수많은 가구가 집에서 물을 쓰기 위해 각자 전기펌프를 설치해 수압을 높여야 했다. 수도공급회사들이 수압을 예전 수준으로 높여도 문제다. 높아진 수압을 감당하지 못해 수도관이 터질 집들이 있기 때문이다.

빅토리아 시대 영국의 기술자들은 사회간접자본이 지나치게 오래 유지되도록 설계했다. 정치인들은 비용절약이란 명목으로 이러한 기술자들을 옹호했다. 당시 사람들은 유지에 대한 고민은 다음 세대에 넘기려 했다. 현재 영국인들은 150년 전 조상들의 덕을 봤지만, 어떤 의미에서는, 현재 영국인의 아버지 세대는 150년 전 조상은 물론 지금 세대도 착취했다고 볼 수 있다. 그리고 지금 세대는 자식 세대를 착취하려 한다고 볼 수 있다. 불행히도 이러한 폭탄 돌리기 게임에서, 심하게 낡아 보수가 필요한 사회간접자본을 물려받은 세대는 현재 세대다. 수도공급회사들은 150년 전 조상 탓을 할지 모르지만, 인과관계를 정확히 따지자면 20세기 영국인들이 수도공급 체계를 제대로 유지보수하지 않은 탓이다. 정치인들은 주기적으로 교체되기에, 먼 미래를 내다보고 장기적 투자결정을 내리지 못했다.

할인율을 3%보다 훨씬 높게 설정할 경우, 종종 장기투자를 꺼리게 된다. 정부는 때때로, 중요한 장기투자 정책을 단기적 안목으로 결정한다. 예를 들어 단기간에 투자비를 회수하고 싶은 마음에, 어떤 투자의 할인율을 20%로 설정할 수 있다. 경제계에서 흔히 적용하는 할인율은 3%, 5%, 10%지만, 어떤 상황에서 몇 퍼센트 할인율이 적정한 수준인지 합의된 바는 없다.

정부는 개인과 마찬가지로, 먼 미래를 지나치게 할인하는 경향이 있다. 이런 경향을 대비소홀underprovisioning이라고도 부른다. 이 문제는 앞서 빅토리아 시대 사회간접자본 기술자의 예를 들어 논의했다. 또 다른 대비소홀의 예로는 연금 문제가 있다. 미국의 코미디언 조지 번스는 "내가 100살까지 산다면 성공한 셈이다. 100살 넘게 사는 사람은 거의 없다"라고 말한 적이 있다. 실제로 그는 1996년에 100세의 나이로 죽었는데, 다행히도 말년에 돈에 쪼들려 살진 않았다.

연금은 세계 여러 나라의 미래에 큰 부담이 될 문제다. 1950년에는 65세 이상 인구 1명당 15세에서 64세 사이의 인구가 12명 있었다. 현재 이 비율의 세계 평균이 9대 1이다. 21세기 중반에는 4대 1이 될 것이다. 이러한 인구 구성의 변화는 이미 유럽과 일본에서 심각한 문제로 떠올랐다. 동유럽과 아시아도 똑같은 문제를 곧 겪게 될 것이다. 수

명이 크게 늘어 연금계획이 40년에서 80년에 걸친 문제가 된 반면, 각국 정부는 4년에서 5년마다 선거를 치러 교체된다. 21세기 초 회계투명성이 향상됐으나 각국 연금펀드가 통계를 낼 때 오류를 저질렀다. 금융위기 시기에는 연금펀드가 부실해진 자동차 회사나 철강업체를 인수하면서 부채를 떠안게 됐다.

연금펀드의 잠재적 부채를 추산하는 일에도 할인율이 중요하다. 예를 들어, 영국 정부는 할인율을 3.5%로 가정할 경우, 한 공공 부문 연금펀드의 부채가 4600억 파운드에 이른다고 시인한 적이 있다. 이는 그 해 영국 GDP의 40%에 가까운 금액이다. 하지만 금융시장 침체로 장기수익률이 예상보다 낮아짐에 따라, 3년 뒤 영국 연금수리국Government Actuary's Department, GAD은 연금펀드 부채에 대한 할인율을 2.8%로 낮췄다가 다시 1.8%로 낮췄다. 일부 보험계리사들은 이러한 할인율에 근거해, 영국 공공 연금펀드 부채를 1조 파운드 이상으로 추산한다. 이는 영국 GDP의 100%에 가깝고, 영국 정부가 연간 지출하는 금액의 두 배가 넘는다.

영국 하원의원인 마크 필드는 공공부채 문제를 솔직하고 초당파적으로 비판했다. 2007년 2월 20일 의회에서 그는 공공 연금펀드를 둘러싼 정책들의 투명성이 부족하다고 말했다.

돌파구가 없습니다. 현재 연금 수령자들과 가까운 미래에 은퇴할 영국인들은 현재 노동시장에 신규 진입하는 세대보다 후한 혜택을 받을 겁니다. 반면 젊은이들은 부채를 떠안을 겁니다. 이 문제를 과감히 제기할 수 있는 정치인은 야당에서도 여당에서도 나오기 힘듭니다. 55세 이상 인구가 35세 이하 인구의 2배이기 때문입니다. 현재 세대는 비용을 걱정하지 않고 당연한 권리인 것처럼 후한 연금을 받고 있습니다. 미래 세대는 현재 세대의 근시안적이고 이기적인 선택 때문에 쌓인 빚을 갚아야 할 겁니다.

지금까지 살펴본 내용에 감안해서 경제학자를 두 유형으로 나눌 수 있다.

- 🐟 할인율을 정확히 계산하지 못하는 경제학자
- 🐟 자신이 할인율을 정확히 계산하지 못한다는 사실을 모르는 경제학자

지금까지 살펴봤듯, 개인, 기업, 경제학자들은 시점 간 결정에는 미숙한 반면, 미래 세대를 착취하는 데는 능숙하므로 정부가 이 문제에 해법을 내놓아야 한다고 결론을 내리는 것이 합당할 것이다. 하지만 정부는 개인, 기업, 경제학자보다도 장기 계획을 수립하는 데서 서투른 모습을 보이고 있다. 어쨌든 사회간접자본과 연금과 같은 영역에서 정부 역할에 대해 근본적인 문제를 제기할 필요는 있다. 이러한 문제들은 다음 장에서 다룰 것이다.

이 책의 마지막 섹션에서는 장기 결정과 할인율에 대한 질문으로 되돌아가, 기후변화와 지속 가능한 성장과 같은 고약한 문제를 논의해볼 것이다.

흐름 둘 **경제학**

선택

경제학

시스템

진화

4장

이상적인 정부와 시장

이번 장에서는 정부와 시장의 관계를 파헤쳐보겠다. 수백 년 전부터 경제학, 정부, 거래활동에 대한 심도 깊은 연구가 진행됐지만, 아직도 민간 영역과 공공 영역에서 정부의 역할에 대한 사회적 논의는 계속되고 있다.

공공 부문, 민간 부문, 그리고 비영리 부문

시장을 혁신적 부 창출의 중심이라고 생각하는 사람도 있고, 자기밖에 모르고 이익을 극대화하려는 자본가들의 둥지라고 생각하는 사람도 있다. 또, 정부를 기회평등주의자의 자혜로운 집행자라고 여기는 사람도 있고, 관료주의적 사회통제 권력으로 여기는 사람도 있다.

세 번째 부문은 지칭하는 용어가 확실히 정해지지 않았다. 흔히 비영리단체 또는 비정부단체라고 부르는 부문이다. 자선단체, 시민사회, 사회적 기업, 자발적 부문, 사회운동단체라고 부르기도 한다. 이러한 단체들을 이타적인 사람들이 운영하는 조직으로 여기는 사람도 있고, 남의 일에 간섭하기 좋아하는 위선자들의 모임이라 여기는 사람도 있다.

상업적 관점에서 사회를 바라보면, 사회에 세 가지 주요 그룹이 있다고 할 수 있다. 시장, 정부, 비영리단체다. 이는 알기 쉽지만 틀린 분류일 수 있다. 경제 통계로 사회를 분류하면, 공공 부문public sector과 민간 부문private sector으로 나눌 수 있다. 비영리 부문not-for-profit sector은 GDP에서 차지하는 비율이 앞의 두 부문에 비해 훨씬 낮다. 사람들의 봉사시간을 정확히 계산하기 어렵다는 것을 감안해도 비영리단체가 고용에서 차지하는 비율은 미미하다. 존홉킨스 시민사회연구소가 제공하는 정보에 따르면, 22개 선진국 비영리단체 부문이 노동활동에서 차지하는 비율은 봉사시간을 포함해도 5% 정도에 불과하다고 추정할 수 있다.

갈수록 증가하는 비영리 부문의 중요성에 대해서는 뒷부분에서 다루겠다. 이번 장에서는 우선, 선진국에서 평균적으로 고용의 80%가량을 담당하는 민간 부문과 고용의 20%가량을 담당하는 공공 부문을 살펴보겠다.[1]

공공 부문의 지출은 줄지 않는다

영국의 공공 부문 지출은 GDP의 40%를 훌쩍 넘는다. 이러한 지출의 절반가량이 실업수당이나 연금 같은 이전지출transfer payment다. 나머지 절반은 정부의 일반적 소비 지출이다. 영국 정부는 전체 노동자의 20%를 고용한다. 따라서 최소한 영국 경제의 20%는 공공 부문의 의사결정에 영향을 받는다고 할 수 있다. 그런데 정부 지출을 분석하는 일은 복잡하다. 정부 지출의 상당 부분이 민간 부문으로 흘러가기 때문이다. 인형 속에 인형이 들어 있는 러시아 전통인형처럼, 공공 부문의 지출을 분석하다 보면 그 속에서 또 다른 민간 부문의 지출과 공공 부문의 지출을 발견하게 된다.

공공 부문의 지출 증가 추세는 영국만의 현상이 아니다. 흔히 미국이 자유시장주의 경제라고 하지만, 미국 경제도 공공 부문 지출이 급증하고 있다. 지난 100년간 미국 연방정부의 지출은 5배로 증가했다.

공공 부문의 장기 성장 추세를 그림 4.1에서 확인할 수 있다. 그림

그림 4.1 미국과 영국의 GDP 대비 정부 지출 비율

4.1은 20세기 미국과 영국의 GDP 대비 정부 지출 비율을 나타낸 그래 프다. 전쟁을 치르고 있을 동안에는 정부 지출 비율이 급증하고, 전쟁 이 끝나면 정부 지출 비율이 감소했다. 이 그림에서 확인할 수 있는 가 장 중요한 변화는 20세기에 미국과 영국의 정부 지출이 몇 배로 늘었 다는 사실이다.

여기서 과연 이러한 정부 지출 증가가 좋은 현상인지, 나쁜 현상인 지 의문이 생긴다. 선진국들의 GDP 대비 정부 지출 비율은 제각각이 다. 15%인 선진국도 있고 50%인 선진국도 있다. 각국의 정부 지출이 어떤 경제성과를 올렸는지 비교하긴 어렵다. 정부 지출이 많아질 때 부정적인 영향을 받는 듯 보이는 유일한 요소는 GDP 성장률이다. 정 부 지출과 GDP 성장률의 관계를 놓고 많은 논란이 있다. 장기적으로 생각하면, 정부 지출이 과도하게 늘어나 GDP 성장률이 낮아질 위험 을 조심해야 하지만, 단기적으로는 정부가 지출을 줄일 이유가 없다. 과연 공공 부문에는 지출을 과도하게 늘리는 내재적 편향이 있는가?

몇몇 경제학자들은 공공 부문에는 지출을 최적 수준보다 늘리려는 내재적 편향이 있다고 주장한다. 루이스 캐롤이라는 필명으로 『이상한 나라의 앨리스Alice's Adventures in Wonderland』를 쓴 찰스 도지슨을 비롯한 19세기 학자들은 다수결의 원칙을 가진 민주주의 정치제도는 일부 영 역에서 불공정한 의사결정을 내리도록 하는 내재적 편향을 가지고 있 다고 지적했다. 1883년에 아돌프 바그너는 산업화를 거친 국가들의 공 공 지출이 절대 금액으로나 상대 금액으로나 증가할 것이라는 '국가 활 동 증대의 법칙Law of Increasing State Activities'을 주장했다.

시릴 파킨슨은 1955년 《이코노미스트》에 기고한 기사에서 '파킨슨

의 법칙'을 주장했고, 나중에 『파킨슨의 법칙Parkinson's Law』이라는 제목
으로 책도 썼다.[2] 파킨슨의 법칙이란, 공무원이 승진하기 위해선 부하
공무원 수가 증가할 필요가 있다는 점 때문에, 공무원 수는 언제나 증
가한다는 사실을 비꼰 표현이다. 파킨슨은 1914년과 1928년 통계를
예로 들었다. 이 기간에 영국 해군의 선박은 68% 감소하고, 해병 수는
32% 감소했지만, 해군 본부의 직원 수는 늘었다. 그는 "설령 영국 해
군이 사라졌어도 해군 본부의 직원 수는 몇 배로 늘었을 것이다" 하고
비꼬았다.

H. R. 보웬은 1943년에, K. J. 애로는 1963년에 다수결의 원칙으로
결정하는 민주주의 투표 체제가 정부 지출과 세금을 늘리는 내적 편향
을 가지고 있는지 검토하는 논문을 썼다.[3] 유권자들은 공공 지출 비용
을 제대로 평가하지 못한다. 설문조사에 따르면, 유권자들은 민간투자
개발사업Private Finance Initiative, PFI과 같은 장기계획의 비용과 자본을 잘 구
분하지 못한다. 유권자들은 직접세와 특별소비세, 부가가치세, 소비세,
법인세, 상속세 등 여러 가지 다른 세금들을 쉽게 구분하지 못한다.

움직이는 모든 것에 세금을 부과하라

정부 지출의 역사는 필연적으로 세금의 역사와 얽혀 있다. 세금의 역사
는 국민과 정부의 상호 작용의 역사다. 키케로는 "세금은 국가의 힘줄"
이라고 말한 반면, 2000년 뒤 로버트 오벤은 "워싱턴에선 정치인들이
올라가는 법을 모르고 세금이 내려가는 법을 모른다"라고 농담했다.

많은 사람들이 세금을 더 낼 생각은 하지 않은 채, 정부 지출의 혜택

만 생각한다. 공공 부문이 성장함에 따라 더 많은 유권자들이 공공 부문에 의존하게 되고, 공공 부문을 유지하거나 확장하는 정책에 투표한다. 카를 마르크스는 「도덕적 비판과 비판적 도덕Moralizing Criticism And Critical Morality」이라는 글에서 다음과 같이 말했다.

공무원, 종교인, 군인, 무용수, 교사, 경찰관, 그리스 박물관, 고딕 첨탑, 왕실. 이 모든 것을 유지하기 위해 공통으로 필요한 것은 세금이다.

정부 지출에 맞춰 세금을 거두려는 시도나 세수에 맞춰 정부 지출을 줄이려는 시도는 지금까지 수없이 있었다. 채권시장의 발달로 정부가 여러 가지 방식으로 돈을 빌릴 수 있게 되면서, 정치인들은 유권자와 유착관계를 유지하고 있다. 경기순환 주기에 따라 돈을 빌리고 투자할 수 있는 여력이 달라진다. 유권자들은 늘 재정균형을 선호하는 척하지만 그렇다고 재정적자를 크게 걱정하지도 않는다.

세수가 감소해도 세율을 높이는 경우는 별로 없다. 대다수 경제학자들은 세율이 일정수준을 넘어서면 세수가 오히려 감소한다고 믿는다. 공급주의supply-side, 감세정책으로 경제성장을 촉진할 수 있다고 주장하는 경제학파-옮긴이 경제학자인 아서 래퍼는 이러한 세율과 세수의 관계를 래퍼 곡선Laffer Curve으로 표현하며, 1980년대 미국의 감세정책을 옹호했다. 그는 세율이 일정수준을 넘어서면 세수가 감소하는 현상이 오래전부터 있었다고 믿었다. 케인스도 일반이론General Theory에서[4] 세율이 일정수준을 넘어서면 세수가 감소하기 시작한다고 언급했다. 하지만 최대적정세율이 몇 퍼센트인지는 의견이 분분하다. 세금의 종류가 많고 많은 사람들이 일부 세금을 회피하는 수단을 이용하기 때문에, 갈수록 최대적정 세율을 예측하기가 어려워지고 있다.

미래에 공공 부문 부채를 해결할 방법은 딱 세 가지다. 세금을 더 걷거나, 정부 지출을 확 줄이거나, 인플레이션을 일으키는 것이다. 정부는 종종 인플레이션을 가장 덜 욕먹는 해법으로 여긴다. 특히 이전에 집권한 정당이 쓴 정책 때문에 인플레이션이 생길 경우, 여당이 인플레이션을 편리한 해법으로 이용할 때가 많다.

인플레이션으로 부채 부담을 줄이는 정부

은행과 정부는 돈을 찍어내서 인플레이션을 촉발할 수 있다. 은행은 부분지급준비금제도fractional reserve banking라는 과정을 통해 돈을 창조할 수 있다. 은행이 돈을 빌려줄 때 반드시 은행금고에 있는 돈을 빼서 빌려주는 것은 아니다. 회계장부에 돈을 빌려줬다고 기록할 뿐이다. 정부는 은행들에게 예금액의 일정비율을 대출하지 않고 보유하도록 요구하지만, 본질적으론 대출금의 대부분은 은행이 새로 만든 돈이다. 정부만 돈을 찍어내는 것이 아니다. 은행도 돈을 빌려줄 때마다 돈을 찍어내는 셈이다. 경제학자들이 말하는 광의의 통화량은 명목화폐fiat money뿐 아니라 상업은행이 장부상으로 창조한 돈도 포함한 개념이다. 이것이 현대의 화폐체계money system를 구성한다.

금융체계에 필연적으로 일어나는 듯 보이는, 주기적 버블과 버블 붕괴로 금융시장이 혼란스러워지면, 은행과 정부는 부채 부담을 덜기 위해 통화량을 늘려 인플레이션을 일으킨다. 21세기 초에 일어난 버블 붕괴에 대처하기 위해 선진국들이 쓴 통화확장 정책을 '양적 완화 quantitative easing, QE'라고 부른다. 이는 공개 시장 조작open market operation의 일종으로, 시장에 유동성을 공급하기 위해 중앙은행이 돈을 무에서 창조하는 것을 말한다. 사람들은 종종 "돈을 찍어낸다"라고 표현하지만, 요새는 통화량을 늘리기 위해 기계로 돈을 인쇄할 필요가 없다. 그저 중앙은행이 전자 장부에 돈이 있다고 기록하면 끝이다. 중앙은행은 이렇게 새로 만든 돈으로 시중은행이 보유한 채권을 매입해, 시중은행에게 유동성을 공급하고 시중은행의 대출여력을 높인다. 시중은행이 대출을 통해 늘리는 통화량은, 앞서 설명한 부분지급준비금제도를 통해, 당초 양적 완화로 공급한 돈의 몇 배가 될 수 있다.

21세기 초에 일어난 글로벌 금융위기가 최악의 사태로 번지는 것을 막기 위해 각국 정부가 개입하는 것은 분명 필요한 조치였다. 하지만 이러한 정부 개입이 장기적으로 어떤 결과를 낳을지는 불분명하다. 양적 완화로 공급한 유동성이 얼마만큼 화폐체계에 더해졌을까? 이는 시중은행 대출과 중앙은행이 공급하는 부분지급준비금에 달렸다. 아무도 양적 완화의 효과를 미리 예측할 수 없다. 경제학자들은 앞으로도 정부가 어느 정도의 경제침체를 막기 위해 어디까지 개입해야 할지, 정부가 어느 정도의 인플레이션과 자산 거품을 방치해야 할지 끊임없이 논쟁을 벌일 것이다. 그런데 사람들이 경제의 거품을 빼기 위한 통화량 축소 방안을 얘기하는 때는 별로 없다. 경제가 어려울 때 정부 부채가 늘어나는데 인플레이션은 편리하게도 정부의 부채 부담을 덜어준다.

언제나 큰 정부를 비판한 경제학자 밀턴 프리드먼은 "인플레이션은 입법절차 없이 부과할 수 있는 세금"이라고 말했다. 케인스는 "인플레이션을 지속함으로써 정부는 시민들이 가진 부의 상당 부분을 은밀하게 몰수할 수 있다"라고 말했다. 케인스와 프리드먼은 의견이 일치하는 부분이 거의 없는 경제학자들이지만, 두 사람은 대중에게 세금을 부과하기 위한 편법으로 정부가 유도하는 인플레이션을 반대한다고 볼 수 있다.

공공선택 이론

공공 부문을 확장하기 전에 엄격히 검토하고, 현재 공공 부문이 지나치게 비대하다고 여기고 공공 부문을 최적 수준으로 축소할 것을 강력히 주장하는 경제학자들을 공공선택학파Public Choice School로 분류한다. 폴 스타는 공공선택학파의 주장을 다음과 같이 요약한다.

> 공공선택학파는 인간 행동 모형으로 분석을 시작, 다음과 같은 일련의 경험적 주장을 펼친다.

- 민주주의 정치는 정부를 확대하고 예산을 과도하게 늘리려는 내재적 경향이 있다.
- 유권자, 정치인, 관료의 이기적 연합에 따라 정부 지출이 증가한다.
- 공공 부문 사업은 민간 부문 사업보다 필연적으로 효율이 낮다.[5]

비록 마지막 주장에는 논란의 여지가 있지만, 유권자들이 공공 부문의 혜택을 제대로 인지하지 못한다는 것은 쉽게 알 수 있다. 존 케네스 갤브레이스는 사람들이 공공 부문이 제공하는 재화와 서비스를 당연한 것처럼 여긴다는 사실을 지적한다. 아름다운 국립공원과 같은 공공 부문의 혜택은 손에 잡히지 않는다. 복지시책welfare provision은 장기간 제공받기에 혜택을 받는 사람이 얼마나 큰 혜택을 받는지 잘 느끼지 못한다.

조지프 스티글리츠는 벤저민 프리드먼의 책에 대한 서평에서 다음과 같이 말했다.

미국의 경제학자들은 정부 개입 옹호를 강하게 혐오하는 경향이 있다. 그들은 시장이 평소에는 스스로 알아서 잘 돌아가므로, 가끔 시장이 실패할 때만 정부가 개입해야 한다고 가정한다. 이러한 가정에 따라 그들은 정부가 경제 효율을 보장하기 위해 최소한의 개입만 해야 한다고 주장한다.

이러한 가정의 지적 근거는 약하다. 정보가 불완전하고 비대칭적인 시장경제와 불완전한 시장에서, 즉 모든 시장경제에서 애덤 스미스가 말한 '보이지 않는 손'이 보이지 않는 이유는 그런 손이 애초부터 존재하지 않기 때문이다. 이러한 사실을 인정하면, 정부 역할이 중요하다는 결론에 필연적으로 도달하게 된다.[6]

민영화, 민간투자, 정부—민간합작을 미화하는 정치적 수사들이 많이 나왔지만, 지난 40년간 유럽 각국의 정부 지출은 GDP 대비 40% 전후로 유지됐다. 한편 미국은 최근까지 정부 지출이 GDP 대비 30%에 미치지 못했지만, 이런 미국 또한 국가 경제의 상당 부분을 정부가 통제하는 정책을 받아들였다. 유럽과 미국의 차이는 정부 지출을 집계하는 방식의 차이로 설명할 수 있다. 예를 들어, 유럽에서는 의료보험 수가를 정부 지출로 집계하는 반면, 미국에서는 민간 부문으로 집계한다. 세계 각국의 GDP 대비 공공 부문 비율은 미국과 유럽의 차이보다도 크다.

국민과 정부의 계약

대의 민주주의와 직접 민주주의는 수천 년간 가장 뜨거운 논쟁을 부른 주제다. 군주, 귀족, 성직자들이 특권을 누린 고대부터 근대까지 사상가들은 정부 형태와 국민의 권리 유무를 놓고 논쟁을 벌였다. 반면 현대 사상가들은 민주주의 정부를 당연한 것으로 여기고, 정부가 얼마만큼 국민 일에 개입해야 하는지를 놓고 논쟁을 벌인다.

조지프 슘페터는 "경쟁적 선거를 통해 결정할 권한을 가진 개인들이 정치적 결정에 도달하는 제도적 조정 과정"이 민주주의의 정수라고 말했다.

개인과 조직은 사회와 '계약'하고, 이러한 계약에 따르는 위험과 보상을 암묵적이든 명시적이든 명확하고 합리적으로 설정할 수 있어야 한다. 18세기 사상가들은 공화정의 핵심 강점은 더 많은 국민과 더 넓은 국토를 통치할 수 있는 능력이라고 보았다. 게다가 공화정 형태를 갖춘 대의 민주주의는 직접 민주주의보다 안정적인 것으로 간주했다. 앨릭잰더 해밀턴, 제임스 매디슨, 존 제이가 쓴 논문 85편을 엮어

1780년대에 출판된 『연방주의자 논집Federalist Papers』은 미국 헌법의 채택을 옹호했다. 이 책은 현대 헌법사상 연구의 중대한 원천이다. 일반적으로 10번 논문과 51번 논문이 가장 영향력 있는 논문으로 평가받는다. 10번 논문은 크고 강력한 공화정을 옹호하고, 51번 논문은 권력을 분립해야 할 필요를 설명한다.[7]

벤저민 프랭클린은 "순간의 안전을 얻기 위해 근본적인 자유를 포기하는 자는 자유도 안전도 보장받을 자격이 없다"라는 명언을 남겼다. 아무리 작고 일시적인 구속일지라도 자유에 대한 구속을 참아서는 안 된다는 뜻이다. 하지만 미국의 대의 민주주의는 일시적 안전을 얻기 위해 본질적 자유를 일부 구속하는 계약을 시장에 요구했다. 이 새로운 계약을 경계하는 사람은 없었다. 반대로, 56번 논문에서 『연방주의자 논집』의 저자들은 상거래 규제가 크게 확대되리라고 예상하지 않았다.

> 상거래를 적절하게 규제하려면 앞에서도 언급했듯 많은 정보가 필요하다. 하지만 각 주의 지역적 상황이나 법과 관련된 정보라면 소수의 대표가 충분히 연방위원회에 전달할 수 있을 것이다. 상거래를 규제하면 세금도 거두게 될 것이다.

미국 독립 정신의 이론적 토대인 로크의 원칙이 프랑스 혁명 정신의 이론적 토대인 루소의 원칙보다 안정적인 시장을 제공하는 듯 보인다. 장 자크 루소는 개인의 권리를 주로 언급한 반면, 존 로크는 개인의 권한위임과 사회계약의 원칙을 주로 언급했다. 미국 연방정부 구조에 내재한 견제와 균형의 원리는 권력을 분산함으로써 개인과 조직이 정부

112

와 장기 계약을 맺거나 시장에서 서로 장기 계약을 맺을 때 불확실성을 줄이고 신뢰를 높인다. 정부와 시장의 상호 작용이 성공하려면 상거래 계약의 안정성이 매우 중요하다. 견제와 균형은 정부가 급속하게 방향을 바꾸는 것을 막는다. 이러한 견제와 균형은 사회계약을 약화시킬 소지도 있지만, 사회 안정과 상거래 안정을 제고한다.

시장은 교환으로 이익을 얻으려는 사람들이 있는 곳이면 어디서든 나타난다. 시장은 민주주의가 없는 나라에서도 출현한다. 예를 들어 중국 정부는 최근 수십 년간 빈곤을 줄이는 데 어떤 정부보다도 성공했다. 이를 가능하게 한 것은 민주주의가 아니라, 상인들이 중국 정부와 계약할 수 있도록 오랜 기간 중국 정부가 유지한 합리적 확실성reasonable certainty이다. 이러한 합리적 확실성은 민주주의 국가의 사회계약으로 얻을 수 있지만, 각국이 유지하는 합리적 확실성의 정도는 다르다. 그리고 민주주의 국가만 상거래에 필요한 합리적 확실성을 유지할 수 있다는 법은 없다.

글로벌 계약

지금은 세계 무역 시대다. 오염물질 배출권 같은 자산을 거래하는 자산 민영화 시장도 세계적으로 커지고 있다. 이에 따라 폐쇄계closed system와 개방계open system의 충돌도 생긴다. 폐쇄계는 지구다. 대기권은 태양에서 에너지를 받아 우주 공간으로 에너지를 방출하는 것 외에는 닫힌 공간이다. 개방계는 시장이다. 시장체계는 생태계와 불협화음을 일으키는 두 가지 핵심적인 특성을 가지고 있다. 첫째, 시장은 인간 중심적이다. 둘째, 시장은 포괄적이고 강제적인 사유재산권에 의존한다. 일부 사람들이 자신의 활동이 미래 세대 또는 멀리 떨어진 사람들에게 미칠 영향을 무시할 경우 충돌이 일어날 수 있다. 가령 탄소 배출권 같은 재산권의 집행은 문제를 야기할 소지가 있다. 예를 들어, 작은 섬나라에서 오염물질을 배출하는 사업을 벌여 국제기후협약을 회피할 수 있다.

세계 금융 시스템에서는 정부와 시장이 충돌할 가능성이 많다. 21세기 초 글로벌 금융위기 때 영국 정부가 채무불이행을 선언한 아이슬란드 은행 자산을 동결한 대테러 법안을 집행한 것이 한 예다. 글로벌 금융위기는 미국 정부와 중국 정부가 환율조작과 무역수지 불균형을 놓고 분쟁을 벌이는 계기가 됐다. 만약 미국과 중국이 새로운 법을 만들어 무역전쟁을 벌였으면 금융 위기가 더욱 심각해졌을 것이다.

정부와 시장의 충돌은 세계 수산물 시장에서도 뚜렷이 나타난다. 여기서 폐쇄계는 식용 어류의 개체 수를 유지할 수 있는 지구의 능력이고, 개방계는 수산물 시장이다. 각국이 주요 어류들을 남획한 탓에 주요 어류들이 멸종 위기에 있다는 우려가 세계적으로 높아지고 있다. 각국 정부는 자국의 어부, 수산업 회사들과 충돌하고, 종종 서로 불신한다. 각국 정부는 과학자들과 함께 어류 자원의 장기적 미래를 생각하고자 노력하지만, 현실적으로 쓰는 도구는 연간 어획량 쿼터제밖에 없다. 어획량 쿼터는 수산업 운영과 재정에 불확실하고 복잡한 요소로 작용한다. 어획량 쿼터 교역 같은 더 정밀하고 장기적인 도구가 성과를 거두려면 전례 없는 수준의 국제 협력이 필요하다.

인류는 이러한 지구 생태계 이슈에 대처하기 위한 첫걸음을 떼고 있다. 시장옹호론자들은 재산권 거래를 통해 경제활동의 최적배분을 달성할 수 있을 것이라고 확신한다. 규제옹호론자들은 각국 정부가 만나 정치적으로 풀어야 궁극적 해법이 나올 것이라고 믿는다. 현재까지 시장은 탄소 배출권 거래 같은 아이디어를 미미하게 수용했을 뿐이다. 일부 국가는 에너지 기업에 초과이윤세windfall tax를 부과해 지속 가능한 에너지 개발에 투자를 저해하는 어리석은 정책을 펼쳤다. 또, 일관성 없는 탄소 배출권 거래 정책을 펼쳐 기존의 탄소 배출권 구매자들에게 손실을 입히는 어리석은 결정을 내린 정부도 있다.

정부의 크기는 측정하기 어렵다

모든 사람들이 적정한 크기의 정부를 원한다. 너무 큰 정부도 너무 작은 정부도 원하지 않는다. 이러한 합리적 요구는 소녀와 곰 세 마리의 전래동화를 연상하게 한다. 골디락스라는 소녀가 숲 속에 들어갔다 길을 잃고 곰 가족의 오두막에 들어갔다. 곰 가족은 외출하고 없었다. 골디락스는 식탁에 있는 수프 세 그릇을 발견했다. 아빠 곰의 스프는 너무 뜨거워서 못 먹었고, 엄마 곰의 스프는 너무 차가워서 못 먹었다. 아기 곰의 스프는 너무 뜨겁지도 차갑지도 않아 먹기에 적당했다. 정부 크기를 측정할 때 참고할 만한 전래동화다.

　정부 크기를 재는 계측기optimeter가 있으면 얼마나 좋을까? 만약 화살표가 붉은색을 가리키면 정부가 지나치게 크거나 작다는 뜻이고, 녹색을 가리키면 정부가 적정한 수준이라는 뜻이다. 이런 계측기가 있다면 민주주의 선거가 정부를 방만하게 키우는 일이 사라질 것이다.

하지만 이런 계측기를 만들기 어려운 원인이 몇 가지 있다. 세금회피나 부패행위 때문에 생기는 지하경제 규모, 정부 개입, 정부가 국민에게 제공하는 보조금, 공교육, 의료보험 같은 혜택의 양을 얼마만큼 집계하느냐에 따라 정부 크기를 과대평가할 수도 있다. 또 물가통제, 규제, 허가, 진입장벽, 보유금지, 관세, 과세, 기업에 대한 행정명령 집행 같은 정부 역할을 집계하지 않음으로써 정부의 크기를 과소평가할 수도 있다. 정부의 차입금도 계산해야 하기에 정부 크기를 측정하기 어렵다. 존 힉스는 "소득계산의 목적은 빈곤해지지 않고 소비할 수 있는 정도를 아는 것"이라고 말했다. 인구 변화에 따라 정부의 크기가 달라지기도 한다. 예를 들어 인구가 감소하면 토목건설 사업이 줄어드는 반면 국민연금 행정업무는 증가할 것이다.

게다가 정부와 민간업체의 합작은 어떻게 분류할 것인가? 국영 기업, 정부 소유–민간 운용 기업, 정부가 보증하는 기업, 민간 보험사가 받아주지 않는 국민을 보장해주는 공공 보험, 신탁, 준정부 조직, 정부가 지원하는 자선사업, 보증, 바우처, 세금 환급, 보조금, 통행료, 서비스 요금 등 공공 부문과 민간 부문이 섞여 있는 사업이 많이 있다. 부채를 늘리거나 지속할 수 없는 방식으로 자원을 소비해 미래소득을 미리 쓰는 것도 정부의 크기를 정확히 계산하기 어렵게 한다. 투명하게 회계하기 어려운 민관협력public private partnership, PPP과 부외금융off-balance-sheet financing도 정부의 크기를 정확히 계산하기 어렵게 한다.

커뮤니티가 공공 자원을 다루는 방식

경쟁은 아주 중요한 역할을 담당한다. 공공 부문이 맡은 사업을 민간 부문으로 이전하는 일은 간단하지만, 경쟁을 유도하는 것은 간단하지 않다. 튜더 왕조(1485~1603년) 시절 영국은 소금과 비누 같은 물건의 독점과 특허가 성행했다. 이 시기에 독점은 주로 민간 부문에서 발생했다. 독점의 가치는 경쟁이 없는 데서 나온다.

민영화를 지지하는 이론들은 몇 가지 있다. 공공선택학파는 공공 부문의 인센티브 구조가 불충분하다고 비판한다. 일부 경제학자들은 정부가 소유할 경우 효율이 떨어진다고 비판한다. 각 산업의 민간 부문과 공공 부문을 비교하는 것은 어렵지만, 대체로 민간 기업들의 생산 비용이 더 낮고 자산 가치가 더 높다. 그리고 사기업이든 공기업이든, 실제로 위협적인 경쟁 상황에 처한 기업이 상대적으로 효율이 높았다.

따라서 정부의 크기를 측정하는 도구뿐 아니라 경쟁을 측정하는 도구도 필요하다. 경쟁을 도입하지 않은 채 일부 정부 자산을 민영화하는 것은 무의미하다. 어쩌면 정부 내에 경쟁을 도입하는 방안을 고려해야 할지 모른다. 출입국관리사무소를 두 개, 보건부를 세 개, 국세청을 네 개 만들지 말란 법은 없다.

경쟁을 측정하는 도구뿐 아니라 커뮤니티community, 지역 사회, 시민사회, 공동체-옮긴이를 측정하는 도구도 필요하다. 열린 시장이란 개념에는 개인의 이기적 행동이 공익을 증진하고, 협동을 유도한다는 가정이 깔려 있다. 시민사회는 경제 영역이나 상거래 영역이 아니라고 생각하는 사람도 있지만, 상거래는 교환만 가리키는 개념이 아니라 교환이 이루어지는 커뮤니티에 관한 개념이다. 게다가 정부의 성장은 노동조합을 비롯한 여러 시민사회의 성장과 궤도를 같이한다. 시민사회는 인권, 교육, 의료 관련 법률 제정을 촉구해 정부 규모를 키우는 데 기여했다. 시민사회의 크기를 측정할 수만 있다면 경제를 더 정확히 파악할 수 있다.

덴마크인 친구 한 명이 덴마크는 세계에서 가장 커뮤니티 참여가 활발한 국민이라고 말한 적이 있다. 덴마크 국민들은 대부분 지역단체들의 활동에 참여한다는 것이다. 우리는 이러한 시민사회의 크기를 측정하는 방법이 없을지 고민해왔다. 허먼 댈리와 존 콥은 『공익을 위해서 For the Common Good』란 책에서 다음과 같이 제안한다.

> 그동안 현대 경제학은 경제현실을 분석할 때 시민사회를 고려하지 않았다. 현대 경제학의 시급한 과제는 더 엄밀한 수학적 분석과 전제를 통해 법칙 하나를 만드는 것이 아니라, 그동안 분석대상으로 여기지 않은 시민사회를 분석하는 것이다.[8]

모든 교환과 거래의 크기를 파악하려면 시민사회만 측정하는 것으론 부족하다. 시장과 커뮤니티의 크기를 모두 측정해야 한다. 물론 정부를 정의하고 측정하는 일이 어렵듯, 커뮤니티를 정의하고 측정하는 일도 어렵다. 커뮤니티에는 기업가도 있고, 자선단체도 있고, 회계사도 있고, 정부에 보고하는 단체도 있다. 사람들은 다양한 커뮤니티에 속한다. 일부는 자발적으로 참여하고, 일부는 의무 또는 위신 때문에 참여한다. 사람들이 커뮤니티라고 의식하지 않고 속하게 된 단체도 있

다. 인류학자 아리안 워드는 이처럼 다양한 커뮤니티들을 별자리에 비
유하고, 커뮤니티의 공통점을 정리했다.[9] 워드의 이론과 우리의 경험
을 종합해 도출한 커뮤니티의 여섯 가지 특성을 그림 4.2로 정리했다.
　이러한 커뮤니티의 특성을 다음과 같이, 영국 런던 수산업 협동조합
Fishmongers' Company, 이하 '런던 수협'에 적용해 설명할 수 있다.

🐟 **같은 목표**　런던 수협은 런던의 금융가인 시티 오브 런던City of London
　에 있는 수산물 판매자들이 만든 동업 조합이다. 런던 수협은 1272년
　이전부터 존재했고, 1272년 왕실의 허가서를 받은 조합으로 가장 오
　래된 길드 축에 든다. 길드는 장인들이 기술을 전수하고 상품 품질을
　유지하고 상거래를 활성화하고자 설립한 단체다. 역사적으로 길드는

그림 4.2 커뮤니티의 특성

종종 카르텔을 형성했다. 런던 수협은 수백 년간 런던의 수산물 판매를 독점했다. 현재 런던 수협의 목표는 주로 품질관리와 자선활동이다.

❀ **같은 공간** 런던 수협 본사는 1434년 이래 지금까지 같은 장소에 있다. 런던 수협은 오래전부터 빌링스게이트 수산시장에서 상당한 비중을 차지하고 있다.

❀ **같은 문화** 런던 수협은 대부분 시티 오브 런던에서 출발한 런던의 다른 길드들과 마찬가지로 역사적 동질성을 유지하고 있다. 비록 현재 런던 수협의 활동내용은 주로 자선활동과 기념행사지만, 런던 수협의 임원들은 현재 수산물 상인들 사이에서 선출된다.

❀ **같은 이해관계** 런던 수협은 런던의 많은 길드들이 그러하듯, 교육과 자선활동에 활발히 나선다. 특히 영국 노스노퍽에 있는 기숙학교인 그레셤 스쿨과 밀접한 관계를 맺었고, 다른 학교에도 장학금을 제공한다. 그리고 빈민이 묵을 집과 생계가 어려운 회원을 위한 연금도 제공한다.

❀ **같은 방법** 비록 런던 수협은 시장 독점권을 잃었지만, 시티 오브 런던으로 들어오는 모든 수산물을 검사할 권한은 아직 유지하고 있다. 특히 피시미터fishmeter라 불리는 런던 수협 직원들은 빌링스게이트 수산시장에 상주하면서, 빌링스게이트 수산시장의 수산물 품질을 유지하는 임무를 400년 넘게 수행했다. 이는 원래 1604년 왕실이 명령한 임무다. 최근에는 1990년 식품안전법에 따라 수산물 검사 권한을 인정받았다.

❀ **같은 비전** 런던 수협의 역할은 시대흐름에 따라 진화하고 있다. 런던

수협은 대서양 연어 연구단을 설립했고, 영국의 갑각류 판매상들을 대표하는 단체다. 또 영국해양생태협회와 스코틀랜드해양과학협회의 연구를 지원한다.

금융 커뮤니티는 런던 수협과 아주 다르다. 사람들은 여러 금융 커뮤니티에 동시 가입할 수 있다. 도매금융wholesale banking, 대규모 기업 대출 커뮤니티 회원이 은행 커뮤니티, 보험 커뮤니티, 환매조건부 채권 커뮤니티, 은행 간 대출 커뮤니티에도 가입할 수 있다.

- ◉ **같은 목표** 금융 커뮤니티에 가입하는 목적은 명확하다. 돈을 버는 것이 목적이다. 이러한 목적을 위해 금융기관들이 오래전부터 있었다. 1472년 이탈리아에서 BMPSBanca Monte dei Paschi di Siena라는 은행이 설립됐고, 19세기 영국에서는 종합금융회사merchant bank가 발전했다.

- ◉ **같은 공간** 금융기관들이 서로 거래하려면 가까이 몰려 있는 것이 유리하다. 그래서 역사적으로 금융기관들은 런던, 뉴욕, 홍콩, 취리히, 도쿄 같은 몇 군데 도시에 모여 영업했다. 거래상들이 근무하는 사무실에는 이러한 도시들의 현재 시각을 알려주는 시계가 걸려 있다. 온라인으로 거래할 때도 주요 금융시장의 영업시간을 염두에 둬야 한다.

- ◉ **같은 문화** 금융인들은 위험과 보상에 관한 문화적 맥락을 공유한다. 이러한 문화적 맥락에 따라 위험 회피 방법, 보상받는 사람, 의사결정 방법이 정해진다. 마이클 루이스는 『라이어스 포커Liar's Poker』란 책에서 금융협회, 회계사, 중개인 집단의 정형화된 금융계 문화를 묘사

했다.

- **같은 이익관계** 한 집단이 이익을 지키고자 할 때 로비가 일어난다. 금융 커뮤니티는 관료, 정부, 국제기구들에게 로비공세를 펼친다. 금융 커뮤니티들은 서로 원활하게 거래하고 기술을 제휴하기 위해 같은 건물과 설비를 사용하기도 한다.

- **같은 방법** 금융업계에는 일정한 업무절차가 있다. 영업의 비교기준이 되는 벤치마크도 있다. 새로 나오는 금융상품들은 이미 나온 상품을 새롭게 조합한 것이다. 금융업계 은어들을 보면, 금융사들의 업무 내용이 비슷하다는 사실을 알 수 있다.

- **같은 비전** 금융 커뮤니티들은 미래에 대한 비전을 공유한다. 즉, 더 영리하고 저렴하고 빠르게 문제를 해결하기 위해 모든 과정을 온라인으로 처리하길 원한다. 또, 문제가 발생하면 시각적으로 바로 알아챌 수 있는 경고 체제를 갖추길 원한다. 금융 커뮤니티들은 이러한 비전을 실현하고자 협력한다.

사람들은 정부에만 여러 단계(중앙 정부, 지방정부)가 있는 것이 아니라 커뮤니티에도 여러 단계가 있다는 사실을 간과한다. 또, 각 단계의 커뮤니티들이 정부의 손으로 넘어갈 수도 있는 문제를 해결한다는 사실을 간과한다. 사람들은 종종 정부만이 공공 자원을 처리할 수 있다고 가정한다. 미국 생물학자 가렛 하딘은 1968년 「공유지의 비극Tragedy of Commons」이란 논문을 내놓아 학계에 파문을 일으켰다. 그는 이 논문에서 사람들이 환경오염과 인구를 줄이도록 서로 강요할 필요가 있다고 지적했다.[10] 학자들은 이 논문을 읽고 두 가지 극단적 주장을 내놓았다. 하나는 정부가 모든 공공 자산과 자원을 소유하고, 사용을 통제해야 한다는 주장이다. 다른 하나는 정부가 공공 자산의 소유권을 민간인들에게 넘겨주면 각자 이기적으로 행동하면서 자연스럽게 공공 자산을 지키고 유지할 수 있을 것이란 주장이다. 이 두 주장의 충돌은 사회주의와 자본주의의 충돌을 연상케 한다.

커뮤니티가 공공 자원을 다루는 방식을 유심히 살펴본 사람이라면, 커뮤니티가 지역 시장을 효율적으로 통제할 수 있다는 사실을 깨달을 것이다. 2009년 노벨 경제학상을 받은 엘리너 오스트롬은 농업, 어업, 임업, 수자원과 같은 장기적인 공공 자원으로 관리가 필요한 분야에 대한 경험적 연구 데이터를 분석해, '정부와 민간 중 어느 쪽이 공공 자원을 통제해야 하는가'라는 오래된 논쟁의 대안이 전부터 존재했다는 사실을 입증했다.[11] 오스트롬은 스위스의 공공 임대, 일본의 공유지, 스페인과 필리핀의 관개시설 등 100년, 1000년 이상 유지된 시스템을 분석하고, 민영화도 국유화도 아닌 여러 가지 대안이 가능하다고 지적했다.

오스트롬은 공유재를 성공적으로 관리한 각국 시스템에서 여덟 가지 구성 원리를 도출했다.

- 명확하게 정의된 경계
- 주민들이 치르는 비용만큼 혜택
- 집단선택 합의
- 감시
- 등급별 규제
- 갈등해소 체제

◉≼ 조직할 권한 인정

◉≼ 소규모 사업 이용

커뮤니티는 스스로 시장을 통제할 경우 더 많은 일을 할 수 있다. 20세기 유럽 국가들이 하나의 공동 시장을 형성하고 유럽공동체European Community, EC를 출범한 것은 놀라운 일이 아니다. 로버트 퍼트넘은 『나홀로 볼링Bowling Alone』이란 책에서, 갈수록 상호 작용과 사회자본social capital, 사회구성원의 협력을 돕는 규범, 신뢰, 네트워크-옮긴이이 줄어들면서 사회가 약해지고 있다고 문제를 제기했다.

텔레비전의 보급, 맞벌이 부부의 증가, 도시 팽창, 신세대의 가치 변화 등 사회변화로 인해, 예전처럼 시민운동단체에서 활동하거나, 자선단체에서 봉사하거나, 매달 브리지 게임 클럽에 나가거나, 일요일에 친구들과 나들이를 나가는 미국인들은 점점 더 줄고 있다. 사회자본이 부족해지면 학력이 떨어지고 치안이 불안해진다. 공정한 과세, 민주적 참여, 정직한 생활 태도 유지도 어려워진다. 개인의 건강과 행복마저 위협받는다.[12]

정부와 시장, 커뮤니티의 조화

이번 장에서는 정부의 크기를 둘러싼 논쟁을 소개했다. 몇 가지 명확한 기준을 세우지 않는 한, 경제활동을 공공 부문 또는 민간 부문으로 분류하기 어렵다. 시장이 자원의 최적 배분에 실패할 때도 있고, 경제학자들의 분석이 최적의 결정에 도움이 되지 않을 때도 있다는 사실에 불편을 느낄 독자도 있을 것이다. 하지만 시장은 커뮤니티와 협력하면 잘 작동한다. 댈리와 콥은 다음과 같이 주장했다.

시장이 하는 일은 한 가지뿐이다. 필요한 정보와 인센티브를 제공해 배분 문제를 푸는 것이다. 커뮤니티가 시장을 충분히 보완해주면 시장은 잘 작동한다. 경쟁을 유지하거나 이기심을 억제하거나 공익을 증진하고 외부 효과에 대처하기 위해 사회구성원들이 집단적 노력을 기울이면 시장은 잘 작동한다.

이번 장의 민간 부문과 공공 부문 논의에서 얻을 수 있는 결론은 다음과 같다.

- 중앙 정부에 권력을 집중하는 것은 경제의 다양성을 해친다. 지역 커뮤니티에 실질적 권력과 책임을 부여하는 방법을 더 찾아야 한다. 지역 구성원들이 내린 결정에 대한 결과를 지역 구성원들이 책임지도록 해야 한다. 지역에서 발생한 문제나 실패에 대한 해법을 지역에서 발견하지 못하면 중앙 정부에 책임을 떠넘기는 지역 구성원들이 있다.
- 정치 포지션을 재설정할 필요가 있다. 아나키즘, 마르크스 사회주의, 사회민주주의, 점진적 사회주의, 자유주의, 보수주의 등의 일차원적 정치관에서 벗어나, 여러 개의 축을 가진 정치 포지션을 설정하려고 시도한 사람들이 지금까지 몇 명 있었다. 시장사회market society 안에 서로 겹치고 경쟁하고 책임을 지는 여러 커뮤니티들이 존재할 수 있다는 사실을 인정하는 정당은 왜 나오지 않을까? 오늘날 글로벌 커뮤

니티 같은 것은 존재하지 않지만 세계에 퍼진 커뮤니티는 존재한다
는 사실을 인정하는 정당은 왜 나오지 않을까?

● 측정이 중요하다. 정부 크기, 커뮤니티 크기, 경쟁을 정교하게 측정
할 방법을 개발하도록 장려하고, 이러한 방법을 대중화해야 한다.

정리하면, 어떤 일은 공공 부문에서 해야 하고, 어떤 일은 민간 부문에
서 해야 하는지 정해진 답은 없다. 세월이 흐르면서 공공 부문이 커지
고 세율이 높아지는 경향이 있다는 명백한 증거가 있다. GDP 대비 정
부 지출 비율이 높아지는 추세를 정당화하기가 갈수록 어려워지고 있
다. 하지만 탄소 배출량 감축, 수산자원 보호와 같은 글로벌 문제는 시
장의 힘만으론 해결할 수 없다.

실제 거래를 연구하려면 정부, 시장, 커뮤니티의 힘을 이해해야 한
다. 각국은 정부, 경쟁, 커뮤니티를 더 정교하게 측정하는 방법을 개발
해 정부, 경쟁, 커뮤니티를 적정한 수준으로 유지해야 한다.

5장

경제성장에 유리한 방식

이번 장에서는 지역 경제와 글로벌 경제에 초점을 맞추어 논의를 진행하겠다. 먼저 중앙집권centralization 또는 지방분권decentralization 중 어느 쪽이 경제성장에 유리한가 하는 문제부터 살펴보자.

영국과 프랑스는 중앙집권 방식으로 발전했다. 양국의 지도를 보면, 수도인 파리와 런던으로 도로와 철도망이 집중된 모습을 볼 수 있다. 양국의 주요 정책결정자는 수도에 거주한다. 양국의 통치체제는 중앙집권 국가 또는 단일 국가unitary state로 분류할 수 있다. 중앙집권을 선택한 나라들은 인력 중복으로 인한 낭비를 줄이고자 중앙집권을 선택한 듯 보인다. 하지만 중앙 정부는 이러한 인력 중복을 감시하기 위한 공무원만 수천 명을 고용할지도 모른다.

그렇다면 미국이나 독일처럼 지방분권적 연방 국가가 더 바람직할

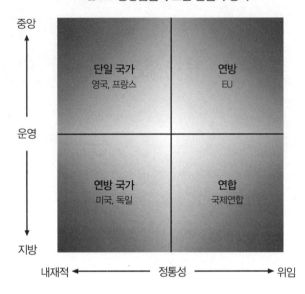

그림 5.1 중앙집권적 또는 분권적 통치

중앙

운영

지방

| 단일 국가
영국, 프랑스 | 연방
EU |
| 연방 국가
미국, 독일 | 연합
국제연합 |

내재적 ◄——— 정통성 ———► 위임

까? 꼭 그렇진 않다. 지방분권도 중복과 낭비를 초래한다. 연방정부, 주정부, 시정부 등 각 행정단계별 부처들이 충돌한다. 게다가 고립된 커뮤니티는 다양성과 생산력을 잃을 수 있다. 시장에서 고립된 지역은 닫힌 네트워크 경제를 차선으로 선택하는 경향이 있다.

통치의 유형은 국가나 조직의 구조를 반영한다. 그림 5.1은 권력 분포가 중앙집권인지 지방분권인지, 정통성이 내재적인지 위임받은 것인지에 따라 통치를 분류한 것이다.

불가사리와 거미

오리 브라프먼과 로드 벡스트롬이 쓴 책의 제목 『불가사리와 거미The

Starfish and the Spider』는 지방분권과 중앙집권을 은유하는 표현이다. 거미는 중앙집권, 불가사리는 지방분권이다.[1]

불가사리는 일부분이 잘려도 생존하고, 잘린 부분을 재생한다. 하지만 거미는 머리를 잘리면 죽는다. 브라프먼과 벡스트롬은 조직에 책임자가 없고, 위계질서가 없는 상황에서 어떤 일이 발생하는지 탐구했다. 전통적으로 기업들은 군대의 지휘통제체제를 모방해 발전한 조직으로, 중앙집권적이다. 반면 알코올 중독자 갱생회Alcoholics Anonymous, 아파치 소프트웨어 재단Apache Software Foundation, 인터넷 벼룩시장 크레이그리스트Craigslist, P2P 공유 프로그램 그누텔라Gnutella, 인터넷 전화 프로그램 스카이프Skype, 리눅스, 위키피디아처럼 분권적 조직도 있다. 이러한 분권적 조직은 새로운 상거래 구조와 인터넷 광고, 기부, 거래 수수료, 거래정보판매 등 새로운 수익모델을 개발했다. 새롭게 등장한 분권적 조직들은 새로운 소비자 수요를 포착하는 측면에서 상당히 혁신적이다. 예를 들어 인터넷 기업 이노센티브InnoCentive는 과학자 집단과 주요 기업들을 연결해, 기업의 기술 문제를 해결하는 과학자에게 현금을 보상한다.[2]

링크드인LinkedIn이나 페이스북Facebook 같은 소셜 네트워크social network들은 인맥을 이어주는 역할뿐 아니라 실제 거래중개소의 역할도 담당한다. 이러한 소셜 네트워크들은 두 가지 의미에서 사회적social이다. 첫째, 직접적인 사회적 상호 작용을 증진하고, 종종 사회적 역할을 한다. 둘째, 새로운 커뮤니티를 만들고 있다. 예를 들어 키바Kiva는 개발도상국의 기업가들과 이들에게 돈을 빌려주려는 네티즌을 연결해주는 소규모 대출 중개소다. 선진국에도 유사한 대출 사이트가 있다. 예를 들어 영국에는 개인과 개인을 연결하는 P2P 방식의 온라인 대출 서비스인 조파Zopa, 미국에는 돈을 빌리는 사람과 빌려주는 사람을 연결하는 인터넷 경매 사이트인 프로스퍼Prosper가 있다.[3]

세계화 비판하기

새롭게 등장하고 있는 네트워크 구조들이 사회구조, 환경구조, 경제구조를 바꿀 수 있다는 점을 고려하면, 이러한 네트워크 구조가 실제 거래의 세계화 또는 지역화에 미칠 수 있는 영향도 고려해봐야 한다.

세계화는 여섯 가지 문제로 나눌 수 있다. 재화와 서비스, 자본, 인력, 문화, 그리고 공공재다.

재화 교역 재화의 교역은 경제학자들이 세계화를 긍정적으로 보는 가장 중요한 근거다. 애덤 스미스의 '보이지 않는 손'이란 개념, 로버트 토런스의 자유무역 이론, 데이비드 리카도의 비교 우위 이론, 여러 경험적 연구결과는 재화를 자유롭게 교역할 경우, 전환비용transition cost을 부담하는 사람을 제외한 모든 사람이 이득을 본다는 사실을 입증한다. 비록 환경오염 등 외부 효과 비용에 관한 법적 문제를 비롯해 몇 가지 문제가 걸리지만, 크게 보면 거의 모든 사람에게 대체로 이득이다. 자디시 바그와티는 『세계화 옹호론In Defense of Globalization』이란 책에서 "대내 지향 경제개발 정책, 수입대체 산업화 전략이 불리하다는 증거는 너무나 많다"라고 주장한다.[4]

서비스 교역 경제학자들은 대체로 서비스 교역도 재화 교역과 마찬가지로 거의 모든 사람에게 이익이라고 생각한다. 하지만 서비스 교역은 세계무역기구WTO 도하 라운드에서 각국이 합의에 이르지 못한 뜨거운 쟁점이었고, 앞으로도 서비스 교역 확대를 놓고 각국이 충돌할 것이다. 지적재산권 문제도 서비스 교역 확대를 가로막는 쟁점이다. 바그와티는 다음과 같이 주장한다. "내가 볼 때 개발도상국들에게 가장 부담되는 문제는 WTO 라운드에 따른 자국 시장의 개방이 아니다. 선진국들이 국내의 로비를 받아 WTO 라운드에 참가한 개발도상국들에게 요구하는 지적재산권 보호와 노동자 보호 같은, 무역과 관련 없는 사안이 가장 부담된다."

🐟 **자본 이동** 과거 경제학계는 자유로운 자본 이동을 옹호했으나 최근에는 분위기가 바뀌었다. 1997년 동아시아 외환위기를 비롯해, 자본의 자유로운 이동이 언제나 좋은 것은 아니라는 이론적, 경험적 증거가 많이 있다. 《이코노미스트》는 이러한 증거를 들면서 다음과 같이 주장했다. "본지는 자유무역 사상을 언제나 지지한다. 이론적으로 따지면, 재화를 자유롭게 교역하는 것이 이득이듯 자본이 자유롭게 들락거리도록 하는 것이 이득이다. 본지는 자본을 규제하는 것은 바나나 수입 쿼터를 정하는 것과 마찬가지라고 본다. 하지만 재화의 교역과 자본의 이동은 같은 것 같지만 다른 점도 있다. 논리의 일관성이 부족해 보일 수 있지만, 특정 상황에선 특정 종류의 자본통제가 필요하다는 사실을 인정해야 한다."[5]

🐟 **인력 이동** 자유로운 인력 이동은 각국의 노동시장 불균형을 바로잡는 역할을 한다. 경제학자들은 노동의 국제이동을 별로 진지하게 연구하지 않지만, 일반인들은 다수의 외국인 노동자 유입에 반대한다.

비록 부를 창출하거나 내국인 기피 업종에 종사하는 외국인일지라도, 수가 많아지면 환영받지 못한다. 존 플렌더는 『탈선Going Off the Rails』이란 책에서 다음과 같은 딜레마를 지적했다. "시야가 넓혀 현실정치를 관찰하는 사람이라면, 세계화는 옹호하면서 노동시장 개방은 꺼리는 선진국들의 이중성을 발견할 것이다. 만약 선진국들이 개발도상국의 이민자들을 받지 않을 거면, 개발도상국이 인력 송출국이 되지 않도록 개발도상국에 더 많이 투자해야 한다. 이는 과격한 근본주의와 테러리즘에 동조하는 개발도상국 국민 수를 줄이는 길이기도 하다. 개발도상국에 투자하는 것이 선진국의 이익에 도움이 된다."[6]

🕸 **문화 이동** 문화의 이동에 대한 사람들의 반응은 이중적이다. 대다수 사람들은 국내에 외국 음식점이 들어서고 파티에서 외국인 몇 명이 이국적인 공연을 하는 것을 반긴다. 하지만 외국인 수가 많아지면, 반발하는 사람이 급증한다. 또 외국에 나가 야생을 여행하고 싶어하면서도, 원하면 언제든 구조대의 도움을 받고 싶어한다. 일반적인 여행지와 다른 오지를 여행하길 꿈꾸지만, 외국에 가서도 스마트폰을 손에서 떼려 하지 않는다. 외국 문화에 흠뻑 빠지고 싶어하면서도, 문화 충격을 받을 경우 즉시 벗어나려 한다. 미국 문화가 세계로 퍼져나가면서 심각하고 불편한 문화적 충돌이 일어난다. 소수민족 언어가 영어에 밀리고, 전통문화가 끊긴다. 어떤 사람이 한적한 시골 생활을 즐길 때, 다른 사람은 빈곤에 허덕인다. 문화는 건축 양식, 음식 기호, 패션을 넘어서는 문제다.

🕸 **공공재** 향후 각국은 공공재를 놓고 충돌할 것이다. 가장 기본적인 공

공재인 육지, 바다, 하늘은 이미 각국이 경계선을 그어 점유한 상태지만, 앞으로는 환경오염, 기후변화, 탄소 배출량 규제, 물 부족 사태, 수산자원 고갈을 놓고 각국이 첨예하게 충돌할 것이다. 디자인, 상표권, 특허, 지적재산권을 둘러싼 분쟁도 똑같이 증가할 것이다.

사회학자 마뉴엘 카스텔스는 『네트워크 사회의 도래The Rise of the Network Society』란 책에서 미래 사회의 변화를 다음과 같이 전망했다.

정보경제informational economy는 글로벌하다. 글로벌 경제global economy는 이전 역사에 없었던 새로운 현실이다. 글로벌 경제는 세계경제world economy와 구분된다. 세계경제는 세계를 통해 자본을 축적한 서구에서 늦어도 16세기부터 존재했다. 글로벌 경제는 다르다. 글로벌 경제는 원하는 시각에 또는 실시간으로 각국의 자원을 대규모로 움직일 수 있는 경제다.[7]

하지만 이러한 글로벌 경제 변화에는 전환비용이 든다. 전환비용은 부수적 피해collateral damage와 같은 완곡어법이다. 불행히도 전환비용을 치르는 과정에서 희생자가 나온다. 현실에서 많은 사람들이 세계화로 인해 일자리와 생계수단을 잃고, 건강을 해치고, 기회를 잃는다. 이에 따라 왜 사회가 이러한 불공평한 상황을 바꾸지 않는지 문제를 제기하는 사람이 늘어난다.

비평가들은 세계화가 다음과 같은 문제를 안고 있다고 지적한다.

- **빈곤화** 무역량이 증가해도 빈곤은 불공평하게 감소한다. 국제통화기금International Monetary Fund, IMF은 다음과 같이 지적한다. "세계화가 진행되면서 (거시 지표로 삶의 질을 측정했을 때) 사실상 모든 나라의 생활 여건이 크게 향상됐다. 하지만 가장 큰 이익은 선진국과 일부 개발도상국이 독차지했다."[8] 세계화 진행에 따라 불평등 정도가 커지는 것은 명백하다. 일부 국가는 이득을 얻고 나머지 국가는 정체하는 원인을 파악하기 위해선 더 많은 연구가 필요하다.

- **여성과 어린이** 선진국 소비자들이 구매하는 재화가 개발도상국 여성과 어린이의 노동력을 착취해 만든 것이라고 비난하기 쉽다. 하지만 이는 세계화 탓이라기보다는 노동인권 침해 감독을 소홀히 한 개발도상국 정부의 잘못이다. 여러 연구자들은 개발도상국 여성과 어린이들이 전반적으로 세계화로 이익을 본다는 연구결과를 내놓았다. 그들은 특히 다국적기업의 상품을 구매하는 소비자들이 노동자의 근로환경과 임금을 합리적 수준으로 높이라고 요구할 경우 개발도상국 여성과 어린이들이 이익을 본다고 분석했다.

- **반민주화** 이 부분은 개선의 여지가 많다. 특히 국제 포럼과 세계무역기관들이 부패 척결을 위해 공조해야 한다. 하지만 세계화로 인해 사람들이 경제적 자유를 얻고 자신의 생각을 표현하고 국제지원을 받을 길이 늘었다.

세계화는 GDP를 늘린다. 물론 GDP 성장이 전부는 아니다. GDP는 행복을 측정하는 최선의 척도가 아니며, 경제학자들은 행복과 분배를 측정할 수 있는 GDP 외의 지표를 연구한다. 그렇지만 개발도상국에서는 인구 증가율보다 높은 경제성장률을 달성하지 못할 경우, 국민이 행복해질 가능성이 희박하다. 존 갤브레이스는 "부자가 행복해질 확률이 높다. 부자가 아니어도 행복할 순 있지만, 이는 지금까지 결코 폭넓은 공감을 얻지 못했다"라고 말했다.[9]

2001년 노벨 경제학상을 받은 조지프 스티글리츠는 『세계화와 그 불만Globalization and Its Discontents』이란 책에서 다음과 같이 주장했다.

교통 · 통신비용이 크게 낮아지고, 재화 · 서비스 · 자본 · 지식 · 인력의 이동을 막는 인위적 장벽이 낮아지면서, (비록 아직 인력 이동을 막는 장벽은 상대적으로 높지만) 국가와 세계인이 전보다 긴밀하게 통합됐다.[10]

세계화가 통합을 촉진한 것은 분명하지만, 불평등은 여전히 문제로 남아 있다. 스티글리츠는 주요 국제기구들, 특히 IMF를 비판했다. 세계은행에서 수석 이코노미스트와 부총재를 역임한 스티글리츠의 지적이기에 의미심장하다. "긴축재정, 민영화, 시장자유화는 1980년대와 1990년대에 미국이 개발도상국들에게 요구한 경제발전 모델Washington Consensus의 주요 축이다." 스티글리츠는 긴축재정, 민영화, 자본시장 개방이 위험한 경우도 있다고 지적했다. 스티글리츠는 세계화의 혜택은 인정하면서도, 미국 정부와 국제기구들이 두 가지 오류를 범했다고 지적했다. 하나는 각국의 지역적 상황을 제대로 인식하지 못한 것이고, 다른 하나는 시장자유화 과정을 모든 국가에 똑같이 요구한 것이다. 스티글리츠와 바그와티는 어떤 경제정책을 쓰느냐보다 정부가 시장을 올바르게 통제하는지가 중요하다고 주장한다.

지속 가능한 네트워크

지속 가능한 성장을 위해서도 정부 통제가 중요하다. 인류가 계속 번영하기 위해선, 보충할 수 있을 만큼만 지구 자원을 소모해야 한다. 지속 가능한 삶을 위해선, 지속 가능한 도시, 에너지, 농업, 건축, 사업이 필요하다. 여러 가지 논쟁이 있지만, 지속 가능한 성장 모델에는 사회, 환경, 경제라는 세 가지 축(또는 서로 겹치는 영역)이 있다는 데는 별 이견이 없다.[11] 사회, 환경, 경제라는 세 가지 측면에서 모두 지속 가능해야, 현재 인류의 생활수준을 지속할 수 있다.

지속 가능한 성장 모델을 구성하는 요소에 관해서는 논쟁이 있다. 사회, 환경, 경제 외에도 문화, 교육, 기술 같은 요소를 추가해야 한다고 주장하는 사람들도 있다. 또 어떤 사람들은 사회, 환경, 경제라는 분류가 모호하기에 더 정확한 분류가 필요하다고 주장한다.

사회, 환경, 경제라는 세 가지 요소만으로도 많은 논의가 가능하다. 사회와 환경이 겹치는 영역에서, 사회는 야생동물 보호구역의 보존과 같은 지속 가능한 환경 보존 계획을 개발한다. 경제와 사회가 겹치는 영역에서, 사회는 소득불평등은 인정하면서도 빈곤 퇴치 정책을 실시해 공정한 사회를 유지하려 한다. 환경과 경제가 겹치는 영역에서, 사회는 과도한 자원 소비를 규제해 지속 가능한 환경을 만들려고 노력한다. 이상적인 시나리오는 사회, 환경, 경제가 균형을 이뤄, 지속 가능한 사회를 건설했다고 선언할 수 있는 상태를 만드는 것이다. 이러한 사회, 환경, 경제의 관계를 그림 5.2로 표시했다.

사회, 환경, 경제라는 세 가지 요소를 살펴보면서, 네트워크 경제학

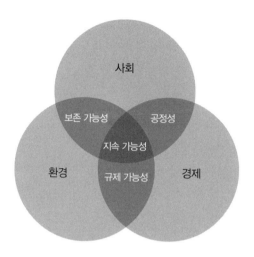

그림 5.2 지속 가능한 네트워크의 세 영역

(사회 / 보존 가능성 / 공정성 / 지속 가능성 / 환경 / 규제 가능성 / 경제)

을 검토하는 것은 지나친 비약이 아닐 것이다. 먼저 사회적 요소부터 살펴보자.

네트워크 경제의 사회적 요소

매튜 하이 박사는 경제학과 사회학을 결합한 경제사회학economic sociology 의 중요성을 강조한다. 그는 완전경쟁, 완전정보를 가정하고 외부충격 이 전혀 없는 가공의 세계를 가정하는 경제학이 현실세계와 동떨어져 있다고 지적한다. 그는 경제사회학이 네트워크를 연구해야 한다고 주 장한다. 예를 들어, 투자자, 생산자, 소비자, 대리인의 행동에 영향을 미치는 사회관계를 연구해야 한다는 것이다. 경제사회학 연구의 의의 는 수익 극대화라는 신고전주의 경제학의 가정을 허물고, 투자신탁, 가치, 책임, 인센티브와 같은 경제관계를 폭넓게 분석하는 것이다.

지금까지 여러 영향력 있는 사상가들이 경제학과 사회학을 접목하려고 시도했다. 피에르 부르디외는 자본 개념을 확장해 사회자본, 상징자본symbolic capital, 문화자본cultural capital이란 개념을 제시했다. 그는 권력이 인간관계와 책임에서 나온다고 보았다. 마크 그라노베터는 1973년 논문 「약한 연결의 힘The Strength of Weak Ties」에서 풍부하고 복잡한 사회 네트워크를 지적하고, 거시 사회학 이론과 미시 사회학 이론을 결합했다.[12] 그는 사회관계를 측정할 수 있는 교우 도식sociogram을 개발했다. 그라노베터의 그림은 경제학이나 컴퓨터 시스템에서 사회적 상호 작용을 모형화하기 위해 종종 쓰인다. 그라노베터는 경제참여자들이 경제적 가치만 중시하는 것이 아니라, 네트워크 안에서 맺는 관계에도 가치를 부여한다는 사실을 지적했다. 그는 상거래 관계가 다른 사회관계로 변하는 티핑 포인트tipping point, 작은 변화들이 쌓여 이제 작은 변화가 하나만 더 일어나면 큰 변화가 생기는 단계-옮긴이가 있다고 지적했다. 맬컴 글래드웰이 나중에 티핑 포인트란 개념을 대중화했다.[13]

최근에는 강한 연결 관계가 줄고 약한 연결 관계가 많아졌다. 인터넷을 많이 사용하는 사람들을 조사해보면, 계약관계를 많이 맺는 반면 가족관계는 돈독하지 못한 것으로 나온다. 사람들은 여러 계약관계에서 이메일, 문서, 메신저, 방송, 통화, 화상회의, 방문 등 어떤 연결 방법이 최선인지 알고자 한다. 사람들은 여러 인터넷 애플리케이션을 능숙하게 다루지만, 차 한 잔 마시면서 다른 사람의 얘기를 경청하는 법은 모른다. 이러한 사회관계의 변화는 상거래 관계에도 심대한 영향을 미친다.

새로운 계약 관계는 일차적으로 사회적 네트워크고, 이차적으로 경제에 영향을 미칠 수 있는 기회다. 모든 유의미한 사회적 네트워크가 경제에 영향을 미친다고 하는 편이 더 정확할지 모른다. 헨리 마코위츠는 포트폴리오 최적화 이론을 통해 현대 금융의 초석을 마련했는데, 부르디외와 그라노베터는 여러 형태의 사회적 상호관계에서 최적화가 무의미하다고 지적한다. 경제사회학은 사회적 상호관계에서 최적화가 얼마나 인위적인지 지적하지만, 많은 글로벌 사회 구조가 차갑고 멀고 인공적이고 인간성이 부족하다. 사람들은 다른 사람과 멀어지고, 자연법, 인권이란 용어보다 부수적 피해, 전략적 필요란 용어에 더 익숙하다.

칼 폴라니는 『거대한 전환The Great Transformation』이란 책에서 처음으로 배태성embeddedness이란 개념을 제기했다. 배태성은 경제활동이 사회적 네트워크와 제도에 뿌리내리는 것으로, 착근성이라고도 한다.[14] 폴라니는 배태성을 본질적 시장 통제로 보았고, 그라노베터는 배태성을 본질적 시각이라고 보았다. 시장은 사회관계에서 성장하지만, 사회적 가치와 시장의 가치는 종종 일치하지 않는다. 사람들은 부모와 식사하기 위해 식당에 돈을 내지만, 부모가 집에서 해주는 음식에 돈을 낼 생각은 하지 않는다. 사람들이 가장 싼 물건을 팔지 않는 가게를 찾는 이유, 값싼 물건을 사는 데도 스트레스를 받는 이유, 어떤 때는 비전문가가 말하는 건강정보를 믿고 어떤 때는 전문가에게 진료를 받는 이유를 설명하려면, 경제를 사회적 맥락에서 유의미하게 해석해야 한다.

네트워크 경제의 환경적 요소

새로운 네트워크 경제를 둘러싼 환경을 가장 많이 바꾼 것은 인터넷이다. 새로운 네트워크는 시간적, 공간적으로 멀리 떨어진 사람들을 연결하는 비용이 영원히 크게 떨어졌다는 가정에 근거를 둔다. 초창기 인터넷을 떠올려보면 현재의 네트워크 경제에 격세지감을 느낀다. 마이클 울프는 자신의 인터넷 경험담을 쓴 1999년 책 『번 레이트Burn Rate』에서 1994년의 인터넷을 다음과 같이 묘사했다.

> 인터넷을 이용하기 위해선 ASCII 코드와 유닉스 명령어를 써야 했던 시절의 인터넷 유저들은 인터넷을 새로운 세계로 표현하지 않았다. 그들은 주민 회의town meeting와 게시판bulletin board이 있는 커뮤니티에서 만났다. 인터넷이 TV나 오락과 연결될 것이라고 예측한 사람은 아무도 없었다. (이미 집집마다 TV가 있는 마당에, 누가 인터넷으로 TV를 보겠는가?)[15]

인터넷은 사회변화나 기술변화에 그치지 않았다. 인터넷은 사람들이 정보를 교류하는 방식을 바꾸고 비용을 크게 낮춰, 환경을 크게 바꾸었다. 인터넷은 놀라운 일을 일으키는 공간이자 글로벌 혁신 동력이다. 만약 인터넷을 통한 연결비용이 저렴하지 않았다면 오늘날 같은 대격동이 일어나지 않았을 것이다.

인터넷과 같은 네트워크는 멱함수power law를 따른다. 멱함수 분포power law distribution, 거듭제곱 법칙 분포는 극소수 유저나 사이트나 블로그가 대부분의 트래픽을 일으킨다는 뜻이다. 다른 사이트들도 방문자들이

140

있지만 구글, 야후, 아마존 같은 몇몇 사이트에 방문자가 몰린다. 정규분포에서는 평균mean과 중앙값median이 비슷하다. 만약 인터넷이 정규분포를 따른다면, 대다수 사이트들의 트래픽이 평균적이고 극소수 사이트 트래픽만이 너무 적거나 너무 많을 것이다. 인터넷은 멱함수를 따르는 네트워크로, 일부 유저들이 평균 10번 접속할 때, 소수의 유저는 100번 접속하고, 더 소수의 유저는 1000번 접속한다. 사람들은 인터넷의 경제적 특성을 연구하기 시작했다. 인터넷은 정규분포를 따르지 않는다. 인터넷 접속 분포를 보면 뚱뚱한 꼬리fat tail, 팻테일와 긴 꼬리long tail, 롱테일를 발견할 수 있다정규분포도가 평균 근처가 두껍고 평균에서 멀어질수록 얇아지는데 반해, 팻테일은 좌우로 갈수록 두꺼워지는 분포다. 롱테일은 20 대 80의 법칙인 파레토 법칙을 그래프에 나타냈을 때 꼬리처럼 긴 부분을 형성하는 20%의 부분을 일컫는다.-옮긴이.

소규모 네트워크는 6단계 법칙Six Degrees of Separation을 잘 보여준다. 6단계 법칙은 헝가리 소설가 프리제시 커린티가 『사슬Chains』이란 단편소설에서 제시한 아이디어로, 지구상의 모든 사람들은 최대 6단계 이내에서 서로 아는 사람으로 연결될 수 있다는 법칙이다. 인터넷은 6단계 법칙을 시험할 수 있는 무대였다. 1990년대에 여러 사이트가 생겼고, 6단계라는 이름을 가진 사이트도 생겼다.

수학자들의 연결 관계를 측정하는 방법으로 에르되시 수Erdös number가 있다. 헝가리의 수학자 폴 에르되시는 여러 수학자들과 함께 수많은 논문을 썼다. 에르되시 수는 각 수학자들이 몇 단계를 거쳐 폴 에르되시와 연결되어 있는지를 나타내는 수이다에르되시는 엄청난 양의 공동연구를 했기 때문에 뛰어난 업적을 남긴 수학자일수록 에르되시 수가 작은 경향이 있다. 에르되시 수는 어느 수학자가 얼마나 뛰어난지 나타내는 척도로 장난처럼 쓰인다.-옮긴이. 이와 비슷한 개념으로, 배우 케빈 베이컨의 이름을 딴 베이컨의 수Bacon number가 있다. 케빈 베이컨은 1994년 인터뷰에서 자신이 모든 할리우드 배우와 아무리 많아도 두 단계를 거쳐 연결되어 있다고 말했다. 이후 할리우드에서 일하는 사람들은 베이컨의 수를 갖게 됐다. 미술계를 포함한 모든 출판계 인사들이 얼마나 연결되어 있는지 나타나는 확장판 에르되시 수extended Erdös number도 있다. 임의의 두 주제가 위키피디아 페이지에서 몇 단계를 거쳐 연결되는지 찾는 연결 게임도 있다. 위키피디아에서 가장 적은 단계를 거쳐 연결되는 두 주제를 제시한 사람이 이기는 게임이다.

우리는 이 글을 쓰면서, 우리의 에르되시 수와 베이컨의 수는 몇일지 생각해보았다. 우리 두 명 모두 베이컨 수가 3이다. 우리는 에르되시 수와 밀접한 관계가 없다고 생각했지만, 이 책을 탈고할 무렵 예전에 함께 연구한 친구인 디미트리스 파투어로스를 통해 확장판 에르되시 수를 3으로 계산할 수 있음을 깨달았다.

물론 이러한 연결의 가치는 의문스럽다. 만약 우리가 케빈 베이컨과 직접 만나고 싶으면, 그가 인터넷에서 펼치는 자선활동과 베이컨의 수에 관한 책을 쓰고 있는데, 상의하고 싶다고 그에게 편지를 쓸 것이다. 우리의 베이컨 수가 3이라고 해서, 베이컨을 만나는 데 별로 도움이 되진 않을 것이다. 우리의 친구 존 랜덤의 예를 보자. 우리는 영화에 몇 편 출연한 존 랜덤에게 몇 단계를 거쳐야 베이컨에게 연결되는지 물었다. 존 랜덤은 샤를리즈 테론과 함께 일한 적이 있어 베이컨 수가 2고, 맷 데이먼과 함께 일한 적이 있어 확장판 에르되시 수가 3이다. 존 랜덤은 다음과 같이 말했다.

나는 『숫자만을 사랑한 남자The Man Who Loved Only Numbers』라는 폴 에르되시의 전기를 읽은 적이 있다. 나는 그가 비극적 인물이라고 느꼈다. 누가 다른 사람과 몇 단계 떨어졌다는 개념은 다른 사람과 가깝다는 허구를 키울 뿐이라 생각한다. 일하는 사람들이 대부분 그렇듯, 나는 내가 잘 알고 아주 좋아하는 사람들과 지낼 시간을 얻기 위해, 잘 알지도 못하고 별로 좋아하지도 않는 사람들과 대부분의 시간을 보낸다.

그럼에도 6단계 실험과 6단계 게임은 여러 사상가의 흥미를 끌었다. 물론 사람들은 네트워크 도구를 이용해 잘 알고 좋아하는 사람들과 연락할 수 있다. 소셜 네트워크와 사람 찾기 사이트는 인터넷에서 가장 인기 있는 곳이자, 친구, 친척, 가족과 연락하는 수단이다. 반면 성인 사이트와 도박 사이트는 인터넷에서 가장 방문자 수가 많은 곳이지만, 사회적 가치가 있는 연결이란 측면에서 볼 때 별로 도움이 되지 않는 곳이다.

수학자, IT 전문가, 사상가들은 네트워크 연결에 가치를 부여하는 방법을 여러 가지 생각해냈다. 연구자들은 이러한 네트워크 기술을 여러 가지 주제에 적용한다. 예를 들어 산타페이 연구소의 제프리 웨스트 교수는 왜 대도시일수록 사회적 네트워크가 더 빨리 형성되는지 탐구한다. 볼츠만 상수Boltzmann Constant는 물리학에서 기체를 압력, 부피, 온도의 함수로 다룰 때 사용하는 보편 상수로, 기체 온도에 영향을 미치는 입자 에너지와 연관이 있다. 도시 에너지 소비와 사회적 온도, 또는 도시와 시골의 기초대사율을 연결시키는 볼츠만 상수가 존재할까?

인터넷은 메트칼프의 법칙Metcalfe's Law과 리드의 법칙Reed's Law이 적용되는 곳이다. 메트칼프의 법칙은 "네트워크 규모가 커질수록 비용의 증가폭은 점점 작아지지만 네트워크의 가치는 기하급수적으로 증가한다"라는 뜻으로, 이더넷Ethernet 기술을 개발한 로버트 메트칼프의 이름을 딴 법칙이다. 전화기 한 대는 쓸모없다. 전화기 두 대도 별로 쓸 데가 없다. 전화기 다섯 대가 설치되면 좀 쓸모가 있다. 전화기가 많이 설치될수록 효용성이 커진다. 전화기 20대를 연결한 네트워크는 전화기 10대를 연결한 네트워크보다 가치가 4배 이상이다. 비록 모든 연결이 각각 똑같은 가치를 가진 것도 아니고 세세한 부분에서 논쟁이 있긴 하지만, 메트칼프 법칙의 핵심은 네트워크 가치는 일정한 비율로 증가하는 것이 아니라 기하급수적으로 증가한다는 것이다.

리드의 법칙은 "네트워크의 효용성은 네트워크의 규모가 커질수록 기하급수적으로 증가한다"라는 뜻으로, 컴퓨터 공학자 데이비드 리드의 이름은 딴 법칙이다. 리드는 각 하위그룹subgroup의 가치가 모여 더 큰 그룹의 가치가 나온다는 그룹 형성 법칙을 만들었다. 네트워크가 보여주는 규모의 경제를 더 잘 표현해줄 방정식은 없을까? 메트칼프 법칙이 거꾸로 적용되는 경우는 없을까? 리드의 법칙에서 테러 집단처럼 부정적 가치를 가진 하위그룹은 없을까?

네트워크 경제의 경제적 요소

많은 사람들이 새로운 소셜 네트워크가 정보의 유통 비용을 낮추고 정보 유통량을 늘리면 시장의 규모와 유통을 바꿀 것이라고 생각한다. 우리도 이 점에 동의한다. 오늘날 거래상들은 각국의 외화, 증권, 상품을 글로벌한 규모로 사고판다. 10년 전에는 학교, 교회, 주민센터에서 열리는 자동차 트렁크 세일car boot sale, 안 쓰는 물건을 차에 실고 와 파는 벼룩시장-옮긴이, 주차장 세일, 벼룩시장에서 싼 물건을 찾던 사람들이 이제는 이베이eBay 같은 글로벌 전자상거래 사이트에서 싼 물건을 찾는다.

회사법 교수인 요차이 벤클러는 『네트워크의 부The Wealth of Networks』라는 책에서 네트워크 정보 경제에 관해 세 가지를 지적한다.

- 특허를 내지 않고 정보를 공유하는 비특허 전략Non-proprietary strategy 은 철강이나 자동차 산업보다, 인터넷에서 언제나 중요한 역할을 담당했다. 비시장적nonmarket 동기, 조직 구조, 사람의 중요성이 높아졌다.
- 비시장적 생산이 이전보다 훨씬 늘어나자 정보의 출처가 다양해졌다. 시장에서, 시장 밖에서, 정부에서, 민간에서 정보가 쏟아졌다.
- 네트워크상에서 효율적으로 대규모 협력이 가능해지면서, 네트워크에서 정보, 지식, 문화를 함께 만드는 시대가 열렸다.[16]

네트워크가 지속 가능한 거래를 보장할까

로버트 젠슨은 1997년 인도 케랄라 지방 어부들의 휴대폰 보급을 연구했다. 2001년까지 60% 가까운 어선에 휴대폰이 보급됐다. 이는 어부들이 바다에 낚아 조업할 때 시장 가격을 알고, 어느 시장에 팔아야 가장 많이 돈을 받을 수 있는지 알 수 있게 됐다는 뜻이다. 젠슨은 "이러한 휴대폰의 보급으로 어부의 이익은 평균 8% 증가했고, 소비자 가격은 4% 떨어졌다"라고 결론 내렸다.[17] 기술과 상거래는 저소득층의 부와 생계유지능력을 증진했다. 전에는 바다에서 잡은 물고기의 5%에서 8%를 팔지 못하고 버렸으나, 휴대폰 보급 이후 이렇게 버리는 물고기가 거의 없어졌다. 이는 정보의 중요성을 구체적으로 보여주는 사례다.

개발도상국들의 통계를 분석한 레너드 웨이버먼의 연구팀은 「정보통신이 개발도상국 경제성장에 미친 영향The Impact of Telecoms on Economic Growth in Developing Countries」이란 논문에서 다음과 같이 추산했다. "1996년에서 2003년 사이, 휴대폰 보급률이 10% 포인트 높았던 개발도상국은 다른 개발도상국보다 1인당 GDP 성장률이 0.59% 높았다."[18]

휴대폰 보급으로 모든 어부가 이득을 본 것은 아니다. 2008년 4월 로이터 통신은 홍콩의 낚시꾼 세 명이 무게 85kg, 길이 1.68m의 황순어와 90분간 줄다리기한 끝에 황순어를 잡았다고 보도했다. 여자 한 명을 포함한 세 낚시꾼은 수산물 상인에게 2만 홍콩달러(1300파운드)를 받고 황순어를 팔았을 때 횡재했다고 생각했다. 하지만 상인은 한 홍콩 레스토랑에 58만 홍콩달러(8280만 원)를 받고 황순어를 팔았다. 이 레스토랑은 중국 본토에 있는 바이어에게 100만 홍콩달러(1억 4280만 원)를 받고 황순어를 팔았다. 황순어를 잡은 낚시꾼 세 명은 황순어 가치를 너무 낮게 평가한 셈이다.[19] 정보가 부족하면 얼마나 손해를 보는지, 상인들이 거래할 때 어떻게 손실위험과 보상의 균형을 맞추는지 보여주는 사례다.

어쩌면 이 낚시꾼들은 휴대폰을 통해 정보를 얻었어야 했는지 모른다. 어쩌면 휴대폰이 있어도 활용하지 못했을 수도 있다. 황순어는 멸종 위기종이다. 인간이 남획한 탓에 현재 살아남은 황순어는 거의 없다. 홍콩에서 일어난 거래로 황순어가 아직 남아 있다는 사실은 알 수 있지만, 앞으로 황순어가 멸종을 피할 수 있을지는 모른다. 네트워크는 지속 가능한 거래를 보장하지 않는다.

타임뱅크 이용하기

지금까지 글로벌한 사회, 환경, 경제 추세를 엿보았다. 이제 매우 지역적인 현상을 살펴보자. 이번에 살펴볼 것은 런던 캣퍼드 근처에 있는 러시그린 타임뱅크Rushey Green Time Bank다. 러시그린은 1980년대 미국의 에드거 칸이 개발한 타임뱅크 모델에 기반을 둔 기관이다. 칸의 이야기는 데이비드 보일이 쓴 『재밌는 돈Funny Money』이라는 책에 자세히 나와 있다. 이 책의 부제는 이렇다. "우리가 가난한 이유는 오직, 돈에 대한 개념이 제한적이기 때문이다."[20]

타임뱅크는 영국인들끼리 자신의 시간을 화폐처럼 사고파는 개념으로, 서로 도움을 주고받는 제도다. 자신이 남을 도운 시간을 타임뱅크에 저장해 필요할 때 그 시간을 꺼내 쓸 수 있다. 남을 도운 시간만큼 남에게 도움을 받을 수 있다는 뜻이다. 에드거 칸의 아이디어는 이미 오래전에 아리스토텔레스, 리카도, 마르크스 등 여러 사상가가 노동가치설을 논의하면서 구상한 개념이다. 칸은 시간과 노동을 교환하는 개념을 현실화했다. 1999년부터 러시그린 타임뱅크는 단순히 도움만 받던 사람들에게 다른 사람을 도울 수 있다는 확신을 심어줌으로써, 영국의 자원 봉사 활동을 혁신적으로 바꿨다. 타임뱅크의 상호 교환은 여러 가지 형태로 일어난다. 예를 들어, 가사노동, 청소, 쇼핑, 친구 돕기, 요리, 애 돌봐주기, 서류 업무, 메시지, 다른 사람의 개를 산책시켜

주기, 우편물 수령, 병원에 데려가기, 병원 진료 예약, 운동 강좌 등의 형태다.

타임뱅크 운동을 레츠Local Exchange Trading System, LETS, 지역화폐와 구분하는 사람이 많지만, 사실 타임뱅크는 레츠의 한 형태로 보는 것이 정확하다. 레츠는 1983년 캐나다의 마이클 린턴이 만든 가상화폐 제도로, 남을 도우면 지역화폐LETS Credit를 벌고 남에게 도움을 받으면 지역화폐를 쓰는 구조다. 레츠는 지역에서 민주적으로 조직한 비영리 커뮤니티 조직이다. 레츠는 지역 사회에 정보를 제공하고, 회원들이 지역화폐로 재화, 서비스를 거래한 기록을 저장한다. 레츠는 도움을 주는 사람과 받는 사람의 구분을 지우고, 노인과 환자 등 취약한 처지에 놓인 사람들에게 봉사 활동에 참여하는 계기를 만들어준다. 레츠는 풀뿌리 공동체에 기반을 둔 자립적, 상호적 지원과 공동생산을 촉진하고, 봉사를 받는 사람도 봉사에 참여해야 봉사가 성공한다는 점을 보여준다.

레츠와 같은 지역화폐의 예는 최근 100년간 여러 개가 있다. 이타카 달러Ithaca dollar, 브릭스턴 브릭스Brixton Bricks, 맨체스터 보빈스Manchester Bobbins가 그 예다. 그중에서 가장 성공한 지역화폐는 1930년대 스위스 중소기업들이 쓴 지역화폐인 WIR이다. 대공황의 여파로 돈줄이 마른 기업들에게 도움을 준 WIR은 요새도 활발히 쓰인다.

이러한 지역화폐 개념의 매력은 남을 도운 만큼 자신도 도움을 받는다는 사실을 직관적으로 알 수 있어, 공정하다는 느낌을 받을 수 있다는 것이다. 하지만 모든 봉사가 똑같은 가치를 지니는가를 놓고 논쟁이 있다. 예를 들어, 아기를 한 시간 돌봐주는 것과 법률자문, 진료를 한 시간 해주는 것의 가치가 같을까? 타임뱅크는 모든 봉사 시간의 가치가 똑같다고 가정한다. 반면 다른 형태의 레츠는 지역화폐를 계산하는 방식이 다양하다. 즉 아기를 한 시간 돌봐주는 것과 법률자문을 한 시간 해주는 것의 가치를 다르게 매기는 것이다.

'지역 주민들이 민주적으로 결성한 조직'이라는 레츠의 특성은 '사람들에게 권력을 돌려주자power to the people'는 구호를 연상하게 한다. 우리는 에른스트 슈마허의 『작은 것이 아름답다Small Is Beautiful』라는 책을 읽고 자랐고 이 책의 이념을 옹호하기에, 레츠도 긍정적으로 본다. 실제로 슈마허 협회Schumacher Society와 이 단체의 제휴기관인 신경제학연구소New Economics Institute는 풍부한 지역화폐 정보를 제공한다.[21]

레츠는 지역 사회에서 일어나는 교환의 좋은 예다. 레츠는 기존 화폐를 대체하는 것이 아니라 보완해준다. 레츠가 지역 경제에서 큰 비중을 차지하는 경우는 별로 없다. "돈은 벌긴 어렵고 쓰긴 쉽지만, 레츠 화폐는 벌긴 쉽고 쓰긴 어렵다"라는 농담도 있다. 게다가 레츠에서 일하는 사람들은 작은 지역 타임뱅크를 만드는 일도 매우 힘들다고 말한다. 자원봉사자들로 조직한 활동계획은 지속성이 약하다. 지역금융이란 개념은 같은 민족, 성, 종교인에게 도움을 주는 것부터, 지역에 투자하는 것까지 범위가 넓다.

레츠는 아직 사회에 깊게 뿌리내리지 못했다. 영국과 미국에 각각 수백 개가 있을 뿐이다. 다행히 레츠가 비과세대상이란 점이 레츠 화폐 통용에 도움이 된다. 아직 영국과 미국의 국세청은 레츠 탓에 세수가 준다고 판단하지는 않은 것 같다. UN은 레츠를 활성화하기 위해 유니레츠UNILETS라는 계획을 발표했다. 리플Ripple이란 레츠 관련 소프트웨어도 있다.

개인들만 협동하는 건 아니다. 기업들도 공동체를 구성한다. 기업들은 종종 규모의 경제를 달성하지 못해 어려움을 겪는다. 이러한 규모의 경제를 달성하기 위해 한 국가의 기업들이 모두 뭉칠 필요는 없다. 이탈리아 북동부에 밀집한 가구 제조업체나 독일 중부에 밀집한 가구 제조업체들은 클러스터링clustering만으로도 규모의 경제를 달성할 수 있다는 사실을 입증한다. 그리고 글로벌 판매와 글로벌 경쟁은 기업들의 연결을 촉진한다.

집단화는 물리적 유통이 필요한 기업에만 적용되는 얘기가 아니다. 많은 사람들이 지역 사회 안에서 돈을 빌려주고 투자하고 싶어한다. 기업은 언제 망할지 모르기 때문에, 현명한 투자를 원하는 사람들은 멀리 떨어진 기업보다 매일 접하는 기업에 투자하고 싶어한다. 매일 접하는 지역 기업에 투자하면, 그 기업이 잘 나가고 있는지 문제를 겪고 있는지 파악하기 쉽다. 벤처 투자자들을 연구한 학자들은, 자신의 집과 가까운 곳에 본사를 둔 기업에 투자한 벤처 투자자들이 나은 성과를 거뒀다고 말한다. 거리가 가까우면 투자의 불확실성을 줄일 수 있다. 가까운 곳에 있는 기업에 투자한 사람은 더 나은 기업 정보를 접할 수 있고, 정보를 더 잘 해석할 수 있다. 지역 기업에 투자하는 벤처 투자자들은 지역 기업을 잘 알고 있기에 더 나은 투자 결정을 내릴 수 있다. 실제로 우리는 한 벤처 투자자와 함께 잠재력이 풍부한 외국기업을 방문한 적이 있다. 마침 그날은 그 지역의 종교 휴일이었다. 이 사실을 몰랐던 벤처 투자자는 지역 경제가 침체되어 있다고 말하며, 외국기업에 투자하지 않았다. 나중에 이 기업은 놀라운 성공을 거뒀다.

100년 전 미국에는 수백 개의 증권거래소가 있었다. 하지만 그 후

150

몇 개의 전국 규모의 증권거래소로 통합됐다. 영국에서는 1980년대에 런던 증권거래소로 거래가 몰리면서, 지방에 있던 증권거래소들이 문을 닫았다. 국가별 통합은 단순히 시장경쟁에 따른 결과가 아니라, 종종 정부가 중앙집권, 통합, 더 큰 거래소가 지역 경제나 국가 경제에 도움이 된다고 믿고 추진한 결과다. 21세기 초 일어난 금융 위기의 여파로 어쩌면 이러한 중앙집권 추세가 반전될 수도 있다.

호혜무역reciprocal trade은 현대판 다자간 물물교환barter이다. 현재 호혜무역 규모를 추산하기는 어렵다. 버너드 리어타는 『돈의 미래』라는 책에서 1997년의 호혜무역 규모가 6500억 달러라는 국제호혜무역협회 International Reciprocal Trade Association, IRTA 추산을 인용했다.[22] 하지만 IRTA는 현재 호혜무역 규모를 발표하지 않고 있다. IRTA는 수십만 개의 기업들이 호혜무역을 하고, 수백 개 기업이 호혜무역을 중개하고, 호혜무역 덕분에 수백억 달러의 경제이익이 생기고 있다고 말할 뿐이다.

호혜무역 중개조직들은 회원사들의 거래를 돕고자, 자체적 통화 즉 무역토큰trading token을 발행하고, 어음 교환소clearinghouse를 운영한다. 몇몇 호혜무역 조직들은 바터 무역과 글로벌 기업과 거래를 늘려 무역토큰의 활용도를 높이고자 한다. 글로벌 자원을 더 효율적으로 이용하려는 시도는 기업에도 좋고, 명분도 서는 일이다.

국내 정치를 넘어서는 문제들

전통적 분석은 국가의 범주 안에서 문제를 평가한다. 하지만 인터넷을 이용한 경제활동이 늘어나자 국내 정치를 넘어서는 문제들이 많아지고 있다. 이안 에인절 교수가 2000년에 『신야만인 성명』*The New Barbarian Manifesto*에서 예측했듯, 국제적으로 활동하는 벤처기업들이 새로운 커뮤니티와 엘리트를 출현시킬 가능성이 있다.[23]

사람들이 점점 더 많은 연결 수단을 얻게 되면서 기존의 경계와 커뮤니티들이 혼란에 빠질 가능성이 있다. 여기서도 리드의 법칙이 적용된다. 조직, 도시, 네트워크의 경계란 무엇인가? 도시를 정의하는 일만도 복잡하다. 온라인 네트워크의 경계를 설정하는 일도 어렵다. 회원등록 유저, 자주 찾는 유저 등을 분류해야 한다. 이처럼 경제활동의 경계가 모호해지는 현상 때문에 GDP와 세금을 계산하기 어려워지는 현실적인 문제도 나타나고 있다.

이뿐 아니라, 정부가 무역을 통제한다는 개념도 도전받을 가능성이 있다. 새로운 커뮤니티들은 자신들의 경제활동 효율을 떨어트리는 정부의 무역규제를 바꾸기 위해, 민주주의 정치에 영향력을 행사할 가능성도 있다. 실제로 새로운 네트워크들은 물리적 국가경계를 초월한다. 미래에는 사회적 지리의 정의를 다시 내려야 할 것이며, 이에 따라 세금의 정의도 다시 내려야 할 것이다.

현대 사회에서 돈의 정의는 '계산 단위, 가치저장 단위라는 두 속성을 가진 거래 매개체'라는 것이다. 사람들은 세계 경제활동을 얘기할 때마다 화폐교환비율을 따져야 한다. 한때 정부는 국민 자산과 노동에 대해 독점적 권력을 행사하고, 돈의 가치를 통제했다. 그러나 지금은 각국 돈의 가치가 심하게 변동한다. 환율 차트를 보고 있노라면, 타임뱅크가 괜찮은 개념 같다는 느낌이 들 정도다.

19세기 프랑스 무정부주의 사회주의자 피에르 조제프 프루동은 협동조합cooperative, 상호조합mutual과 비슷한 개념의 인민은행People's Bank 설립을 제안했다. 2008년 금융 위기의 원인이 증권화demutualization였다는 점을 돌아보면 흥미롭다. 앞으로는 경제를 정부, 민간, 비영리 부문이라는 세 카테고리로 분류하는 방식에 상호조합이라는 카테고리를 추가해야 할 것 같다. 과거에 상호조합은 증권거래소, 보험사, 신용협동조합credit union, 협동조합 등을 만들었어도, 무미건조한 조직이었다. 그러나 상호조합은 상호조합을 주식회사로 바꾸는 증권화 과정을 거치면서 바뀌었다. 주주는 증권화로 돈을 번 대신 경영에서 분리됐다. 함께 이익을 도모하기 위해 상호조합을 설립했던 주주들은 이제 모기지 채권을 사거나, 팔거나, 모기지 채권을 포장해 제3자에게 판매하는 등 제각기 움직였다. 이러한 증권화가 금융 위기를 초래했다. 앞으로는 사회적 관계가 경제 질서를 바로잡을 수 있도록, 사회적 관계를 늘리는 역할을 하는 상호조합 결성mutualization을 지원하는 환경이 필요하다고 생각한다.

각국이 자국 통화를 만든 이유는 자국 통화가 있어야 경제활동이 원활할 것이라고 판단했기 때문이다. 반면 무하마드 유누스는 빈곤을 퇴치하면 세계가 단일 통화를 쓰게 될 것이라고 믿는다. 그의 주장은 다음과 같다. 만약 새로운 네트워크에서도 각국마다 다른 통화를 쓰면, 경제와 정치 활동이 지장을 받을 것이다. 주식회사 주주들이 보유 주식의 수에 따라 발언권의 크기가 다른 것처럼, 만약 세계인이 민주주의 발언권을 얻는다면, 각국 통화 가치 변동에 따라 발언권의 크기가 달라질 수 있다. 어쩌면 커뮤니티와 타임뱅크는 각자의 기여도를 각자가 속한 나라의 통화에 따라 의결권을 줘야 할지 모른다. 커뮤니티마다 각자에게 한 단위의 의결권만 주지만, 그 의결권은 시간, 부, 재능, 군복무 기록에 따라 크기가 다를 수 있다. 이는 급진적 주장처럼 들리지만, 모든 사람에게 동등한 권리를 주는 현재의 투표 구조는 피드백이 미약한 구조라, 가끔 쓰일 뿐이다.

새로운 네트워크 경제

그렇다면 새로운 네트워크 경제에서 어떤 일들이 벌어질까? 첫째, 개발도상국에서 어떤 아이디어가 나오고 있는지 인터넷으로 주시하라. 선진국에선 인터넷을 개인 대 개인의 통신으로만 여기지만, 인터넷은 개발도상국을 보는 창이 될 수도 있다. 개발도상국에서 성공한 미소금융micro-finance 모델은 선진국에도 적용할 수 있다. 선진국에도 빈민이 있기 때문이다. 게다가 필요가 발명의 어머니라지만, 개발도상국들이 얼마나 가혹한 환경에 처해 있는지 보라. 미래에는 아프리카인이 개발한 휴대폰 애플리케이션을 미국인과 유럽인이 쓰는 날이 올지도 모른다. 케냐 시골에서 만든 휴대폰 작물보험이 미국 도시에서 휴대폰 생명보험으로 바뀔 수도 있다.

둘째, 네트워크와 교환 경제 커뮤니티를 활성화해, 사회적 지역적 상호작용을 늘려야 한다. 네트워크와 교환 경제 커뮤니티가 너무 많아지면 사회적 상호 작용이 줄어든다고 믿는 사람이 많다. 하지만 교환 경제 커뮤니티가 더 많은 사회적 상호 작용을 제공할수록, 소비자와 회원을 끌어들일 확률이 높다. 어쩌면 네트워크는 더 파편적인 개별 단위로 나눌 필요가 있을 수도 있다. 이 부분은 기술 진보가 도움이 될 것이다. 네트워크에서 극히 작은 클럽을 만드는 도구로서 IT 기술이 쓰일 수 있다. 하지만 사회가 돌아가려면 네트워크상에서 아바타로 대화하고 거래하는 것으론 부족하다. 사람들이 현실세계로 나와서 직접 만나야 한다. 그러므로 앞으로는 소셜 네트워크에 대한 투자, 이익집단interest group 모임이나 회의, 잡지 등 소셜 네트워크 기술 개발에 주목하라.

셋째, 사람들이 기업을 분석하는 방식이 많이 바뀔 것이다. 앞으로 인터넷을 통해, P2P 보험, P2P 연금, 재산권 교환 등의 형태로 리스크나 기회를 교환할 수 있는 기회가 많아질 것이다. 예를 들어, 앞으로 당신이 뮤추얼 고용 보험mutual employment insurance 네트워크가 실시하는 학습 네트워크에서 시험을 본다고 가정하자. 만약 시험에 합격한다면 취업을 보장받을 것이다. 시험에 합격하지 못한다면 네트워크상의 동료peer에게 실업지원unemployment benefit을 받을 것이다.

더 많은 사람들이 네트워크를 분석할 것이다. 지금까지 경영학자들은 한계매출과 한계비용을 감안한 최적의 기업 규모에 초점을 맞춰 분석했지만, 앞으로는 최적의 네트워크 규모를 놓고 논쟁할 것이다. 최적의 네트워크 규모는 사회, 환경, 경제 측면에서 측정할 수 있을 것이다. 네트워크에 사용자가 한 명 추가될 때마다 네트워크가 추가로 부담하는 비용보다 네트워크에 추가되는 가치가 크다. 네트워크가 적정 규모를 넘어서 성장해도, 적정 규모를 넘어선 기업처럼 위기를 겪는 것이 아니라, 네트워크의 네트워크, 관계의 포트폴리오가 생겨 네트워크를 유지한다.

고객은 더 많은 기술을 원하고 더 많은 사람과 접촉하길 바라는 동시에, 네트워크에서 자신의 정체를 감추고 싶어한다. 소셜 네트워크가 변하듯이, 실제 거래도 변할 것이다.

요컨대, 중앙집권과 지방분권 중 어느 쪽이 나은가라는 문제에는 정답도 오답도 없다. 하지만 새로운 네트워크에서는 분권 조직 구조가 더 적합할 확률이 높다. 네트워크 성장을 가로막는 벽이 낮아짐에 따라 새로운 네트워크가 크게 성장할 것이다. 세계화가 이득인가라는 문제에도 정답이 없다. 글로벌 문제를 풀려면 어쩌면 글로벌 해법이 필요하다. 그러나 아직 사람들은 글로벌 기관들이 글로벌 문제를 풀 수 있다고 확신하지 못한다. 글로벌 기관들은 현재의 실패를 딛고 미래에는 사회에 필요한 지배구조를 제시하고, 지역 문제를 풀 수 있을지 모른다.

이번 장에서는 지속 가능한 네트워크의 사회적 요소, 환경적 요소, 경제적 요소를 살펴봤다. 실제 거래는 이 세 가지 요소가 모두 결합된 것이다. 네트워크 경제에서 기회를 잡으려는 사람들은 글로벌하게 생각하고, 지역적으로 행동하고, 사회적인 존재가 되어야 한다.

경제는 정치적이다

지금까지 네 가지 지식 흐름 중 두 가지인 선택과 경제에 관해 살펴봤다. 지금까지 다룬 주제 외에도 여러 가지 주제를 언급할 수도 있었다. 예를 들어, 기업금융 이론을 다룰 수도, 금리정책, 독점규제 같은 거시경제의 선택을 다룰 수도 있었다. 결과의 평등을 추구해야 하는가, 기회의 평등을 추구해야 하는가를 놓고 책 한 권을 쓸 수도 있었다.

하지만 이 책에서는 정치와 경제를 잇는 큰 문제들 중 일부만 다루었다. 정부의 적정 크기는 어느 정도인가? 중앙집권적 경제가 나은가, 분권적 경제가 나은가? 지역 단위에서 거래하는 것이 나을 때는 언제이고, 글로벌 단위로 거래하는 것이 나을 때는 언제인가?

하지만 선택과 경제만 살펴보는 것으론, 실제 세계가 돌아가는 방식을 이해할 수 없다. 앞서 측정과 예측의 중요성을 언급했지만, 아직 자세히 다루지 않았다. 측정과 예측은 정확히 할 경우에는 도움이 되지만, 부정확하게 할 경우에는 해를 입는다.

다음 장에서는 측정과 예측에 관한 여러 가지 주제에 초점을 맞추겠다. 이후 시스템에 관한 논의로 넘어서, 7장과 8장에서는 시스템, 경제, 선택을 다 함께 엮어 논의해보겠다.

6장

인간의 삶에서 없어서는 안 될 측정과 예측

왜 측정이 중요할까? 측정이 없는 세계를 상상해보라. 생선 가게에 가도 물건을 얼마만큼 사야 하는지, 자신이 구매하려는 양이 애초에 원하던 양과 일치하는지 알 수가 없다. 보유한 돈이 쓸 수 있는 돈인지, 어느 정도 가치가 있는지, 어느 정도 비율로 교환 가능한지 알 수 없다. 물고기를 도매 거래할 때 거래 상대방이 누구인지, 누가 거래 상대방을 보증하는지, 지불조건이 무엇인지, 분쟁은 어디서 조정 가능한지 알 수가 없다. 측정이 없는 시장은 합리성이 없는 시장이다. 부적절한 측정은 나쁜 결과를 낳고 불확실성을 높인다. 고로 측정은 정말 중요하다.

기원전 450년경, 그리스의 소피스트 철학자 프로타고라스는 "측정이 곧 인간이다. 무엇을 어떻게 측정하느냐가 인간의 속성을 드러낸다"

라고 말했다. 이는 거래와 관련하여 생각해볼 수 있는 진술이다. 우리는 몇 년간 "어떤 일의 성공을 어떻게 측정할 것인가?"라는 질문의 답을 찾는 과정에서, 측정의 중요성을 발견했다. 사람들은 시장에서 의미 있는 측정에만 신경 쓴다. 실제 거래에서 시장가치를 궁극적으로 결정하는 것은, 사람들이 부여한 가치다. 사람들이 장갑, 종이, 튤립, 차, 커피, 설탕, 물고기, 채권을 원하기에, 이러한 것을 파는 시장이 열린다. 어떤 물건의 정확한 가치가 시장가격보다 높다고 생각하고, 사람들이 정확한 가치를 인식하도록 유도하고 싶은 사람은 그 가치를 인식시키는 방법을 강구해야 한다. 예를 들어, MSC는 사람들이 지속 가능한 어업의 가치를 인식하도록 MSC 인증 레벨을 수산물에 부착한다.

시장은 측정 없이 작동할 수 없다. 미국 헌법 8절 5항이 "연방 의회는 화폐를 주조하고, 그 화폐 및 외국 화폐의 가치를 규정하며, 도량형의 기준을 정할 권한이 있다"라고 규정한 것은 우연이 아니다. 시장은 측정을 위해 회계 감사관, 보험 계리사, 신용평가사, 연구소, 제품기준 기관, 감독관에게 많은 비용을 지불한다. 이러한 비용은 낭비가 아니다. 시장은 측정을 통해 이익을 본다. 측정은 시장 변동성과 정보 비대칭을 줄인다. 측정을 신뢰할 수 있으면 제품의 특성을 표시해놓은 설명문을 읽고, 제품을 믿고 구매할 수 있다. 시간과 수고를 덜 수 있다. 물고기의 무게와 신선도를 측정해 기록한 보증서가 믿을 만하면, 판매자와 구매자의 정보 비대칭성으로 인한 불안을 줄일 수 있다.

측정 기술이 진화한 덕분에, 시장에서 혁신적 제품이 널리 보급되어 일상재가 되는 경우가 있다. 측정 기술의 혁명으로 시장에서 일상재가 혁신적 제품이 되는 경우도 있다.

정보통신이 좋은 예다. 초창기에는 다양한 통화 요금 체제가 있었지만, 전화가 세계에 널리 보급되면서 통화요금을 시간, 거리, 국가에 따라 측정하게 됐다. 통신사들이 초기 투자비용을 회수하고 난 다음에는 전화요금이 낮아졌다. 몇몇 사람들은 거리가 무의미해지는 시대가 올 것이라고 예측했다. 이후 기술 혁신으로 인터넷이 보급됐다. 초기에는 인터넷 접속에 매우 높은 요금을 부과했다. 이후 여러 기술혁신 끝에, 매우 낮은 비용으로 장거리 국제통화가 가능한 인터넷 전화 기술Voice Over Internet Protocol, VOIP이 나와 기존 전화를 위협했다. 정보통신 역사는 혁신적 발명품이 꾸준한 기술혁신으로 일상재가 된 역사다. 이러한 기술혁신 과정은 측정을 수반한다. 때로는 측정의 변화가 기술혁신을 촉진하기도 한다. 구식 측정을 고집하는 시장은 한동안 진화하지 못한 상태로 머물 수 있다. 측정이 시장을 왜곡할 수도 있고, 시장이 측정을 왜곡할 수도 있다.

사람들은 측정이 객관적이라고 생각하지만, 프로타고라스는 측정이 객관적인 것이 아니라는 점을 이해했다. 모든 측정은 정치적이고, 다음 세 방법 중 하나에 따라 진행된다.

- 기준에 따른 평가
- 사물 비교
- 예측이나 모형에 따른 평가

이러한 세 가지 측정 방법은 혼합해서 쓰일 수 있다. 예를 들어 사물을 비교한 값을 평균을 내면 기준을 얻을 수 있다. 또는 어떤 값을 예측해서 다른 값과 비교할 수도 있다. 기준에 따른 평가는 절대 측정이고, 사물을 비교하는 것은 상대적 측정이고, 예측이나 모형에 따른 평가는 기대되는 결과에 초점을 맞춘 측정 방법이다. 과연 측정은 누가, 무슨 목적으로 수행하는가?

측정이 인간에게 기여한 것

경영자들은 '모든 일은 평가로 마무리된다'라는 경험 법칙을 따른다. 하지만 적절한 평가방법을 찾지 못하거나 적절하게 평가하지 못할 수도 있다는 점도 인식해야 한다. 서술적 측정은 성공을 측정하는 것과 다르다. 서술적 측정은 "그 수산물 회사는 x톤의 수산물을 보유하고 있다"라는 식이고, 성공 측정은 "그 수산물 회사는 공동체, 주민, 관광객에 충분한 단백질을 공급하고 일부 수산물은 수출해, 목적을 충실히 달성하고 있다"라는 식이다. 어떤 것이 성공인지 따지는 기준이 무수히 많기 때문에 성공을 측정하기란 복잡하다. 사람들은 목표를 달성하기 전에 새로운 목표를 설정할 때도 있다. 이러한 목표는 측정하기 어려운 경우가 많다. 예를 들어 '이익 극대화'가 목표인 경우, 어느 정도의 이익이 최대 이익인지 어떻게 알 수 있단 말인가?

대부분의 측정은 네 가지 일반적 목적 중 한 가지 이상의 목적을 가지고 있다.

성공 기준 설정 x를 달성하는 것이 목적이다.

약속 x를 달성할 것이라고 약속하는 것이 목적이다.

- **통제** 가장 중요한 측정이 무엇인지, 어떻게 하면 목적을 달성할 수 있는지 파악하는 것이 목적이다.
- **불확실성 해소** 불확실한 상황에서 x를 주요 측정 기준으로 삼고 확신을 갖는 것이 목적이다.

이러한 네 가지 목적을 워런 버핏은 다음과 같이 표현했다.

버크셔의 장기적 경제 목적은 내재적 사업 가치의 평균 연간 이익률을 극대화하는 것이다. 우리는 버크셔가 보유한 사업의 경제적 중요성 또는 성과를 절대규모가 아닌 주당 가치로 측정한다. 우리는 버크셔의 주당 가치가 증가하는 속도가 앞으로 느려질 것이라고 확신한다. 자본규모가 커질수록 수익률이 낮아지기 때문이다. 하지만 버크셔의 주당 가치 증가율이 미국 대기업 평균 이익 증가율을 앞지르지 못한다면 실망스러운 결과다.[2]

버핏의 글에서 측정의 네 가지 목적이 어떻게 표현됐는지 보자.

- 버핏은 성공 기준을 설정했다. 버핏이 설정한 성공 기준은 '내재적 사업 가치의 평균 연간 이익률'이다.
- 그는 '주당 가치'를 늘리겠다고 주주들에게 약속했다.
- 그는 자본규모가 커질수록 수익률이 낮아진다는 점을 언급해, 주주들이 지나치게 높은 목표를 기대하는 것을 통제했다.
- 그는 버크셔 해서웨이의 주당 순이익 증가율이 낮아질 것이라고 인

162

정하는 한편, 미국 대기업의 평균 이익 증가율보다는 해서웨이의 주당 순이익 증가율이 높을 것이라고 예상해 불확실성을 해결했다. 만약 해서웨이의 주당 순이익 증가율이 미국 대기업의 평균 이익 증가율보다 낮으면 기대보다 낮은 수익률을 거둔 셈이고, 높으면 목표로 삼은 기대수익률을 달성한 셈이다.

워런 버핏은 측정의 네 가지 목적을 쉽게 표현한 듯 보인다. 그런데 왜 사람들은 워런 버핏과 달리 측정에 실패할까? 사람들이 실패하는 주원인은 두 가지다. 하나는 목표에 집착하는 것이고, 다른 하나는 숫자에 너무 의존하는 것이다.

목표에 집착하는 실수

목표는 측정과 인센티브를 결합한 것이다. 찰스 굿하트 교수는 잉글랜드 은행Bank of England 수석 고문이었을 때, 굿하트의 법칙Goodhart's Law이라는 것을 만들었다. 굿하트의 법칙이란 "정부가 어떤 금융자산을 규제하려고 시도하자마자, 이 금융자산은 경제추세의 지표로서 신뢰할 수 없게 된다"라는 뜻이다. 굿하트는 통화정책과 규제정책을 보고 이러한 법칙을 구상했다. 이 법칙은 나중에 "어떠한 통계적 규칙성이라도 일단 이를 통제하려는 시도가 있으면 규칙성이 무너지는 경향이 있다"라는 뜻으로 재구성됐다. 또 "측정 자체가 목표가 되면, 이 측정은 좋은 측정이 못 된다"라는 의미도 품게 됐다.[3]

굿하트의 법칙이 적용되는 예로는 펀드매니저의 투자수익률을 비교하는 벤치마크 지표가 있다. 원래 펀드매니저의 투자수익률을 통계적으로 측정하는 것은 매우 의미 있는 일이었다. 투자정보회사 모닝스타가 펀드들의 수익률을 S&P500 지수와 비교하면서, 펀드 수익률을 비교하는 벤치마크 지표가 등장했다. 하지만 투자자들은 종종 상충되는 목적을 가지고 있다. 예를 들어 대부분의 투자자들은 자신이 가입한 펀드가 벤치마크 지표보다는 높은 수익률을 올리길 원한다. 그러면서 손실을 별로 보지 않고, 연간수익률 변동 폭도 최소화하길 바란다. 운이 좋아 이 세 가지 목적을 모두 달성하는 해도 있지만, 시간이 흐를수록 이 세 가지 목적을 모두 달성하기란 점점 어려워진다. 높은 수익률을 원하는 투자자라면 더 큰 손실위험을 감수하거나, 수익률 변동 폭이 커지는 것을 감수해야 한다. 어쩌면 둘 다 감수해야 할 수도 있다.

펀드 수익률을 벤치마크 지표와 비교하는 것은 처음에는 통계적 측정에 불과했으나, 이후 벤치마크 지표보다 높은 수익률을 올리는 것이 목적이 되어버렸다. '벤치마크 대비 펀드수익률'을 측정해서 비교한 표를 보고 펀드를 고르는 투자자들이 많기 때문이다. 이에 따라 펀드매니저들은 투자자들을 유치하기 위해, 벤치마크 지표보다 높은 수익률을 올려야 한다는 강박관념이 생겼다. 펀드매니저들은 투자자들, 특히 연금펀드가 벤치마크 지표를 초과하는 수익을 '무위험으로' 거두길 바란다는 사실을 알고 있다. 벤치마크 지표를 초과하는 수익은 흔히 '알파'라고 한다. 이는 달성하면 좋은 목표지만, 기술적으로 따지면 달성하기 불가능한 목표다. 그러나 정직하게 이 사실을 말했다간 고객을 잃기 십상이다. 펀드매니저들은 투자자들을 유치하기 위해, 포트폴리오 배분 원칙을 어기거나 더 위험한 자산에 투자해야 한다. 후자가 더 쉬운 선택이다.

예를 들어, 펀드매니저는 1년 만기 국채보다 수익률이 1% 포인트 높은 회사채를 포트폴리오에 편입하는 선택을 내릴 수 있다. 회사채는 국채보다 위험한 자산이지만, 회사가 부도나는 일은 별로 없기에 펀드 매니저는 벤치마크 지표를 초과하는 수익을 거뒀다고 내세울 수 있게 된다. 하지만 가끔 회사가 부도나 회사채를 매입한 펀드가 손실을 볼 때도 있다. 이 경우 펀드매니저는 일자리를 잃는다. 그래도 조금 더 위험을 감수하면 벤치마크 지표를 초과하는 수익을 거두는 것은 가능하다. 여기서도 굿하트의 법칙을 볼 수 있다. 국채 수익률을 벤치마크 지표로 삼은 경우에는, 국채 수익률은 펀드성과를 측정해 비교하는 기준으로 적절하지 않게 된다.

굿하트의 법칙은 하이젠베르크의 불확실성 원리와 비교해볼 수 있다. 하이젠베르크는 입자의 위치를 정확히 측정하려고 애쓸수록, 입자의 움직임을 정확히 알기가 힘들어진다고 지적했다. 물리 시스템을 측정하려는 시도 자체가 측정 대상을 교란한다. 생물학자들이 세포를 측정하다가 세포를 죽이는 일도 있다. 자연계 원리를 사회 체제에 직접 적용하는 것에 반감을 가진 사람들이 많지만, 사회를 측정하는 행위가 사회를 교란하고 사람들의 행동을 바꾸는 것은 사실이다. 만약 측정이 행동을 바꾸지 않는다면, 정치인, 펀드매니저 등이 그토록 측정에 신경 쓸 이유가 없을 것이다. 더 정확히 측정하려고 애쓸수록 측정의 정확성이 더욱 떨어지는 면도 있다.

그렇지만 적절한 측정이 도움이 되는 경우도 많다. 사람들은 종종, 한 분야를 측정한 자료를 이해하고 정확히 전달하는 데 능한 사람을 그 분야의 전문가로 간주한다. 법률, 회계, 건축 같은 전문 서비스를 제공하는 회사들이 다음과 같은 문제에 답을 찾는 과정을 지켜보는 것은 재밌다.

- 근무효율이란 무엇인가?
- 초과근무와 근무효율을 어떻게 조화시킬 것인가?
- 근무효율을 따질 때 근무한 날을 모두 따져야 하는가, 초과근무한 날만 따져야 하는가?
- 근무효율에 따라 보너스를 줘야 하는가, 부가가치에 따라 보너스를 줘야 하는가?
- 보너스와 순이익은 얼마나 비례해야 하는가?

의도하지 않은 결과의 법칙

의도하지 않은 결과의 법칙Law of Unintended Consequences은 약간 다른 법칙이다. 이 법칙을 정의하는 방식은 여러 가지가 있지만 우리는 "시스템을 통제하는 행동이 예상하지 못한 결과를 낳는다"라고 정의한다. 이는 사람들이 그리 반기지 않는 법칙이지만, 사람들이 본의 아니게 많이 따르는 법칙이다.

대부분의 사람들은 약자를 응원하길 좋아한다. 정부가 통제할 권한이 없는 것을 통제하려다 실패하는 모습을 보고 스릴을 느낀다. 예를 들어 1968년 버몬트 주정부는 경관을 해치는 광고판을 없애고자 길거리에 광고판을 설치하는 것을 금지했다. 그러자 사람들은 법망을 피하는 방법을 여러 가지 생각해냈다. 한 자동차 판매상은 폭스바겐 비틀 자동차를 움켜쥐고 있는, 높이 3.5미터, 무게 16톤의 고릴라 조각을 가게 앞에 설치했다. 한 양탄자 가게는 높이가 5.7미터에 달하는 지니가 램프 속에서 나와 양탄자를 들고 있는 모습을 조각해 가게 앞에 설치했다. "사람들이 이기적으로 행동해도 보이지 않는 손이 작용해 각자 이익을 본다"라는 애덤 스미스의 주장도 의도하지 않은 결과 법칙의 예다.

적절한 목표 설정 원칙을 스마트SMART라는 두문자로 요약할 수 있다. 스마트한 목표는 다섯 가지 특징이 있다. 구체적Specific이고, 측정 가능Measurable하고, 달성 가능Achievable하고, 현실적Realistic이고, 시의적절Timely하다. 콜센터를 예로 들어 생각해보자.

- **구체적** 숫자, 퍼센티지, 빈도수를 명시해 목표를 설정해야 한다. "전화벨이 울리면 즉시 받아라"라는 목표보다 "전화벨이 울리면 10초 이내에 받아라"라는 목표가 훨씬 명확하다.
- **측정 가능** 일관성 있고 알아들을 수 있게 목표를 설정해야 한다. "어제만큼 전화를 빨리 받지 않는 것 같다"라는 문장은 목표 설정에 적절한 표현이 아니다.
- **달성 가능** 무리하지 않고도 충분히 달성할 수 있는 현실적 목표를 설정해야 한다. 직원에게 숨 쉴 틈, 물 마실 틈도 주지 않고 1초 안에 전화를 받으라고 요구하는 것은 적절한 목표 설정이 아니다.
- **연관성** 통제 범위 안에 있는 목표를 설정해야 한다. 콜센터 직원에게 시장점유율을 높이라고 요구할 수는 없다.

◐◉ 시의적절 적절한 시간을 설정해야 한다. 한 달 안에 전화를 받으라고 목표를 설정하는 것은 부적절하다.

하지만 잘못 측정하거나 목표에 집착하는 우를 범하면, 스마트 목표 설정 원칙도 무용지물이 된다. 아켄허스트 컨설턴트의 수석 애널리스트 알라스테어 브라이버그는 "측정 가능한 평균적 결과가 매우 뛰어나지만 측정할 수 없는 결과보다 낫다"라고 말한 적이 있다. 전화 상담 서비스 때문에 문제를 겪고 있던 한 금융 서비스 회사의 예를 보자. 이 회사는 업무 효율을 높이기 위해 고객 한 명당 몇 분 이내로 통화하라고 목표를 제시했다. 이는 스마트 목표 설정 원칙에는 부합하지만, 정말로 영리한 목표 설정은 못 된다. 목표를 달성해야 보너스를 받을 수 있는 상황에서 전화 상담원은 고객과 통화시간을 단축하려고 했다. 이에 따라 주택담보대출을 받으려는 고객이나 원리금 상환 조건을 바꾸려는 고객들의 전화를 제한시간 안에 끊으려 했다. 이런 경험을 한 고객들은 이런 금융 서비스 회사와 거래를 끊어야겠다고 생각하게 된다.

이윽고 경영진은 전화 상담원의 상담 건수가 증가할수록 거래를 끊는 고객이 증가한다는 사실을 발견했다. 이러한 고객을 붙들기 위해 회사는 특별 상담전화 라인을 개설했다. 거래를 끊겠다고 말하는 고객들을 새로운 특별 상담전화 라인에서 대처했다. 이 전화 라인 근무자들에게는 두 가지 권한을 줬다. 하나는 고객이 다시 돌아오도록 설득한 직원에게 약간의 보너스를 줬다. 또 하나는 고객과 상담하는 시간을 무제한으로 늘렸다. 새로운 상담전화 라인으로 일부 직원이 빠져나가고, 남은 직원들이 일반 상담전화를 받으면서 할당된 상담시간은 더

욱 줄었다. 비록 특별 상담전화 라인을 개설한 이후 이탈하는 고객은 줄었지만, 거래를 끊겠다고 협박하는 고객 비율은 계속 증가했다.

고객 불만이 증가한 원인을 파악하기 위해 회사는 초특급 상담전화 라인을 개설했다. 이 세 번째 상담전화 라인 직원들의 업무는 단 하나로, 고객들의 불만이 무엇인지 듣는 것이었다. 회사는 직원들에게 고객 상담 시간을 무제한으로 허용했다. 이 회사의 CEO는 언론에 나와 고객에게 가까이 다가설 필요를 역설하고, 고객 불만을 파악하는 특별 연구를 진행 중이라고 밝혔다.

이는 시스템을 통제하려는 시도가 예기치 않은 결과를 낳는다는 점을 보여주는 일화다. 고객 상담원의 상담시간을 부당하게 통제하려고 한 경영진은 실적 악화라는 벌을 받았다. 경영진의 부당한 통제 탓에 고객과 상담원들은 엄청난 시간을 낭비했다. 그리고 이 회사의 경쟁력이 떨어지면서 잠재적 일자리 감소라는 결과도 낳았다. 이처럼 잘못된 목표 설정으로 인해, 점점 더 걷잡을 수 없는 결과를 초래하고 해결이 어려워지는 악성 문제가 생기는 경우가 많다.

그렇다면 어떻게 해야 의도하지 않은 결과를 피할 수 있을까? 우선 측정과 목표는 크나큰 차이가 있다는 사실을 인식해야 한다. 이론적으로, 측정은 고립된 사실이다. 목표는 보수나 인센티브를 수반하는 개념이다. 목표를 달성하는 일은 사람이 하는 일이다. 사람에게 동기를 부여하려면 인센티브가 필요하다. 인센티브가 없는 목표는 상상하기 어렵다. 문제는 아무리 좋은 의도로 인센티브를 부여해도, 이러한 인센티브가 의도하지 않은 문제를 낳는 경우가 많다는 사실이다.

냉전 시절 소련 정부의 터무니없는 목표 설정을 풍자한 농담이 많다. 옛날 옛적 소련에, 철도 시설과 기차를 만드는 제철소가 있었다. 이 제철소의 목표는 최대한 철을 많이 생산하는 것으로 바뀌었다. 많이 생산한 철로 커다란 기차를 만들었다. 철도가 기차 무게를 견디지 못하고 부서졌다. 정부는 기차 공장에게 철도를 만들라고 지시했다. 기차 공장의 목표는 가능한 한 많은 쇠막대기를 만드는 것으로 바뀌었다. 기차 공장은 핀처럼 가느다란 쇠막대기를 만들었고, 이런 쇠막대기가 철도 건설에 쓰였다. 정부는 할 수 없이 기차 공장에게 핀이나 만들라고 지시했다. 하지만 철도가 너무 약해서 핀이나 철광석을 실은 기차가 지나갈 수 없게 됐다.

이러한 일은 과거 소련에서만 벌어진 일이 아니다. 영국 정부는 종종 공공의료 서비스의 목표를 지나치게 높게 잡아 곤경에 처한다. 예를 들어, 병원에서 진료받기까지 기다리는 시간을 단축하고자, 영국 정부는 대기자 명단에 올리는 환자 수를 10만 명으로 줄인다는 목표를 세웠다. 이 목표 자체는 달성됐다. 단, 대기자 명단에 올라가기 위해 기다리는 사람의 수가 늘었을 뿐이다.

유럽 국가들은 농업 보조금이 교통, 에너지, 환경에 얼마나 왜곡된 영향을 미치는지 보여준다. 미국 정부는 1920년에 미국 국적의 화물선만 미국 항구에 들어올 수 있다는 해운법을 만들었다. 이로 인해 미국 항구 물동량이 눈에 띄게 줄고, 수산물 가격이 올랐다.

측정은 좋은 의도로 시작된다. 사람들은 조직이 목적을 충실히 수행하고 있는지 확인하기 위해 측정해야 한다고 생각한다. 하지만 진정으로 목적 수행에 도움이 되는, 가치 있는 측정은 규정하기 어렵다. 따라서 사람들은 가치 있는 측정의 저렴한 대용품을 생각해낸다. 서류상으로 목표를 제시하는 것이다. 조직 구성원들은 서류상의 목표를 달성하기 위해 행동을 바꾸는 통에, 원래 조직이 달성하고자 했던 목적을 망각하고 만다. 결국 자꾸 새로운 측정을 시도하지 않고 기존 측정에 의존하는 편이 낫다.

이는 "악화가 양화를 몰아낸다"라는 그레셤의 법칙을 연상시킨다. 흔히 16세기 영국 상인 토머스 그레셤이 '그레셤의 법칙'을 제창한 것으로 알려져 있지만, 경제학자 로버트 먼델은 기원전 5세기 그리스의 희극 작가 아리스토파네스의 글에서도 이 개념을 발견할 수 있다고 말한다. 먼델은 "가치가 낮은 화폐와 가치가 높은 화폐를 같은 가격에 교환할 경우, 가치가 낮은 화폐가 높은 화폐를 몰아낸다"라고 그레셤의 법칙을 더 정확하게 표현했다.[4] 이를 측정에 적용하면, 그레셤의 측정 정리라는 것도 도출할 수 있을 것이다. 형편없는 측정과 양질의 측정이 똑같은 가치를 지니고 있다고 사람들이 생각할 경우, 형편없는 측정이 양질의 측정을 몰아낸다. 앞서 예로 든 콜센터를 다시 생각해보자. 고객 한 명당 통화시간으로 생산성을 측정할 경우, 많은 고객을 상대해야 돈을 많이 받는 상담원들은 상담의 질은 신경 쓰지 않고 상담 시간을 줄이려고 한다. 하지만 상담의 진정한 가치를 알려면, 만족한 고객의 수, 증가한 매출금액, 증가한 이익규모를 측정해야 한다. 측정이 예기치 않은 결과를 낳지만, 측정하는 가치와 애초에 조직이 추구하는 가치의 불일치를 생각하면 이러한 결과는 어느 정도 예상할 수 있다.

그렇다면 왜 기업과 정부는 측정하는가? 기업은 경영성과를, 정부는 행정성과를 측정한다. 측정이 아무런 문제도 낳지 않을 때도 있지만 큰 실수를 낳을 때도 있다. 경영학자들은 경영자들이 과학자처럼 결과와 인과관계를 측정하도록 유도한다. 결과 측정은 장기 목표 달성과 관련이 있고, 시간이 흘러도 별로 변하지 않을 수 있다. 반면 인과관계의 측정은 시간 흐름에 따라 바뀐다. 성공 원인을 알면, 성공 원인을 늘려야 한다. 실패 원인을 알면, 실패 원인을 줄여야 한다. 새로운 측정 방법을 개발해야 한다.

신뢰할 수 있는 재무제표

기업 측정의 근본적이고 보편적 영역 중 하나는 재무회계다. 회계가 측정하려는 경영은 불확실성을 내재하고 있지만, 회계는 범위가 아니라 특정 숫자로 표시된다. 예를 들어, 글로벌 메가콥이라는 기업의 매출액을 71,393,224,326.73파운드라고 재무제표에 적을 때, 이 숫자는 추정일 뿐이다. 대기업의 매출액을 몇 페니 단위까지 정확히 계산하는 것은 불가능하다. 회계사들은 대기업의 매출액을 몇 달러에서 몇 달러 사이로 추정하고, 이 범위 안에서 적당히 평균을 내서 재무제표에 기록한다. 회계 감사관의 역할은 회계사들이 실제 매출과 크게 벗어나는 숫자를 재무제표에 적지 않도록 감시하는 것이다.

그림 6.1은 71,393,224,326.73파운드라는 추정치가 나오는 평균 매출 분포를 나타낸 것이다. A 시나리오는 매출액 추정치가 71,393,224,325.75파운드에서 71,393,224,328.50파운드 사이에 분포해 있다. 차이가 극미해서 문제의 소지가 적다. B 시나리오는 매출액 추정치가 500억 파운드에서 900억 파운드 사이에 분포해 있다. B 시나리

오에서는 90%의 확률로 매출액이 610억 달러와 840억 파운드 사이지만, 추정치의 차이가 너무 커서 추정의 가치가 떨어진다. C 시나리오는 매출액 추정치 분포가 한쪽으로 치우친 상태다. 71,393,224,326.73파운드라는 평균보다 낮은 매출액이 나올 확률이 높은 분포다(이 분포의 중위값은 500억 파운드다). 71,393,224,326.73파운드라는 평균보다 훨씬 높은 매출액이 나올 확률도 있다. 이 시나리오에서는 매출액이 90%의 확률로 0달러에서 1720억 달러 사이다. B 시나리오도 그렇지만, C 시나리오는 재무제표를 작성하는 회계사들이 좋아할 분포지만, 재무제표 숫자가 실제와 맞아떨어지는지 검사해야 하는 회계 감사관들에겐 악몽 같은 분포다.

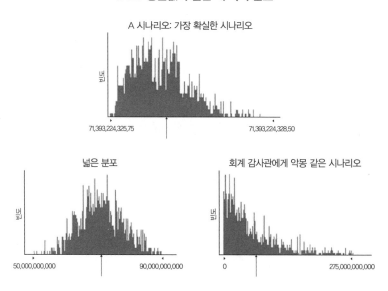

그림 6.1 평균값이 같은 세 가지 분포

글로벌 메가콥 매출액: 세 시나리오 모두 평균값이 71,393,224,326.73 파운드?

재무제표에 기업 이익을 기록할 때는, 부동산 수익, 각 계약에서 거둘 수 있는 수익 가치, 보험 가치 등 계산해야 할 것이 너무나 많다. 그래서 회계사들은 잠정적 이익을 합산한 다음에, 그 밑에 주를 달아 금융 애널리스트만이 이해할 수 있는 사실을 설명해 놓는다. 금융 애널리스트들은 이렇게 나온 재무제표의 수치를 분석해 나름대로 이익 추정치를 계산한다.

회계 감사도 측정하는 일이지만, 회계 감사관들은 신뢰구간, 범위 추정, 표본 추출법, 확률분포 등의 측정과 관련한 통계 개념을 별로 이용하지 않는다. 우리는 회계 감사관들이 더 과학적으로 재무제표를 측정해야 한다고 생각한다. 회계사들이 확률에 기반을 둔 추정치를 기록한 재무제표를 검사하는 것이 회계 감사관들의 일이므로, 회계 감사관들은 확률적 측면을 더 고려하는 것이 낫지 않을까? 또 확률을 고려해 재무제표를 기록하는 편이 전통적 재무제표 작성법보다 더 사실에 가깝고 공정하게 경영 상황을 기록하는 방법일지도 모른다. 우리는 확률을 고려한 회계를 확률 회계 또는 신뢰 회계confidence accounting라고 부른다.

소련과 관련한 농담이 많듯, 회계사가 맘대로 숫자를 적는다고 풍자하는 농담이 많다. 회계사가 재무제표에 적는 숫자에 상당한 영향력을 발휘한다는 사실은 불편한 진실이다. 회계사와 회계 감사관은 재무제표를 계산하는 과정에서 막대한 양의 정보를 버린다. 금융계는 기업이 해마다 발표하는 연간보고서에 불확실한 부분이 많고, 숫자를 뒷받침할 근거가 별로 없다는 사실을 알고 있다. 투자자들은 연간보고서의 숫자를 보고 걱정하는 시간보다, 연간보고서의 숫자를 재구성해 예상 이익 범위를 나름대로 계산하거나, 시장에서 대체로 예상하는 이익 규모가 어느 정도인지 추측하는 시간이 더 길다. 금융 분야만큼 측정에 많은 노력을 기울여놓고도, 측정한 결과가 무시당하는 분야도 없다.

아이러니하게도, 회계사들이 이익과 매출액을 아주 작은 단위까지 상세히 기록했기 때문에 회계 감사관들은 이 숫자들을 일일이 신경 쓰지 않는다. 회계사가 적은 숫자와 실제 기업 경영의 성과에 약간의 오차가 있어도, 회계 감사관들이 회계사들을 처벌하기 어렵기 때문이다. 지금까지 회계 감사관들은 재무제표를 감사하고 의견을 쓸 때, "회계 감사관들은 95%의 확률로 이 기업의 이익이 X달러에서 Y달러 사이일 것이라고 예상한다"라는 식으로 쓰지 않았다. 지금까지 회계 감사관들이 재무제표 감사에 실패한 사례가 너무 많은데, 회계 감사관들이 확률 개념을 도입해 감사의견을 쓰면 실패를 줄일 수 있을 것이다. 우리는 회계 감사원들이 감사의견을 쓸 때 예상 이익의 범위를 적게 하고, 만약 실제 이익이 예상 범위를 벗어나면 회계 감사원들에게 배상금을 부과해야 한다고 생각한다.

우리가 이러한 회계 방식에 붙인 이름인 신뢰 회계는 두 가지 의미를 담고 있다. 첫째, 하나로 고정된 숫자를 쓰기보다 신뢰구간을 설정한다는 의미다. 둘째, 회계방식을 이렇게 바꾸면 더 많은 사람들이 재무제표를 신뢰할 것이란 의미다. 예상 이익의 범위를 기록하는 편이 재무제표를 보는 투자자들에게 더 신뢰감을 줄 것이다. 게다가 이러한 회계 방식을 쓰면, 재무제표를 감사하는 관료들에게 피드백과 자동 제어 방식control loop, 최종 조건을 충족할 때까지 출력의 일부를 재차 입력해 같은 처리를 하는 제어 방식-옮긴이이 가능할 것이다. 관료들은 변화하는 환경에 따라 회계 범위를 조정할 수 있다. 예를 들어, 은행들이 금융위기를 겪은 뒤, 시장 신뢰를 복원하거나 유동성을 복원하기 위해 지급준비율을 결정하는 은행 규제 관료들은 신뢰구간을 좁히거나 넓힐 수 있다.

우리는 이러한 접근법을 서술하기 위해, BET 퍼센트라는 두문자를 쓴다. BET는 바닥Bottom, 기대수치Expected, 천정Top의 약자고, 퍼센트는 확률을 나타낸다. 이번 단락에서는 재무회계 측정에서 단일 숫자에 지나치게 집착하는 문제를 다루었다. 하나의 숫자를 적는 것보다 범위를 적는 편이 더 유효한 측정이 될 수 있다. 우리는 모든 기업이 BET 퍼센트를 사용해 추정해야 한다고 생각한다.

BET 퍼센트의 정확성 높이기

BET 퍼센트는 예측할 때 쓸 수 있는 개념이다. 특히 숫자로 예측해놓고 틀려도, 숫자는 그저 예측일 뿐이었다고 변명할 수 있는 분야에서 쓸 수 있다. 존 갤브레이스는 "경제 예측의 유일한 기능은 사람들이 점성술에 더 의존하게 하는 것"이라고 말한 바 있다. 예측은 어렵다. 특히 미래 예측은 더 어렵다. 물리학자 닐스 보어, 야구선수 요기 베라, 소설가 마크 트웨인, 영화인 샘 골드윈의 삶이 이러한 사실을 잘 보여준다.

하나의 숫자로 예측하는 것은 틀릴 확률이 매우 높기에, Z/Yen사는 1990년대 중반부터 매출액을 전망할 때 확률 모형과 팬 차트fan chart, 부 챗살 모양의 확률분포도-옮긴이를 사용했다. 우리는 각각의 기회를 BET 퍼센트로 평가하고, 매달 확률적 매출액 예측 차트와 팬 차트를 만들고, 기회 포트폴리오의 통계 모형을 내놓는다. 우리는 이러한 방법이 기업의 실적을 전망하는 데 유용하다고 생각한다.

잉글랜드 은행도 1996년부터 팬차트를 사용해 인플레이션을 전망한다.[5] 인플레이션 예상 범위를 차트에서 부챗살처럼 표시하는 것이다. 팬차트는 이미 수십 년 전에 개발됐다. 보험 계리사들은 팬차트와 확률적 사망 예측 모형을 쓰는 편이 하나의 숫자를 적는 편보다 낫다는 사실을 최근에야 깨닫기 시작했다. 팬차트를 써서 예측하면, 사건이 일어난 뒤에 오차범위를 줄일 수 있다.

발생 가능한 결과의 범위를 표시하는 것은 예측기술이 발전했다는 것을 뜻한다. "자신이 무슨 말을 하는지도 모르는 사람이 정확히 예측하려고 해봤자 소용없다"라고 말한 존 폰 노이만은 팬차트를 지지했을 것이다. 예상 결과의 범위를 확률과 함께 표시하면, 시간 흐름에 따라 달라지는 예측 정확성을 높일 수 있다. 물리학자 리처드 파인만은 "첫째 원칙은 자신을 속이지 않는 것이다. 이 세상에서 자신이 가장 속기 쉬운 사람이라는 점을 알아야 한다"라고 말했다. 예측을 확률적 범위로 표시하는 것은 자신을 속이지 않는 첫걸음이고, 자신의 예측 정확성이 어떤지 나중에 평가해볼 수 있는 길이다.

빈도주의와 베이즈주의, 예측할 때 이용하는 통계학

사람들은 예측하길 원하지만, 예측 정확성은 높지 않다. 사람들은 경험을 일반화할 수 있는 때도 있고, 경험을 일반화하지 못할 때도 있다. 하지만 어떤 경우에도, 예측할 때는 통계를 이용해야 한다.

통계학에는 두 가지 주요 학파가 있다. 하나는 빈도주의 학파frequentist고, 다른 하나는 베이즈주의 학파Bayesian다. 빈도주의 학파의 이론은 사람들이 일반적으로 학교에서 배우는 통계학의 교과서적 내용이다. 어떤 사건의 여러 예를 찾아, 이 예들이 얼마만큼 분포되어 있는지 보고, 이를 기준으로 예측하는 것이다. 베이즈주의 학파는 문제를 다른 방식으로 접근한다. 먼저 분포가 어떻게 일어날지 예측하고, 경험에 근거해 이 예측을 수정한다. 베이즈주의 학파는 데이터가 거의 없는 상황에서도, 사전 확률prior probability을 이용해 작업할 수 있다. 사전 확률이란 지금까지 경험한 바를 근거로 가정한 분포를 말한다. 예를 들어, 표준 정규 분포, 가우스 분포를 나타내는 종형 곡선bell curve은 키, 몸무게, 나이 등을 추정할 때 직관적으로 사용할 수 있다. "대다수 40세 영국 남자의 몸무게는 얼마인가?"란 질문에 종형 곡선을 이용해 답할 수 있다. 반면 "다음에 나올 제임스 본드 영화의 극장 흥행성적은 어느 정도일까?"란 질문에 답하려면 다른 분포 이론을 이용해야 한다.

사람들은 여러 가지 상식적 질문에 답하기 위해 사전 확률을 이용한다. 이러한 사전 확률을 판별하기 위해 실시된 여러 실험들은 사람들의 암묵적 확률 모형과 실제 통계가 밀접하게 대응한다는 점을 보여준다.[6] 한 실험은 일반인들이 한 극단에 분포가 몰린 멱함수 분포를 이용해 전화대기로 낭비하는 시간을 추측한다는 사실을 보여준다. 세계 각국의 통신 공학자들은 기존에 사용하던 푸아송 분포Poisson distribution보다 멱함수 분포가 더 정확하다는 사실을 조금씩 깨닫고 있다. 이러한 연구는, 사람들이 경험을 통해 개발한 추측 기술이 일부 분야에서 기존에 사용하던 것보다 더 정교하고 적합한 추측 기술로 쓰일 수 있다는 점을 암시한다. 이는 1장에서 언급한 추단법, 편향과 연관된 내용이다. 인간은 이러한 직관적 방법을 개발했다. 직관적 방법이 대부분의 경우에 통하기 때문이다.

직관적 방법에는 장점도 있지만 한계도 있다. 우연히 벌어진 일들을 인과관계로 착각하는 미신은 직관적 추측의 한계를 보여준다. 개발도상국에서는 이러한 잘못된 사전 확률 탓에 시간과 에너지를 낭비하는 경우가 많다. 그렇지만 직관적 예측은 인류의 생존에 중요한 역할을 했다. 빈도주의로 예측하는 원시인들은 호랑이가 사람을 잡아먹을지 예측할 데이터를 충분히 수집할 때까지 호랑이에게 잡아먹혔을 것이다. 반면 베이즈주의로 예측하는 원시인들은 호랑이를 보자마자 도망쳤을 것이다.

빈도주의와 베이즈주의 중 어느 쪽을 선택할지는 여전히 고민거리다. 과학 분야에서는 늘 실험하지만, 실제 기업이 실험하기는 어렵다. 기업이 테스트를 하다가 고객을 잃을 수도 있기에, 기업가들에게 과학적 테스트를 도입하도록 설득하는 것은 어렵다. 예를 들어, 우리는 경영자들에게 경영 방식을 바꾸기 전에 학교나 병원 운영 방식을 실험해볼 것을 권하지만, 설득하기 쉽지 않다. 사람들은 해법을 선택하고 싶어하지, 가능한 답을 실험하고 싶어하지 않는다. 이 때문에 많은 기업들이 다른 기업이 하는 방식을 그대로 따라한다.

정부와 NGO들이 공개 경쟁 입찰을 올바른 물품 조달 방식이라고 가정하는 것이 한 예다. 1장에서 언급했듯, 공개 경쟁 입찰이 항상 좋은 결과만 낳는 것은 아니다. 하지만 정부와 NGO들은 다른 조직들이 사용하는 대안을 별로 고려하지 않는다. 정부와 NGO들은 새로운 방법을 실험하는 것을 두려워한다. 관료들의 행동원칙은 경제, 효율, 혁신, 부패척결이 아니라 순응이기 때문이다.

예측 기술의 현주소

예측을 더 잘할 수 있기를 바라는 사람들에게 희소식은 컴퓨터 분야의 진보다. 컴퓨터 시스템은 동적이고, 변칙적이고, 패턴에 반응하는 시스템으로 진화하고 있다. 동적 시스템이란 실시간으로 새로운 데이터를 배우고 새로운 데이터에 적응하는 시스템을 말한다. 변칙적 시스템이란 이례적 행동이나 희귀한 데이터를 인식하는 시스템을 말한다. 패턴에 반응하는 시스템이란 성공적 행동을 강화하거나 실시간으로 상호작용하는 시스템을 말한다.

컴퓨터 시스템이 진화함에 따라 공동체, 거래, 판매, 소비자 관리를 돕는 프로그램이 가능해졌다. 예를 들어, 경매 사이트에 오는 이메일을 모두 처리하는 프로그램, 소비자가 살 법한 상품을 소비자에게 추천하는 프로그램, 고객에게 기부나 가입을 호소하는 프로그램이 나왔다. 컴퓨터 기술이 발달하고 데이터가 증가하면서 기업이 막 시작된 트렌드를 조기에 발견하는 능력이 높아졌다. 기업들은 더 빠르고 적응력이 강한 반응 시스템을 구축하기 위해 이메일, 사이트 방문횟수, 주문, 검색 등의 인터넷 트래픽 기록을 이용한다. 아무리 세계적으로 성공한 기업일지라도 자동처리 시스템 없이는 고객의 요구에 모두 대응할 수 없다. 앞으로는 더 자동화된 결정, 실시간 분석, 시각적 프레젠테이션, 컴퓨터로 계산한 전략이 거래 과정과 텍스트 처리 과정에서 쓰일 것이다.[7]

기업에게 가격이 전부는 아니다. 고객이 어떻게 반응할지 너무나 잘 알고 있는 기업의 경우엔 특히 그렇다. 컴퓨터가 자동으로 고객에게

180

상품을 추천하는 시스템은 가끔 재밌는 사건을 일으킨다. 제프리 재슬로는 「티보가 당신을 게이라고 생각한 경우, 바로잡는 방법If TiVo Thinks You Are Gay, Here's How to Set It Straight」이라는 제목의 기사를 2002년 《월스트리트 저널》에 올렸다. 그는 이 기사에서 사람들의 성적 취향부터 영화 선택까지 지나치게 많은 것을 예측하는 컴퓨터 시스템을 보도했다. 특히 아마존 창립자 제프 베조스는 아마존 컴퓨터 시스템이 보낸 외설물 추천 이메일을 받았다고 한다.[8] 사람들의 욕구를 파악해 반응하는 컴퓨터 기술의 발달로 기업이 상거래를 파악하는 능력이 향상됐지만, 이와 동시에 사람들의 사생활이 침해받을 확률도 높아졌다.

예측 프로그램이 결국 시장을 대체할 것이란 전망을 가끔 듣는다. 우리는 이 전망에 동의하지 않는다. 우리는 시장이 다른 의미로 전보다 중요해졌다고 믿는다. 과거에는 시장에서 가장 중요한 정보는 가격이었다. 사람들은 수요와 공급을 따져 가격을 추론했다. 지금은 사람들이 시장에서 여러 가지를 예측한다. 소설가 허버트 웰스는 "미래에는 통계적 사고가 독서 능력, 작문 능력만큼이나 시민들에게 필요한 능력이 될 것"이라고 말했다고 한다. 웰스의 예언이 현실이 되기까지는 오랜 세월이 걸렸다. 그래서 때때로 이 예언을 한 사람이 웰스가 아니라 통계학자 새뮤얼 윌크스라고 하는 사람도 있다. 누가 예언했든, 오늘날에는 기술의 발달 덕분에 시민들의 생각을 쉽게 얻을 수 있게 됐다.[9]

미국에서는 여러 가지 베팅 거래소betting exchange가 인기를 끌고 있다. 아이오와 대학교는 1990년대에 미국 선거 결과를 예측하는 전자시장을 만들었다.[10] 인터넷에서 가상의 돈으로 배우들의 가치를 매기는 할리우드 증권거래소Hollywood Stock Exchange, 지진과 테러 등 재해의 발생 가능성을 거래하는 예지 거래소Foresight Exchange도 있다. 처음에는 학자들이 실험하려고 만든 이러한 베팅 거래소들은 현재 대기업의 판매 예측 수단, 네티즌의 놀이터, 도박 수단, 거래 수단으로 쓰이고 있다. 영국에서 가장 많이 거래가 이루어지는 거래소는 1761년 설립한 런던 증시가 아니다. 1999년 설립된 벳페어Betfair다. 벳페어는 개인과 기업이 베팅할 수 있는 사이트다. 예측 시장은 막 시작된 추세를 감지해 실제 시장을 보충하는 역할을 한다.

보외법extrapolation, 과거 추세가 미래에도 그대로 이어질 것으로 전제하고 과거 추세선을 연장해 미래를 예측하는 기법-옮긴이이나 보간법interpolation, 알고 있는 몇 개의 지점을 선으로 연결해 알지 못하는 지점의 값을 추정하는 방법-옮긴이은 세세한 부분을 무시하는 추정이라는 단점이 있다. 하지만 갈수록 양적 예측과 질적 예측을 조합하는 기술이 발달하고 있다. 소위 불완전 지식 경제학imperfect knowledge economics은 질적 규칙성qualitative regularity의 중요성을 강조한다. 즉 관찰 가능하고, 지속적이고, 부분적으로 예측 가능한 패턴의 중요성을 강조한다.[11] 이러한 패턴의 예는 구매력 평가Purchasing Power Parity, PPP에 근거를 둔 장기 환율변동 예측이다. 경제학자들은 각국의 장기 환율이 PPP에 따라 균형을 이룰 것이라고 예측한다. 하지만 단기적으로는 환율이 PPP와 상관없이 변동한다. 학자들은 인간 본성과 환경의 규칙성이 불완전한 예측 모형을 통제해줄 것으로 기대하고, 불완전한 예측 모형을 이용해 미래를 예측한다.

정량화 모형quantitative model은 하루하루를 예측하는 데는 좋지만, 장기 예측에는 부적절하다. 언제 정량화 모형을 버리고 새로 시작해야 하는지 알아야 한다. 사람들은 종종 모형이 오류를 일으켜도, 모형을 버릴 생각을 하지 않는다. 정량화 모형이 효력을 잃으면 모형을 고치려고 하기보다 근본적으로 새로운 모형을 도입해야 한다. 점점 더 많은 학자들이 근시안적으로 예측하는 모형을 버리고, 앙상블 예측ensemble forecast, 시간에 따라 변화하는 동적 시스템에서 발생 가능한 변화의 범위를 예측하는 기법-옮긴이과 시나리오 예측을 도입하고 있다. 학자들은 가장 좋은 예측 모형 하나에 의존하는 대신, 여러 가지 예측 모형을 동시에 이용하려고 한다. 시나리오를 이용하면 새로운 변수와 다른 가정을 상정해 예측할 수 있기에, 현재의 변수와 가정에 사로잡혀 근시안적으로 예측하는 오류를 피할 수 있다. 예를 들어, 런던 기후변화 협상에서는, 이산화탄소의 비용이 톤당 X유로를 초과할 것으로 가정했다. 이 새로운 시나리오를 통해 런던 기후변화 협상이 새로운 전기를 마련했다. 시나리오는 예측이 무의미하다는 사실을 인정한 상태에서, 가장 보상이 크고 위험이 작은 선택이 무엇인지 파악하는 방법이다.

과학적이고 경제적인 모형이 추측의 기초가 됐다. 어쩌면 '모형이 메시지다'라는 말이 '미디어가 메시지다'라는 마셜 맥루언의 슬로건을 대체하거나 보충할지도 모른다. 언론은 모형에 따라 예측하는 경우가 늘고 있다. 예를 들어 금리, 인플레이션, GDP, 신용 등을 예측할 때 모형을 이용한다. 모형에 따른 미래 예측을 언론이 보도하면, 이 언론 보도에 영향을 받아 현실이 변할 때가 있다. 예를 들어, 몇몇 학자들이 언론에서 '공황'이나 '경기침체'라는 단어를 써서 향후 경기변동을 예측하고, 언론이 이를 보도하면, 기업들의 경기전망이 부정적으로 변할 때가 있다. 인플레이션, 금리, 금융기관 수익, GDP 성장률 등의 여러 지표와 모형은 사람들의 인식에 영향을 미친다. 대중매체가 이러한 모형을 자꾸 보도하다 보면, 이러한 보도가 자기실현적 예언self-fulfilling prophecy이 될 때가 있다. 즉 몇몇 사람의 예측이 언론에서 증폭돼 많은 사람들의 인식에 영향을 미치면서, 결국 예측대로 현실이 흘러가는 것이다. 원래 예측의 주요 혜택 중 하나가 변동성을 줄이는 것인데, 사람들이 현재 사용하는 예측 모형은 오히려 변동성을 늘리는 것처럼 보인다. 굿하트의 법칙을 바꿔 말하면, "예측 모형이 언론 모형이 되면, 더 이상 좋은 예측 모형이 아니게 된다"라고 표현할 수 있다.

이번 장의 내용을 요약하면 다음과 같다. 측정은 실제 상거래에서 많은 순기능을 한다. 하지만 지나치게 목표에 집착하면, 측정이 역효과를 부를 수 있다. 사람들은 불확실성이 높아 범위를 예측하는 것이 나은 상황에서도, 하나의 숫자로 예측한다. 불확실한 상황에 놓인 사람들은 추단법과 편향에 따라 판단한다. 하나의 숫자에 의존하는 태도는 측정보다 예측에 더 악영향을 미친다. 기술 발달로 여러 가지 유용한 측정 도구와 예측 도구가 나왔다. 하지만 인간의 정보 분석 능력과 정보 이용 능력은 아직 기술 발달 속도를 따라잡지 못하고 있어, 측정과 예측에 어려움을 겪고 있다.

다음 장에서는 시장 행태를 더 깊이 고찰해보겠다. 이 과정에서 예측할 수 없는 의사결정이 시장에 어떤 영향을 미치는지 살펴보자. 피드포워드feedforward라는 개념도 알아보자.

흐름 셋 **시스템**

선택

경제학

시스템

진화

7장

시장의 움직임은 예측할 수 없다

이번 장에서는 시스템 이론을 직접 다룬다. 시스템, 경제, 사람들의 행동이 어떻게 시장에서 오류를 일으키는지도 살펴보겠다. 먼저 시스템 이론의 한 요소인 피드포워드란 개념부터 따져보자.

피드포워드의 개념을 쉽게 설명하기 위해, 수산물 이야기를 예로 들겠다. 한 남자가 생선튀김 가게에서 생선튀김을 팔았다. 이 남자는 비장의 재료(맥주)를 집어넣은 계란 튀김옷을 두툼하게 입혀 생선을 튀기고, 두툼하게 잘라 튀긴 감자와 함께 소스를 쳐서 팔았다. 이 가게의 음식을 먹기 위해 멀리서 사람들이 찾아왔다. 남자는 너무나 돈을 많이 벌어서 아들이 가장 좋은 비즈니스 스쿨에서 MBA 학위를 받을 때까지 학비를 댈 수 있었다. MBA 학위를 받은 아들이 아버지와 함께 일하고자 찾아왔다. 아들이 말했다. "아버지, 현재 경제 통계를 보면 경기침체기가 다가오고 있어요. 계란 튀김옷을 두툼하게 입히지 말아야 해요. 소스도 듬뿍 주면 안 돼요." 언제나 손님에게 넉넉하게 음식을 줬던 아버지는 마음이 아팠지만, 아들이 비싼 등록금을 내고 비즈니스 스쿨에서 배운 내용이 헛되지 않으리라고 생각하고 아들 말을 따랐다. 심지어 계란 튀김옷에 비싼 맥주를 쓰지 말라는 아들 말도 따랐다. 경기침체기가 다가오고 있다는 아들의 말은 맞았다. 생선튀김 가게가 망했으니 말이다.

이 간단한 일화는 물리 시스템과 사회 시스템이 어떻게 다른지 보여준다. 물리 시스템은 향후 벌어질 수 있는 일을 상상하지 않는다. 반면 사회에서는 사람들이 생각하거나 믿는 일이 종종 발생한다. 사람들의 자기실현적 예언이 시장에 혼란을 초래한다. 그리고 사람들의 인식이 시장을 극도의 혼란으로 몰아갈 수도 있다.

세상을 다르게 보게 해주는 시스템 분석

뒷부분에서 다룰 다양한 이론과 개념을 시스템 분석system analysis에 뿌리를 두고 있다. 시스템 분석은 1948년 미국 수학자 노버트 위너가 주창한 개념으로, 당시에는 사이버네틱스cybernetics라고 불렀다. 약간의 지식만 있으면 시스템 분석을 통해 세상을 다르게 볼 수 있다.

시스템 분석은 목표를 달성하기 위해 움직이는 여러 독립 개체의 소통과 통제를 연구하는 학문간 연구interdisciplinary study다. 여러 학자들이 시스템 분석에 기여했다. 주요 학자만 해도, 루트비히 폰 베르탈란피, 클로드 섀넌, 앨런 튜링, 존 폰 노이만, 스태퍼드 비어, 피터 체클런드가 있다. 이처럼 많은 학자들이 시스템을 분석함에 따라, 학자들 사이에서 몇 차례 전쟁이 벌어지고 진영이 갈렸다. 시스템 공학자 길리엄 젠킨스는 공학자의 관점에서 시스템 분석의 일반적 특징을 무난하게 잘 요약했다.

- 🐟 인간과 기계의 복잡한 분류.
- 🐟 하위체제subsystem로 분류 가능.
- 🐟 하위체제 인풋과 아웃풋의 상호작용.
- 🐟 시스템 체계의 일부분.
- 🐟 종합적 목적을 가지고 있다.
- 🐟 이러한 종합적 목적을 달성할 수 있도록 설계됐다.[1]

모든 시스템은 다음 일곱 가지 요소로 구성된다. 인풋input, 프로세스process, 아웃풋output, 피드백feedback, 피드포워드feedforward, 감시monitoring, 관리governance다. 몇몇 사람들은 이를 외우기 위해, 각 단어의 앞 글자를 따서 mopffig, giffmop, pigmoff 같은 두문자를 만들었지만, 별로 도움이 되진 않는다. "프랑스 지방에서는 생선 요리가 맛있다In Parts of France Fish Meals Gratify"라고 외우는 편이 나을 것 같다. 그림 7.1은 이 개념을 이해하는 데 도움이 될 것이다.

일곱 가지 구성요소의 의미를 쉽게 이해하기 위해 자동차를 시스템이라고 생각해보자.

- 🐟 인풋, 프로세스, 아웃풋은 자동차를 움직이는 부품이다. 즉 엔진, 바

퀴, 브레이크, 핸들, 연료 계통 장치다.

◉ 피드포워드는 어떤 것을 예상하게 하는 장치다. 크루즈 컨트롤cruise control, 자동차속도를 일정하게 유지하는 정속 주행 장치-옮긴이, 방향지시등, 또는 앞차가 갑자기 움직이려는 것을 알게 해주는 신호 장치다.

◉ 피드백은 시스템 이론, 사이버네틱스 이론 용어 중 가장 많이 대중에게 알려진 용어다. 피드백은 시스템 평가에 대한 시스템의 반응이다. 예를 들어 앞차가 갑자기 아무 신호 없이 방향을 바꾸고 옆에서 자전거가 갑자기 끼어들어 운전자가 브레이크를 밟을 때, 자동차의 반응이 피드백이다.

◉ 감시는 일어나는 일을 측정하는 것이다. 자동차에선 속도계와 연료계가 감시한다.

그림 7.1 상자 일곱 개로 나타낸 시스템 이론

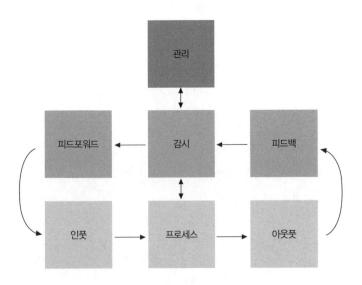

- 관리는 시스템이 목표를 달성하도록 시스템을 조절하는 것이다. 운전자가 차를 몰고 어디로 갈지 결정하거나, 하이브리드 자동차를 선택하는 것이 관리의 예다.

이는 약간 추상적인 예였는지 모른다. 더 구체적 예를 들어보겠다. 주택의 난방 시스템을 예로 들어보자. 날씨가 선선해서 집안 온도를 조절하려고 한다. 난방 시스템에서도 일곱 가지 요소를 발견할 수 있다.

- **인풋** 연료.
- **프로세스** 연료를 태워 물을 덥히는 과정.
- **아웃풋** 뜨거운 물을 펌프질해 집안의 라디에이터로 보내는 것.
- **피드포워드** 원하는 집안 온도대로 온도 조절 장치를 설정하는 것.
- **피드백** 보일러를 가동한 결과 상승한 온도.
- **감시** 상승한 온도를 원하는 온도와 비교.
- **관리** 온도를 조금 더 올릴 것인가, 낮출 것인가?

그림 7.2에서 라디에이터로 온수를 보내는 펌프 시스템, 연료 공급 시스템, 온도 조절 장치에 전기를 공급하는 시스템, 온도 조절 장치의 내부 등 하위체제의 다양성을 주목하라. 더 주목해야 할 부분은 피드백과 피드포워드의 역할이다. 따라서 우리는 컴퓨터로 난방 시뮬레이션 실험을 해보았다. 연료를 인풋으로 설정하기 어려워서 온도를 인풋으로 설정하고 실험했다. 우리는 여러 임의의 숫자를 온도로 입력하고 시뮬레이션 실험한 결과, 온도를 섭씨 20도로 설정하고 실험하는 것이

낮다고 판단했다.

　다음의 두 그림을 보라. 그림 7.3은 섭씨 20도 근처에서 무작위 행보random walk하는 온도 기록이다. 이는 단순히 실외 기온을 따르는 과정이다. 그림 7.4는 그림 7.3의 온도 기록과 다른 세 가지 구성요소를 비교한 것이다.

🐟 기본적인 난방 시스템은 온도가 목표 온도보다 낮을 때는 온수 온도를 높이고, 온도가 목표 온도보다 높을 때는 온수 온도를 낮추는 것이다. 이 간단한 피드백 시스템을 그림 7.4에 '피드백 온도' 선으로 표시했다. 이 피드백은 나쁘진 않지만 완벽하지도 않다.

🐟 이 시뮬레이션 실험 속의 사람은 온도가 오르거나 떨어지면, '피드포

그림 7.2 주택에 적용되는 시스템 이론

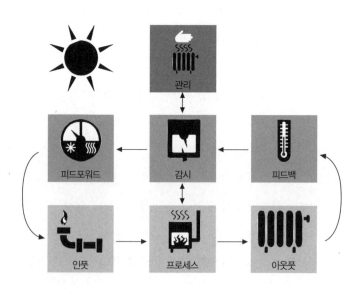

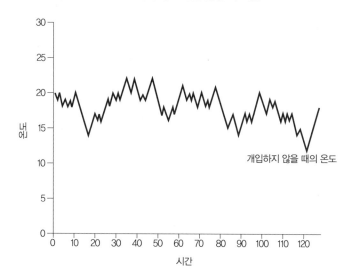

그림 7.3 무작위 행보하는 난방 시스템

개입하지 않을 때의 온도

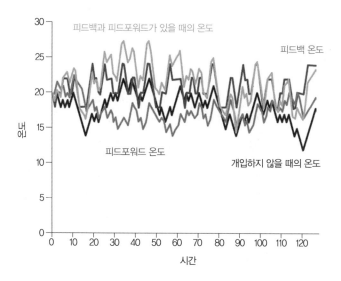

그림 7.4 무작위 행보, 피드백, 피드포워드 비교

피드백과 피드포워드가 있을 때의 온도

피드백 온도

피드포워드 온도

개입하지 않을 때의 온도

워드 온도' 선을 통해 피드포워드를 보낸다. 만약 밤이 돼서 기온이 낮아지면, 보일러 온수의 온도를 높일 것이다. 만약 햇볕이 드는 맑은 날일 것이란 일기예보가 나오면, 보일러 온수의 온도를 낮출 것이다. 온도는 목표 온도인 20도를 중심으로 위아래로 크게 변동하는데, 피드백 시스템은 이보다 변동 폭이 약간 작다.

● 기계의 피드백 시스템과 인간의 피드포워드 작용을 결합하면, 더 나은 결과가 나올 것으로 예상해볼 수 있다. 하지만 피드백과 피드포워드를 결합한 결과는 특별히 더 나을 게 없었다. 피드백과 피드포워드가 종종 상충한 탓이다.

이 실험에서, 난방 시스템을 잘 아는 인간이 피드포워드를 해도, 별로 나은 결과를 얻지 못했다. 오히려 더 나쁜 결과가 나오기도 했다. 이 실험을 행한 학자들은 집에 있는 보일러로 시스템 이론을 실험하지 않았을 것이다.

스토캐스틱 시스템

지금까지 실험과 그림을 통해 시스템 이론의 개요를 소개했다. 시스템 구성요소의 상호 작용을 나타낸 그림은 금융시장 차트와 비슷하다. 그렇다면 무작위 또는 스토캐스틱stochastic 요소는 어디에 적용될까?

스토캐스틱은 '조준에 능하다'는 뜻을 가진 그리스어 단어 '스토카스티코스stochastikos'에서 나온 단어로, '추측conjecture'이란 단어를 어렵게 말한 단어다. 어떤 때는 무작위random란 뜻으로 쓰이기도 한다. 스토캐

194

스틱은 확률chance이란 단어와 어느 정도 동의어다. 스토캐스틱의 이미지는 궁수가 쏜 화살들이 과녁에 맞은 분포도를 연상하면 된다. 시스템 이론은 복잡한 시스템을 하위체제로 분해하고, 피드포워드와 피드백으로 하위체제를 연결하는 것이다. 스토캐스틱 시스템 이론은 기초적인 시스템 이론의 모든 부분이 불완전하다는 사실을 보여준다. 목표란 무엇인가. 목표의 가치를 어떻게 알 수 있는가. 목표가 어디로 움직이고 있는가. 활을 어떻게 다룰 것인가. 화살이 얼마만큼 잘 날아갈 것인가. 최근에 쏜 화살이 다 명중했는가. 시스템의 일곱 가지 구성요소를 하나의 숫자로 단정할 수 없고, 잠재적 수의 범위로 추정할 수 있을 뿐이다.

하나의 수로 측정, 예측하는 것보다 범위로 측정, 예측하는 것의 장점을 앞 장에서 설명했다. 스토캐스틱한 관점으로 세계를 바라보면, 미래를 계획하고 과거를 평가할 때 확률과 불완전한 정보가 어떤 역할을 하는지 알 수 있다. 스토캐스틱 시스템 이론은 시스템에서 확률의 역할을 인지하고, 범위로 시스템을 측정·예측하게 한다.

집에서 시스템 이론을 실험하지 마라

이러한 시스템의 핵심요소는 시스템을 사용하는 사람이다. 특히 사람들이 서로 상호작용하는 방식, 사람들이 시스템과 상호작용하는 방식이 중요하다. 지금까지 소개한 예에서는 피드포워드를 하는 사람이 한 사람뿐이었다. 금융시스템을 포함한 현실세계의 시스템은 대부분 여러 사람이 개입한다. 우리의 친구인 티모시 티버렐리 가족은 집에 있는 난방 시스템과 상호 작용 실험을 할 테니 우리에게 결과를 관찰하라고 말했다. 티모시 티버렐리는 집안이 유달리 추운 편을 선호한 반면 그의 아내와 아이들은 따뜻한 편을 선호했기에 흥미로운 실험이 될 터였다. 티모시는 "나만큼 온화한 사람도 없는데, 날 만나는 사람들은 대부분 추워하더군" 하고 농담했다.

이러한 상황은 독자들에게도 익숙할 것이다. 자신이 느끼는 실내 기온과 가족이 느끼는 실내 기온이 달라, 보일러 온도를 높일지 낮출지를 놓고 다툰 적이 없는가. 티모시는 아내와 은밀한 전쟁을 벌였다. 티모시는 보일러 온도를 낮추면 아내가 다시 온도를 높일 것이란 사실을 알고 있었기에, 자신이 적정 온도라고 생각하는 온도보다 더 보일러 온도를 낮췄다. 아내는 남편이 이런 행동을 하리란 점을 알았기에, 남편이 보지 않을 때 보일러 온도를 10도가량 높였다. 티모시는 겨울에 춥게 사는 것이 지구 환경을 구하는 길이라고 생각했기에 아내가 보지 않을 때 보일러 온도를 낮췄다. 애완용 새가 얼어 죽지 않게 창문을 열고 햇볕을 쬐게 했다.

일부 독자는 이러한 상황에서 게임 이론을 떠올렸을 것이다. 3장에서 다룬 게임 이론은 한 플레이어의 선택이 다른 플레이어의 선택에 영향을 미치는 상황에서 인간의 행동을 연구하는 이론이다. 전통적 게임 이론은 문제를 수학적으로 분석하고 문제를 해결할 균형을 모색한다. 전통적 게임 이론은 티버렐리 부부의 줄다리기에 균형 해법을 제시할 것이다.

우리는 티버렐리 부부의 줄다리기를 모형으로 만들어보았다. 그 결과는 그림 7.4에 나온 효율적 피드백 선과 매우 비슷했다. 여러 문제 상황에서 전통적 게임 이론으로 균형을 찾아보면 이상하게 안정된 형태를 발견하게 된다.

하지만 상황이 약간 더 복잡해지면, 균형 해법에 도달하기가 훨씬 어려워진다. 티버렐리 부부의 두 아이도 각자 적정 온도라고 생각하는 온도가 달랐다. 두 아이도 보일러 온도 전쟁에 뛰어들 수 있다. 아버지나 어머니, 또는 양측에게 포섭당해 한쪽 편을 들 수도 있다. 예리한 독자는 여기서 대리인 이론과 정보 비대칭 문제를 발견하고 문제가 훨씬 복잡해질 수 있다는 것을 느낄 것이다(대리인 이론과 정보 비대칭 문제는 2장에서 다루었다). 여러 구성요소가 상호 작용하는 복잡계complex system의 이상한 점 중 하나는, 아무리 상황이 복잡하고 여러 사람이 얽혀 있어도, 결국 환경에 적응해 전체 시스템이 총체적 의미에서 안정을 유지할 수 있다는 사실이다. 예를 들어 주가는 심리에 따라 변동할 수도 있지만, 큰 맥락에서 보면 내재가치에 수렴한다.

우리는 티모시에게 아내와 자식들과 의논해 보일러 온도를 합의하는 것이 간단한 해법이라고 말했다. 그러자 티모시는 "보일러 온도를 의논하다가 가족의 화목이 깨지고 이혼까지 갈 수도 있네" 하고 말했다. 이 말을 들은 우리는 당혹스러웠다.

시장, 카오스의 가장자리

시장은 언제나 카오스chaos의 가장자리에 있다. 주가, 상품가격, 환율은 일상적으로 급변한다. 금융시장은 롤러코스터와 같다. 어떤 때는 투자열기가 뜨겁게 달아오르고 기술주가 급등하고 아시아 금융시장이 활황을 보이다가도, 눈 깜짝할 사이에 투자열기가 차갑게 얼어붙고 기술주가 폭락하고 아시아 금융시장이 불황에 빠진다. 그러다가 나중에 다시 반등한다.

시장은 인간중심적이다. 시장은 순수하게 인간이 생각하는 바에 기반을 두고 있다. 그렇다면 이러한 인간의 생각이 어떻게 숫자에 영향을 미칠까? 여기서 카오스 이론chaos theory과 시장을 접목해서 살펴보자.

사실 카오스 이론은 이론이 아니다. 단지 문제를 접근하는 방식이다. 또는 여러 문제에서 되풀이되는 기술과 관점을 모아놓은 것이다. 카오스 이론은 질서와 혼란 사이, 모형화가 가능한 문제와 모형화가 불가능한 문제 사이의 경계 조건boundary condition을 설명하고자 한다. 에드거 피터스는 "무작위와 결정론, 확률과 필연이 통합하고 공존하는 시스템이 여러 개 발견됐다"라고 말했다.[2] 카오스 이론은 특별히 진정한 혼돈이나 질서에 관심을 두지 않는다. 카오스 이론은 강한 질서를 내재하고 있지만 겉으로는 혼란스러워 보이는 영역에 관심을 둔다. 게오르크 칸토어, 바츨라프 시에르핀스키, 앙리 푸앵카레 등의 선구적 연구가 카오스 이론에 큰 영향을 미쳤지만, 1960년대 초에 카오스 이론이 하나의 학문 조류가 되도록 한 것은 에드워드 로렌츠, 베누아 만델브로가 쓴 논문들이었다.

카오스 이론은 공식적으로 하나로 통일된 학문 조류가 아니지만, 몇 가지 주제는 반복해서 등장한다. 첫째 주제는 자기유사성self-similarity이다. 자기유사성을 보여주는 구조는 프랙탈fractal이다. 프랙탈은 부분과 전체가 똑같은 모양을 하고 있는 구조다. 프랙탈이란 용어는 1975년 만델브로가 '부서진'이란 뜻을 지닌 라틴어 단어 '프락투스fractus'를 변형해 만들었다.[3] 간단한 방정식으로도 겉보기에 복잡하고 아름다운 프랙탈 도형을 만들 수 있다. 이 프랙탈의 세부 구조를 분석하면 계속 같은 구조가 등장한다. 프랙탈에서 발견할 수 있는 자기유사성은 자연에서 발견할 수 있는 유사성과 대응한다. 예를 들어, 해안선이나 구름은 가까이서 봐도 멀리서 봐도 비슷하게 보인다. 만델브로는 시장에 강력한 자기유사성이 있다고 믿는다. 주가지수 일간차트는 주간차트와 닮았고, 주간차트는 월간차트, 연간차트와 닮았다. 만델브로는 시장이 프랙탈 차원fractal dimension에 있는 시장의 전체 역사를 기억하고 있는 듯 보인다고 주장한다.[4]

카오스 이론의 둘째 주제는 간단한 모형이 외견상 복잡한 구조를 만들 수 있다는 사실이다. 비교적 간단한 알고리즘이 만델브로 집합 Mandelbrot set, 복소평면complex plane 지점들, 프랙탈의 경계를 만든다. 게다가 이러한 외견상 복잡한 구조는 자연, 이를테면 나무, 구름, 해안선에서 볼 수 있는 복잡한 구조와 닮았다. 결정론적 비선형 모형의 그래프는 카오스 이론을 설명한 책에서 자주 등장한다. 선형 모형, 연속적 비선형 모형, 카오스의 조직된 단순성으로 제약받는 모형의 한 부분을 잘 보여주기 때문이다. 이러한 모형들은 비주기적 특성이 있고, 모형 변수가 조금만 바뀌어도 구조적 형태가 바뀌는 경향이 있다. 하지만 이러한 모형들은 사람들이 인지하는 끌개attractor, 공명resonance, 대칭symmetry을 지닌 내재적 질서를 보여준다. 그렇기에 복잡해 보이는 카오스 시스템일지라도 구체적 분석 작업을 통해 이해할 수 있거나, 관리할 수 있다.

카오스 이론의 셋째 주제는 모형이 최초 조건에 민감하게 반응한다는 점이다. 이 주제를 도입한 사람은 앙리 푸앵카레다. 학자들이 금융시장을 연구하는 방법은, 수학적 금융 모형을 개발하고 이를 시장현실과 비교하면서 현실에서 쓸 수 있는 이론을 유추하는 것이다. 에드거 피터스는 이 방법을 다음과 같이 평가했다. "사람들은 이를 데이터 마이닝data mining, 데이터에 숨은 상관관계를 발견하여 미래에 도움이 되는 정보를 추출하고 의사결정에 이용하는 과정-옮긴이으로 착각한다. …… 실제 결과는 다양하게 바뀌는 변수를 가진 여러 수적 실험에 따라 달라진다. 이는 사실 비과학적 방법이다."

　예를 들어, 1990년 폴 드 그로위와 크리스 반센텐은 논란의 여지는 있지만 대다수 학자들이 인정하는 이론에 근거를 둔, 외환시장 모형을 만들었다.[5] 그들이 만든 외환시장 모형은 카오스적 속성을 가지고 있다. 그들은 새로 만든 모형의 아웃풋을 실제 외환시장 데이터와 비교했다. 양쪽은 많은 유사성을 보였다. 이 실험은 실제 시장 데이터와 비슷한 아웃풋을 내는 모형을 만들 수 있다는 사실을 입증한다. 그러나 그들이 만든 모형은 실제 시장을 정확히 예측하기에 부족했다. 인풋을 조금만 바꿔도 실제 시장 데이터와 완전히 다른 아웃풋이 나왔다. 사소한 사실이나 사건이 모형의 아웃풋을 완전히 바꾼다. 모형은 최초의 조건에 너무나 민감하게 반응하기에 현실을 정확히 예측할 수 없었다. 그들이 만든 모형으로 시장을 정확히 예측하려면, 먼저 시장 환경을 정확히 알아야 한다. 하지만 시장 환경을 그 정도로 정확히 파악하긴 힘들다. 게다가 이 외환시장 모형은 검증할 수 없었다. 모형을 검증할 수 있을 만큼 양질의 실제 시장 데이터를 획득할 방법이 없기 때문이었다. 결국 드 그로위와 반센텐이 입증에 성공한 것은, 자신들이 만든 외환시장 모형이 현실에선 쓸모가 없다는 사실뿐이었다.

데이비드 도이치는 다음과 같이 요약한다.

카오스 이론은 고전 물리학의 예측이 한계가 있다는 사실을 지적한다. 고전 물리학의 예측이 한계가 있는 원인은 거의 모든 시스템이 내재적으로 불안정하기 때문이다. 이러한 불안정은 폭력이나 분열과는 아무 상관이 없다. 최초 조건에 대한 극도의 민감성 때문에 불안정이 생긴다.[6]

시장을 이해하는 데 도움이 되는 카오스 이론의 핵심은 다음 세 가지다.

- 부분과 전체가 같은 모양을 반복하는 자기유사성.
- 단순한 모형이 복잡해 보이는 양상을 만들어낸다는 사실.
- 모형은 최초 조건에 극도로 민감하게 반응한다는 사실.

카오스, 질서, 그리고 카오스와 질서의 경계를 구분하는 카오스 이론이 암시하는 사실은, 만약 시장 시스템에 비선형성nonlinearity, 입력과 출력이 정비례하지 않는 것-옮긴이이 있다면, 시장의 양상을 예측할 수 없다는 점이다. 그렇지만 카오스 이론의 매력이 환상을 불러일으킬 수도 있다. 아인슈타인은 쓸데없는 법칙을 버리고 가장 단순한 방법을 적용하라는 논리학자 윌리엄 오컴을 연상시키는 경고를 내놓았다.

과학의 목적은 사실들을 연결하고 예측하는 규칙을 발견하는 것이지만, 이것만이 과학의 목적은 아니다. 과학은 상호 독립적 개념요소들의 연결을 최소한으로 줄이는 것을 추구한다. 과학에서 가장 큰 성공은 상호 독립적 개념요소들의 연결을 합리적으로 통일하는 것이다. 하지만 이러한 합리적 통일을 시도하는 과정에서 환상에 빠질 위험이 크다.[7]

카오스 이론과 복잡성 연구에서 얻는 것

카오스 이론 얘기만으로도 머리가 복잡한 독자가 있겠지만, 복잡계 또는 복잡성complexity에 대해서도 얘기해보자. 많은 고대 신화와 종교들이 질서와 무질서 사이의 긴장을 묘사한다. '카오스'란 단어는 모든 그리스 신을 낳은 신의 이름인 카오스Kaos에서 나왔다. 카오스 신이 다른 신들을 낳았듯, 카오스 이론이 나오면 복잡성을 얘기하지 않을 수 없다.

일부 시스템은 '자가 진단 복구' 속성을 가지고 있다. 이는 '음의 엔트로피negentropic'라고 표현할 수도 있다. 질서는 이러한 음의 엔트로피에서 나온다. 어떠한 시기에는 음의 엔트로피 시스템이 엔트로피에 저항한다. 모든 과정은 더 큰 무질서로 진행된다는 열역학 제2법칙에 저항한다는 뜻이다. 음의 엔트로피 시스템은 더 큰 환경에서 에너지를 얻어 질서를 만들거나 늘린다. 점액, 무리, 토네이도, 허리케인 같은 생물학적 시스템이 음의 엔트로피 시스템의 예다. 어쩌면 애덤 스미스가 말한 '보이지 않는 손'도 자기 조직적 시장 시스템을 설명한 표현일 수도 있다.

질서가 보이는 시스템을 여러 분야의 학자들이 연구할 때 복잡성이란 개념도 연구한다. 벌집 안의 벌, 인간 신경계 세포, 국가 경제 안에 있는 시장 안에 있는 기업 안에 있는 한 업무부서는 서로 밀접하게 작용하고 질서와 집단행동을 보이는 개체들의 복잡한 네트워크를 구성하는 요소들이다. 복잡성을 연구하는 학자들은 여러 시스템 현상의 공통점을 발견하고, 이러한 현상을 대처하는 원리를 찾고자 한다. 복잡성을 연구하는 학자들은 소프트웨어에 내장된 비선형 수학을 이용해 복잡계를 모형으로 만든다. 복잡성은 시스템 안에서 정보가 퍼지는 과정을 연구할 때도 등장한다. 일본의 경영학자 노나카 이쿠지로는 비즈니스 혼돈에서 출현하는 새로운 조직 질서를 얘기하면서 "자기 조직화의 본질은 정보의 창조"라고 말했다.[8]

여기서 말하는 복잡성은 '인지된 복잡성'이다. 인간은 복잡성을 인지하고, 어떤 것에서든 패턴을 찾으려는 경향이 있다. 인간은 패턴 인식 기계다. 심지어 소음을 들을 때도 패턴을 찾으려 한다. 지능 연구가 레지널드 빅터 존스는 가상의 시인 조셉 크랩트리를 풍자한 제임스 서덜랜드의 글에서 영감을 받아, '크랩트리의 강요Crabtree's Bludgeon'라는 개념을 만들었다. 이 개념의 뜻은 다음과 같다.

아무리 일관성 없는 관찰일지라도, 일관성 있게 설명할 수 있는 사람이 있다.[9]

다시 말해, 인간은 쓸데없는 법칙을 버리라는 '오컴의 면도날' 원리를 역행하는 본성을 가지고 있다. 패턴이 존재하지 않는 상황에서도 쓸데없이 패턴을 만들어낸다.

카오스 이론과 복잡성 연구에서 '인생은 복잡하다'라는 공허한 결론만 얻을 수 있다고 생각하는 독자가 있을지도 모른다. 하지만 지금까지 학자들은 카오스 이론과 복잡성 연구를 통해 기업, 사회, 자연의 흥미로운 패턴을 발견했다. 카오스 이론과 복잡성 연구의 의미를 알기 위해선, 우선 질서와 카오스의 경계를 탐구하는 것이 순서다. 그림 7.5는 동적 시스템 이론을 간단하게 분류한 것이다.

예측은 인간의 본성

카오스 이론과 복잡성 연구는 비슷한 컴퓨터 모형을 자주 쓴다. 이 때문에 모델링 기술이 진화했다. 물론 학자들이 모형을 만드는 이유는 현실을 예측하기 위해서다. 인간에겐 예측하려는 욕망이 있다. 윌리엄 셔든은 두 번째로 오래된 직업이라고 하는 예측가를 주제로 책 한 권

그림 7.5 동적 시스템 요약

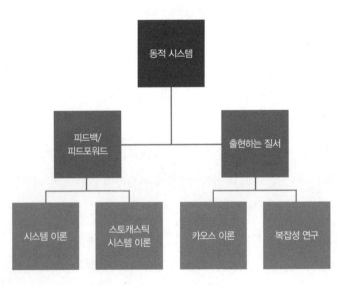

을 썼다. 그는 예측 시장의 규모가 2000억 달러 이상이라고 추산했다. 그리고 일기예보, 경제 예측, 금융 분석, 인구변화 예측, 기술 예측, 미래학, 기업 계획이 얼마나 당초 예측과 벗어났는지 이야기했다.[10]

> [인구에 대한] 비선형 방정식처럼 작은 시스템만 해도 이처럼 카오스적인 예측 불가능성을 보여준다. 하물며 미국과 지구의 거대한 비선형 시스템에서 실행하는 다양한 사회, 경제, 환경 정책을 확신을 가지고 예측하는 것은 불가능하다.[11]

하지만 사람들은 예측할 수 없는 것을 계속 예측하려고 한다. 이는 미국의 코미디언 그루초 막스의 농담을 연상케 한다.

> "의사 선생님, 내 동생이 자신을 닭이라 생각해요. 도와주세요."
> "왜 동생을 말리지 않죠?"
> "우리 집에 계란이 필요하거든요!"

예측할 수 없는 것을 예측하려는 욕구는 인간에게 깊숙이 내재된 본성이다. 사람들은 예측 시도의 결과로 얼굴에 계란을 뒤집어써도, 계속 예측하려고 한다.

하지만 칼 포퍼는 예측하려고 하지 않았다. "인간의 역사는 과학적 방법 또는 다른 어떤 합리적 방법으로도 예측할 수 없다. …… 우리는 사회과학이 물리학처럼 예측할 수 있다는 희망을 버려야 한다." 그는 학자들이 복잡성을 연구하기 훨씬 전에 시스템 연구로 어떤 응용이 가능한지 날카롭게 통찰했다.

> 구체적 사회 상황을 분석하는 일은 지극히 어렵다. 어떠한 사회 상황도
> 복잡성을 내재하고 있기 때문이다. …… 이러한 복잡성은 사회생활이 타
> 인의 심리를 예측하는 자연 현상이라는 사실에 기인한다. …… 타인의
> 심리를 예측하려면, 생물학적 예측이 필요하다. 생물학적 예측을 위해선
> 화학적, 물리학적 예측이 필요하다. 여러 과학 분야 중 사회학이 가장 나
> 중에 등장한 사실은 사회생활에 개입된 요소들이 얼마나 복잡한지 암시
> 한다.[12]

포퍼는 옳았다. 경제와 금융을 물리학처럼 예측하려고 하는 것은 큰
문제를 야기한다. 하지만 복잡성을 연구하는 학자들은 다른 동적 시스
템을 연구하면서 얻은 교훈을 인간 조직에 적용할 수 있고, 이러한 접
근으로 예측의 한계에 대한 통찰을 얻을 수 있다고 주장한다.

많은 사람들이 환경과 조직의 카오스에서 전략과 정책이 출현하지
만, 역설적으로 이러한 카오스를 일정 부분 통제할 수 있다고 주장한
다. 많은 물리 시스템이나 생태 시스템이 피드백을 내포하고 있다. 예
를 들어 초식동물의 수가 늘면 육식동물의 수도 늘어, 초식동물의 수
가 이전 상태로 돌아간다. 이에 따라 육식동물의 수도 줄고, 초식동물
의 수가 다시 증가하는 과정을 반복한다.

예측과 카오스

앞서 예로 든 난방 시스템과 같이, 경제 시스템과 금융 시스템은 피드백뿐 아니라 피드포워드도 한다. 사람들의 인지는 미래 사건의 확률에 영향을 미친다. 기술 분석가 밥 지퍼즈는 피드백을 모아 '피드스루feed-through, 피드백과 피드포워드를 연결하는 장치-옮긴이'라는 요소로 감시하고 피드포워드하고 관리하면서, 사람들의 인식이 사건 발생 확률에 미치는 영향을 주목한다. 예를 들어, 사람들이 테러와 같은 리스크에 대한 인식을 바꾸면, 이러한 인식변화가 미래 행동을 바꾸어 대중교통의 승객 수가 바뀐다.

우리는 1980년대 중반 런던 철도 운송 전략 계획에 참여했다. 당시 런던 금융업계가 고용하는 인원이 증가하고, 시티 오브 런던을 드나드는 출퇴근 직장인들의 수가 증가함에 따라, 아침 출근 시간에 런던 철도가 극도로 붐빌 것으로 예상됐다. 그러나 현실은 다르게 흘러갔다. 1986년 금융시장 폭락에도 아랑곳하지 않고 런던은 글로벌 금융 중심지로서 계속 성장했다. 이에 따라 런던 금융인들은 글로벌 시장과 더 밀접하게 이어졌고, 자신의 업무시간과 외국 금융시장의 장중시간을 맞출 필요가 생겼다. 그래서 런던 금융인들은 아침 출근 시간에 한꺼번에 출근하는 대신, 더 일찍 출근하거나 나중에 출근했다. 금융업계의 출근시간이 분산됨에 따라 런던 철도가 극도로 붐비는 일은 생기지 않았다.

사람들은 금융시장의 리스크가 지진, 허리케인 같은 자연재해 위험과 어떻게 다른지 궁금해 한다. 자신이 사는 마을에 허리케인이 오는 것을 알고 있다고 상상해보라. 또, 자신이 허리케인 피해를 보상해주는 보험사를 경영하고 있다고 상상해보라. 당신은 예상되는 피해를 계산하고, 허리케인의 접근을 마을 사람들에게 미리 알리고, 주민들에게 대피하라고 호소할 것이다. 하지만 경찰까지 허리케인을 피해 마을을 떠나버려서, 마을에 남은 일부 주민이 상점을 약탈한다. 당신은 허리케인으로 인한 재산 피해보다 약탈로 인한 재산 피해에 더 많이 보상해줘야 할 상황에 직면한다. 당신의 피드포워드가 의도하지 않은 결과를 낳은 것이다. 이처럼 자연재해 위험과 인간 행동의 리스크에는 큰 차이가 있다.

금융시장 리스크가 자연재해 위험과 다른 까닭은, 금융시장이 인간의 인식을 반영하기 때문이다. 마크 트웨인의 소설에서 허클베리 핀은 다음과 같이 말한다. "마을의 바보들은 모두 우리 편에 있지 않아? 이 정도면 마을 주민 대다수가 우리 편에 있어." 상당수 사람들의 인식이 시장에 영향을 미친다. 이런 시장 변화가 대다수 사람의 인식을 바꾼다. 이러한 인식 변화는 금융시장에 참여하는 모든 바보들의 인식에 영향을 미친다. 이에 따라 금융시장의 운명이 결정된다.

심리학자 허버트 사이먼은 "정보는 정보를 받는 사람들의 관심을 소비한다"라고 말했다. 금융시장의 실패를 되돌아보면, 실패한 것은 기업이 아니라 타인들의 시장인식에 대한 사람들의 인식이다. 다른 사람들이 예금을 인출하려고 은행으로 달려갈 것이라고 사람들이 믿으면, 너도나도 은행에서 돈을 빼내는 뱅크런bank run 사태가 일어난다. 이때 언론이 피드스루를 가속화하는 데 큰 역할을 한다.

대부분의 주식 매매는 내재가치(이를테면 배당수익률)에 따른 투자가 아니라, 다른 투자자들의 인식을 예측해 돈을 거는 도박이다. 독자가 매입하는 주식은 과거에 다른 투자자가 주가가 떨어질 것으로 예상하고 매도주문을 낸 주식이다. 독자가 주식을 매도할 수 있는 것은 과거에 다른 투자자가 주가가 오를 것으로 예상하고 매수주문을 냈기 때문이다. 실제 매매는 이보다 복잡하다. 전통적 의미의 도박은 "우리 팀이 지고 당신 팀이 이겼으니, 내가 당신에게 돈을 낸다"라는 구조다. 반면 주식시장에선, 오늘 주식의 내재가치가 어제와 똑같아도 미래 투자자들이 오늘만큼 높게 가격을 쳐주지 않을 것이라고 예상하면 주식을 매도한다. 이 주식을 매입한 투자자들은 더 미래의 투자자들이 가격을 낮게 평가할 것이라 예상하고 주식을 매도한다. 이처럼 피드포워드가 계속 이어져 연쇄적으로 매도가 일어나고 주가가 떨어지게 된다.

미인선발대회 수상자 예상하기

케인스는 금융시장에서 투자자의 행동을 미인선발대회에 비유했다. 당시 영국에선 미인선발대회에서 뽑힐 미인을 알아맞히는 대회가 인기를 끌었다. 대회 참가자들은 여러 미인 사진 중에서 가장 아름다운 미인으로 꼽힐 것으로 예상되는 미인 사진 여섯 장을 뽑아야 한다. 가장 정확히 예상한 참가자가 상금을 받는다.

단순하게 생각하는 참가자는 자신이 가장 아름답다고 느끼는 미인 사진을 뽑을 것이다. 반면 더 머리를 굴리는 참가자는 대다수 사람들이 가장 아름답다고 느낄 미인 사진을 뽑을 것이다. 대중의 인식을 예상해서 선택하는 것이다. 여기서 한 발 더 나가는 참가자는 다른 참가자가 대중의 인식을 예상해 선택할 것까지 예상할 것이다.

> 이 대회는 자신이 가장 아름답다고 느끼는 미인 사진을 선택하는 대회가
> 아니다. 대중이 평균적으로 가장 아름답다고 느낄 미인 사진을 선택하는
> 대회도 아니다. 참가자들이 대중의 평균적 예상까지 예측하려고 머리를
> 굴리면서, 1등 미인이 아니라 3등 미인을 선택하는 참가자도 나온다. 또
> 4등, 5등 미인을 선택하는 참가자도 나온다.[13]

이 부분에서 케인스는 게임 이론과 내시균형의 문제까지 예상하고 있
었다. 여기서 추가할 수 있는 문제는, 투자자들이 오늘 투자자나 오
늘 사실이 아니라 미래 투자자들의 도박 성향에 돈을 건다는 점이다.
이 때문에 금융자산 가격은 물리 시스템과 다른 움직임을 보인다. 가
끔 금융자산 가격이 완전히 비합리적 수준으로 변하지만, 중요한 것
은 '내일 다른 사람들이 얼마만큼 가격을 인정할 것인가?'다. 케인스는
"시장은 투자자들이 파산하지 않고 버틸 수 있는 기간보다 오래 비합
리적인 가격을 유지할 수 있다"라고 말했다고 한다. 잭 마셜은 "아무
도 어떤 것도 완전히 정확하게 예측할 수 없다"라고 말했다. 그렇기에
스토캐스틱 시스템 이론과 피드포워드의 꼬리를 무는 피드포워드란
개념이 금융시장을 가장 잘 설명하는 개념이다. 금융시장 참여자는 타
인이 선호하는 난방 온도를 추측해서 행동하는 티버렐리 가족을 약간
닮았다.

빈번해진 금융 시장의 비정규 분포

인간의 게임행동과 시장행동을 통계해보면 이상한 점이 있다. 결과들이 정규분포대로 분포하지 않고, 넓게 분포한다는 점이다. 많은 결과들이 정규분포를 따르지만, 일부 결과는 평균에서 멀리 떨어진 곳에 분포한다. 난방 시스템이나 금융시장처럼 피드스루가 일어나는 환경의 결과들은 정규 분포를 따르지 않는다. 피드스루를 가진 시스템은 일반적으로 비정규 분포를 보인다.

첨도kurtosis는 분포가 기울어진 정도를 나타내는 개념이다. 변동성의 정도를 나타내는 개념으로도 쓰인다. 금융시장이 대개 그렇듯, 중앙에 크게 몰려 있고 뚱뚱한 꼬리를 가지고 있는 분포는 급첨분포leptokurtic distribution라고 한다. 정규분포보다 뾰족한 분포라는 뜻이다. 이러한 분포가 갈수록 자주 나타난다. 피드포워드, 피드스루가 잦아지면서, 금융시장에서 비정규 분포가 자주 나온다. 예전엔 금융시장에서 거의 발생하지 않던 일들이 자주 발생하게 되면서, 금융시장 분포가 팻테일fat tail이나 롱테일long tail를 보인다.

갈수록 동남아 쓰나미, 북미 허리케인, 유럽 화산, 중앙아시아 지진 등 자연재해가 자주 발생하는 듯하다. 자연재해가 이전보다 자주 발생하는지는 복잡한 분석과 토론이 필요한 문제다. 확실한 사실은 자연재해들이 전보다 널리 보도되고 금융시장에 큰 영향을 미친다는 것이다. 미국 허리케인을 예로 들어보자. 대중은 갈수록 더 강력한 허리케인이 자주 발생한다고 인식한다. 지난 수십 년 사이에 허리케인 발생 빈도와 강도는 상승했을 수도, 상승하지 않았을 수도 있다. 확실한 것은 허리케인으로 인한 경제손실이 증가했다는 사실이다. 이는 거의 전적으로 인구 증가, 경제력 증가, 손실보험 가입자 증가에 기인한다. 예를 들어 지난 수십 년간 허리케인이 자주 발생하는 플로리다 주 해안지역에 있는 비싼 주택에서 사는 인구가 증가했다. 다시 말해, 경제손실을 늘린 원인은 허리케인도, 자연도, 지구온난화도 아닌 인간이라는 뜻이다. 금융 애널리스트들은 허리케인으로 인한 손실에 신음할지 모르지만, 시장은 허리케인 정도로는 무너지지 않는다. 사실 주기적 자연재해로 발생하는 손실을 보장하는 대신 보험료를 계속 올려받을 수 있으면 보험사들은 계속 이익을 낸다. 허리케인이 자연적인 분포에 따라 발생하는 한, 허리케인이 금융시장에 미치는 충격은 급첨분포를 보인다.

자연계에는 비정규 분포를 보이는 시스템이 많이 있다. 그리고 인간의 판단이 개입하는 사회 시스템은 너무나 당연히 비정규 분포를 보인다. 그렇지만 사람들은 종종 사회 시스템이 정규분포를 따른다고 착각한다. 이는 사람들이 '300년에 한 번 벌어질 일'이라고 방심한 이례적 사태가 금융시장에서 자주 벌어지는 근본 원인이다. 근본 원인은 인간이다. 인간이 만든 시스템은 정규 분포를 따르지 않지만, 사람들은 이런 시스템이 정규분포를 따른다고 착각한다. 비정규 분포는 금융 애널리스트들에게 큰 골칫거리다. 비정규 분포를 분석하는 일은 어렵다. 먼저, 자신이 비정규 분포를 분석한다는 사실을 인식해야 한다. 그리고 더 정교한 수학을 이용해 분석해야 한다.

사람들은 종종 두 가지 유형의 사건들을 혼동한다. 정규분포를 따르는 자연에서 벌어지는 사건들과 급첨분포를 따르는 사회 시스템에서 벌어지는 사건들이다. 사회 시스템에선 연쇄적 피드포워드에 따라 사태가 급격히 나빠지는 현상이 발생한다. 금융시장이 붕괴하는 원인은 기업에 있는 것이 아니라, 기업에 대한 대중의 인식이 바뀔 것이란 대중의 인식 때문인 경우가 많다. 예를 들어, 엔론의 회계부정 사태에 회계법인 아서 앤더슨이 연루됐다는 뉴스가 나오자, 사람들은 이제 아서 앤더슨에게 일을 맡길 회사들이 없을 것이라고 예상했다. 아서 앤더슨과 거래할 고객도, 아서 앤더슨에서 일할 회계사도 사라지자, 아서 앤더슨은 문을 닫아야 했다. 사람들은 이러한 재앙의 원인을 신뢰부족으로 꼽는다. 신뢰는 사람들이 어제 행동대로 오늘도 행동하도록 한다. 신뢰가 부족하면 금융시장에 문제가 생기는 것은 맞지만, 더 근본적으로 짚어야 할 핵심 원인이 따로 있다. 금융시장은 곧 사람들의 인식이고, 사람들의 인식이 곧 현실이라는 점이다.

역사상 최대의 거품은?

『대중의 지혜』란 책에서 저자 제임스 서로위키는 사람들이 복잡한 문제의 정답을 찾기 위해선 네 가지 조건을 반드시 충족해야 한다고 지적한다.

- 🐟 **의견의 다양성** 비록 알려진 사실을 별나게 해석하는 것에 불과할지라도, 각자 타인과 다른 의견을 가지고 있어야 한다.
- 🐟 **독립성** 각자의 의견은 주변 사람들의 의견에 휩쓸리지 말아야 한다.
- 🐟 **분권화** 사람들은 각각 다른 지식 분야에 특화할 수 있어야 한다.

●※ **집합** 개인의 판단을 집단 결정(예컨대, 시장가격)으로 바꾸는 메커니즘이 존재한다.[14]

금융시장은 세 가지 조건을 명확히 충족해야 한다. 의견의 다양성, 분권화, 집합이다. 하지만 금융시장은 서로위키가 지적한 두 번째 조건인 독립성을 충족하진 못한다. 내일 비가 내릴 것이라고 잘못 예상해도 내일 비가 내릴 확률이 높아지진 않는다. 반면 내일 주가가 떨어질 것이라고 잘못 예상하면 주가가 떨어질 확률이 높아진다. 사람들은 금융 시스템에 강력한 피드포워드를 보낸다. 시장이 상승하거나 하락할 것이라고 얘기하는 것만으로도 종종 시장을 끌어올리거나 끌어내린다. 금융시장 거품이 생기는 원인은 부분적으로, 시장 참여자들의 의견이 독립성이 부족하기 때문이다. 많은 사람들이 다른 사람 말대로 투자한다.

역발상 투자자들은 군중과 반대로 투자한다. 역발상 투자자들은 "모든 사람은 결국 죽는다"라는 케인스의 말을 바꾸어 "모든 사람은 결국 틀린다"라고 믿고, 금융시장 거품을 이용하고자 한다. 17세기 네덜란드에서 튤립 거품이 일어났을 때 영국인들은 '저 미친 네덜란드인들이 튤립 가치를 터무니없이 높게 생각해. 정말로 그만큼 비싸게 튤립을 살 사람은 없을 걸' 하고 생각했을 것이다. 실제로 터무니없이 비싸진 튤립을 살 사람이 없어서 거품이 붕괴했다. 하지만 영국인들은 이런 네덜란드인들의 실수를 보고도 이후 몇 세기 동안 남해주식회사 South Sea Company 거품 등 몇 차례 금융시장 거품을 만들어냈다. 그러다가 1990년대에 영국인들은 '저 미친 캘리포니아 사람들이 IT 회사 가치를 터무니없이 높게 생각해. 그렇게 많은 돈을 주고 IT 회사를 살 사람은 없을걸' 하고 생각했다. 이번에는 IT 회사들을 비싸게 사려는 사람이 많았다. 유럽 투자자들은 IT 거품에 뒤늦게 뛰어들어 큰 손실을 봤다. 1990년대 IT 거품은 금융역사상 최대 거품으로 기록됐다. 그러다가 몇 년 뒤 터진 부동산 시장 거품과 서브프라임 대출 거품이 IT 거품을 능가하는 역사상 최대 거품으로 기록됐다. 세계화로 정보가 빠르게 퍼지면서, 각국 투자자들의 인식이 서로 영향을 주고받게 됐다. 이에 따라 세계적 규모로 거품이 생겼다.

이러한 금융시장 역사에서 얻을 수 있는 교훈은 무엇일까? 세 가지를 꼽을 수 있다.

- 모든 정보는 추측일 뿐이다. 현실이 어떻게 변할 것이란 확률적 추정일 뿐이다. 경제는 내재가치 법칙에 기반을 두지 않고, 사람들의 인식에 기반을 둔 스토캐스틱 시스템의 모음이다.

- 피드포워드는 거의 모든 곳에서 발견할 수 있다. 패션계 인사들이 "올해 유행 색상은 블랙"이라고 말하면, 의류 회사들이 검은 옷 재고를 처리하려고 대중을 꾀고 있다고 생각하라. 사람들이 자산 가격이 얼마만큼 올랐는지 자랑할 때면, 금융시장 거품이 생길 때는 알기 어렵지만, 금융시장 거품이 터질 때는 알기 쉽다는 사실을 명심하라. 생전 투자하지 않던 사람이 투자할 때가 거품이 터질 때다. 경제도 패션처럼 유행을 따른다.

- 몇 년마다 순환하는 패션처럼, 모든 시장은 각 시기에 가장 선호하는 투자대상이 있다는 사실을 명심하라. 한때 인기를 끈 투자대상이 오

랫동안 시장에서 찬밥신세인 경우가 많다. 언젠가 다시 인기를 끌 수
도 있지만 그날이 오기까지 오래 걸릴 수 있다.

시장은 앞으로 어떻게 변할까? 점점 더 많은 사람들이 글로벌 경제에
합류하고 있다. 사람들의 인식이 곧 시장이기 때문에, 시장 변화를 예
상하려면 글로벌 경제에 합류하는 사람들의 인식을 이해하고자 노력
해야 한다. 그들은 시장에 의견의 다양성을 더해줄 확률이 높다. 모이
제스 나임은 다음과 같이 지적한다.

통계적으로 볼 때, 오늘날 세계의 '표준적normal' 인간은 국민을 무시하는
부패한 정부가 국민을 물리적, 사회적, 정치적으로 억압하는 국가에서
가난하게 살고 있다. 하지만 표준은 통계로만 정의되지 않는다. 표준이
란 개념은 어떤 것이 '일상적이고 전형적이고 예상된다'는 의미를 내포한
다. 표준은 통계적으로 가장 빈번하게 발생하는 일일 뿐 아니라, 사람들
이 가장 흔하게 발생한다고 가정하는 일이다. 이러한 의미에서, 극소수
의 예상이 대다수의 현실에 영향을 준다. 민주주의 정치체제를 가진 서
구 선진국의 평균적 시민, 각국의 부유한 엘리트들이 표준적인 삶이라고
가정하는 삶과 대다수 세계인이 직면하는 일상 현실은 큰 차이가 있다.
빈곤국가의 국민들이 흔히 직면하는 조건이 얼마나 척박한지는 널리 알
려져 있다. 하지만 사람들이 오늘날 세계의 표준적 삶을 얘기할 때면, 세
계인의 평균이 아니라 몇몇 부유국가들의 비정상적abnormal 현실을 주로
얘기한다.[15]

상호 무지는 가끔 좋은 것일 수도 있다. 다른 사람들이 어떤 생각을 하는지 모를 때는 연쇄적 피드포워드가 일어날 확률이 낮다. 의견의 다양성이 증가할수록, 군중이 정답에 도달할 확률이 높다. 세계화에 따른 정보 확산이 지역적 의견의 다양성을 훼손하지 않도록 조심해야 한다. 그래야만 모든 사람들이 한쪽으로 쏠려 무심코 잘못된 행동을 하는 우를 범하지 않는다. 조건이 맞으면, 많은 사람들이 좋은 결정을 내릴 수 있다. 글로벌 시장 환경을 개선하는 일이 실제 상거래가 직면한 최대 도전 중 하나다.

8장

시장에 영향을 미치는
변동성과 유동성

이번 장에서는 시장 역학에 영향을 미치는 개념인 변동성과 유동성을 살펴보겠다. 변동성과 유동성은 약간 이해하기 어려운 개념이지만, 이번 장에서 드는 예에서 보듯 실제 상거래와 떼려야 뗄 수 없는 개념이다.

불확실한 환경에서 결론 내리는 법

앞의 두 개 장의 지속적 주제는 불확실성이었다. 예측, 측정, 피드포워드는 체제적 불확실성systemic uncertainty을 이해하기 위해 알아야 하는 개념들이다. 체제적 불확실성을 이해해야 실제 거래를 이해할 수 있다. 시장 거래, 조직 운영, 개인 자산 운용은 모두 불확실성에 대처해야 하는 일이다. 실제 거래는 본질적으로, 불확실한 환경에서 결정을 내리는 일이다.

지금까지 우리는 여러 조직의 의뢰를 받아, 더 나은 결정을 내리는 방법을 조언했다. 이러한 상담에서 공통적으로 등장하는 문제는 "불확실한 상황에서 어떻게 결정을 내리는가?"였다. 이에 대한 답을 구하기 위해 필자는 '3R'이라는 세 가지 법칙을 만들었다. 불확실한 상황에서 내리는 결정으로 기대할 수 있는 것은 다음 세 가지다.

- 리스크 통제Risk control
- 보상 강화Reward enhancement
- 변동성 축소Reduction of volatility

이 개념을 로드라는 이름을 가진 어부의 예로 설명해보겠다. 로드는 매일 불확실한 환경에서 일한다. 어떤 날은 물고기를 많이 잡고, 어떤 날은 물고기를 조금 잡는다. 잡은 물고기를 집 근처 시장에서 판매할 수도 있고, 멀리 떨어진 곳으로 물고기를 가져가 팔아야 할 때도 있다. 물고기 값을 후하게 받을 때도 있고, 기대에 못 미치는 값을 받을 때도 있다.

그림 8.1은 이러한 물고기 장사의 확률 분포를 나타낸 것이다. 점선은 로드의 현재 위치를 나타낸 것이다. 로드는 하루 평균 50달러의 이익을 올린다. 로드가 사는 나라의 소득 수준에 비하면 괜찮은 편이다. 유달리 물고기가 많이 잡히고, 가장 가까운 마을에서 비싸게 물고기를 판 날에는 최대 250달러의 이익을 올렸다. 반면 여러 악조건이 겹쳐 비용도 못 건지고 175달러나 손실을 본 날도 있다. 로드는 다음 날 몇

달러를 벌지 잃을지 모르기에, 불안해서 잘 수가 없다. 이러한 불확실성에 직면한 로드에게 더 나은 결정은 무엇일까? 로드는 모든 결정을 3R로 요약할 수 있다는 것을 알고, 불확실성을 줄이고자 마을 친구들에게 도움을 받았다.

먼저, 리스크 통제다. 로드가 부담하는 비용은 대부분 어선의 이동 거리와 관련이 있다. 로드가 하루에 175달러나 손실을 본 원인은 물고기도 적게 잡고, 멀리 떨어진 마을까지 가서 물고기를 팔았기 때문이다. 만약 로드가 가까운 바다에 가서 물고기를 잡고 가까운 곳에서 물고기를 판다면 비용을 크게 줄일 수 있을 것이다. 예를 들어, 로드는 팔고 남은 물고기가 있어도 프리토 사장의 생선스프 공장에는 팔지 않았다. 프리토 사장이 너무 헐값으로 사려고 했기 때문이다. 하지만 친구들은 판매가 시원치 않은 날에는 프리토 사장에게 팔라고 조언했다.

그림 8.1 로드의 상황

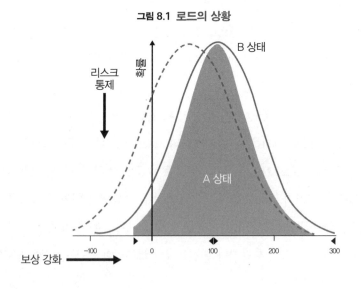

그러면 최소한 몇 달러라도 건질 수 있을 테니 말이다. 만약 로드가 판매가 시원치 않은 날에 프리토 사장에게 남은 물고기를 팔면, 하루 손실을 아무리 많아도 80달러로 낮출 수 있다. 이러한 결정을 리스크 관리risk management라고 부른다. 리스크 관리는 불리한 일의 충격을 회피, 경감, 이전하는 것을 말한다.

두 번째는 보상 강화다. 로드가 부담하는 비용의 일부는 줄일 수 있다. 그는 배 연료로 항상 고품질 디젤만 썼는데, 친구들은 보통 품질의 디젤을 써도 별 문제 없고 연료비를 20% 절감할 수 있다고 조언했다. 매일 상당한 돈을 절약하는 셈이다. 로드는 옛날 상인들이 그랬던 것처럼, 매일 첫 번째 손님에게 가격을 많이 할인해주고, 적게 사는 손님에게도 덤을 듬뿍 줬다. 친구들은 요새는 그런 상인이 없다고 로드를 놀렸다. 로드가 인심 쓰지 않고 판매하면 매출액을 하루 평균 40~50달러 늘릴 수 있다. 이를 그림 8.1에 진한 선으로 표시하고 A 상태라고 이름을 달았다. 이처럼 비용을 절약하고 매출액을 늘려도 로드가 직면하는 불확실성의 양은 줄지 않지만, 로드의 평균 이익은 증가한다. 실제 기업에서 대부분의 경영자들이 내리는 결정은 이런 유형의 결정이다. 즉 비용과 편익을 계산해 결정한다. 하지만 앞장에서 다루었듯, 모든 보상을 돈으로 계산할 수 없고, 의사결정 과정에는 추단법과 편향처럼 심리적 요소가 개입되기에, 경영자는 종종 양적 평가와 질적 평가를 모두 고려해서 결정을 내려야 한다.

세 번째는 변동성 축소다. 로드가 불확실성을 줄이기 위해 할 수 있는 일은 무엇일까? 그는 자신이나 다른 어부의 어획량을 조절할 수 없다. 하지만 로드의 어부 친구들은 힘을 합쳐 함께 어획하고 공동으로 판매했다. 그 결과 이 친구들은 수익과 손실의 변동성이 줄었다. 평소의 서너 배 이익을 보는 날이 사라진 대신, 아무리 손실이 많은 날이라도 전보다 훨씬 적었다. 어부들이 서로 어획 활동을 조율한 결과, 물고기 공급량이 일정해지고 가격이 안정됐다. 심지어 도매상인이 이 어부들에게 정기적으로 일정 가격으로 거래하자고 제안하기도 했다.

5장에서 인도 케랄라 지방 어부들이 휴대폰을 사용하면서 생긴 일을 연구한 로버트 젠슨의 이야기를 언급했다. 케랄라 지방 어부들의 휴대폰 활용 사례는 네트워크가 지속 가능성에 기여한다는 점을 보여준다.[1] 이들의 주요 휴대폰 사용 목적은 다양한 지역 시장의 수산물 가격을 확인하는 것이었다. 이들은 휴대폰을 활용한 결과 이동거리를 최소화하고 매출을 최대화하고 낭비를 줄일 수 있었다. 휴대폰은 어부들뿐 아니라 여러 상인 네트워크가 리스크 통제, 보상 강화, 변동성 축소를 위해 비교적 쉽고 저렴하게 이용할 수 있는 도구다. 리스크를 관리하고 보상을 강화하고 변동성을 축소한 결과를 그림 8.1에서 검게 색칠한 그래프로 표시하고 B 상태라고 이름을 달았다.

변동성 최소화하기

변동성 축소는 실제 거래에서 매우 중요하다. 로드가 잠을 설친 원인은 극도의 불확실성 즉 변동성 때문이다. 로드는 변동성이 심하면 손해라는 사실을 직관적으로 알고 있다. 그림 8.1에서 A 상태와 B 상태의 차이를 알아야 한다. 변동성이 낮은 B 상태가 변동성이 높은 A 상태보다 로드(또는 불확실성을 관리하려는 경영자)에게 이익이다. 하지만 이

차이를 어떻게 평가내릴 수 있을까?

이 질문의 답은 옵션option 등 파생 금융상품의 가격을 매기는 기술들에서 찾을 수 있다. 옵션은 두 당사자의 계약으로, 한쪽은 기초 자산underlying asset을 팔거나 살 권리를 가지고 있다. 콜옵션call option은 옵션 매입자에게 기초 자산을 살 권리를 주는 계약이다. 풋옵션put option은 옵션 매입자에게 기초 자산을 팔 권리를 주는 계약이다. 옵션을 매입하려고 지불하는 돈을 프리미엄premium이라고 부른다. 왜 무형의 권리인 파생상품에 돈을 지불할까? 변동성 때문이다. 변동성이 없다면 파생상품은 가치가 없을 것이다.

1996년에 『리스크Against the Gods』에서 저자 피터 번스타인은 "파생상품은 우리 시대의 특징이다. 지난 20여 년 사이에 그 전에는 안정적이던 분야에서 변동성과 불확실성이 심해졌다"라고 주장했다. 그는 1970년대에 환율 통제와 유가 통제가 사라진 것을 예로 들었다. "파생상품은 변동성의 원인이 아니다. 파생상품은 경제와 금융시장에 대한 정부 통제가 약해져 변동성이 심해진 결과 번성했다."[2]

어업 회사의 주식 한 주에 대한 콜옵션을 예로 들어보자. 오늘 이 회사의 주가는 100달러다. 당신은 프리미엄을 주고, 석 달 뒤 이 회사 주식을 100달러에 살 수 있는 옵션을 살 수 있다. 만약 석 달 뒤에 이 회사 주식 가격이 110달러라면 당신은 100달러에 주식을 매입할 수 있는 콜옵션 권리를 행사할 것이다. 이 경우 당신은 10달러만큼 이익을 본다. 만약 석 달 뒤에 주가가 90달러라면, 당신은 100달러에 주식을 매입할 수 있는 콜옵션 권리를 행사하지 않을 것이다. 이 경우 당신은 애초에 지불한 프리미엄만큼만 손해를 본다. 콜옵션은 어디까지나 주식을 살 수 있는 권리다. 주식을 꼭 살 필요는 없다.

문제는 옵션에 지불하는 가격이다. 두 가지 경우를 가정해보자. 만약 주가가 대체로 90달러와 110달러 사이에서 안정세를 보이면, 이 주식을 매입할 권리인 콜옵션의 적정 가격은 낮게 책정될 것이다. 만약 당신이 5달러를 내고 석 달 뒤에 100달러를 내고 주식을 살 수 있는 콜옵션을 매입했는데, 석 달 뒤 주가가 110달러라면 당신은 이익을 볼 수 있다. 만약 주가 변동성이 심해 과거에 30달러에서 300달러 사이에서 움직였다면, 이 주식에 대한 콜옵션의 적정가격은 높게 책정될 것이다. 만약 석 달 뒤 주가가 30달러라면 콜옵션을 행사하지 않으면 된다. 만약 석 달 뒤 주가가 300달러라면 콜옵션을 행사해 100달러에 주식을 매입할 것이다. 이 경우 200달러의 차익을 거둘 수 있다. 따라서 이렇게 변동성이 심한 주식의 콜옵션 가격은 60달러는 될 것이다. 대체로, 변동성이 심한 기술주에 대한 콜옵션 가격이 변동성이 낮은 우량주에 대한 콜옵션 가격보다 높다.

파생상품 거래는 오래전부터 있었다. 고대 그리스인, 카르타고인, 로마인들은 항구에서 나가는 화물에 대한 옵션을 사고팔았다. 16세기 유럽인들은 네덜란드 암스테르담에서 옵션을 사고팔았다. 미국에서 선물과 옵션을 처음으로 거래한 곳은 시카고 시장이다. 19세기 말부터 옵션가격을 계산하는 수학모형을 만들려는 사람들의 욕구가 강해졌다. 찰스 카스텔리, 루이 바실리에, 빈젠즈 브론신, 폴 새뮤얼슨, 리처드 크루이젠거, 제임스 보네스 등이 옵션가격 결정모형을 만들려고 시도했다. 피셔 블랙과 마이런 숄스는 현대 옵션 이론의 아버지로 인정받는다. 1970년대 전에는 옵션 가격을 합리적으로 계산하는 공식을 뒷받침하는 금융이론이 없었다. 사람들은 종종 옵션가격을 잘못 계산해 큰 손해를 봤다.

1973년 블랙과 숄스는 20세기 금융시장에 혁명을 일으킨 논문을 발표했다. 논문 제목은 「옵션과 회사채무의 평가The Pricing of Options and Corporate Liabilities」이다. 블랙–숄스 공식은 금융계에서 가장 유명한 공식 중 하나다. 블랙–숄스 공식에 몇 개의 숫자만 대입하면, 시장에서 실제로 거래되는 옵션 가격을 상당히 정확하게 예측할 수 있다. 이로써 금융인들은 주식 옵션의 가치를 상당히 정확하게 계산할 수 있게 됐다. 오늘날 애널리스트들이 사용하는 모형과 기술은 대부분, 블랙과 숄스가 개발한 모형에 뿌리를 두고 있다. 원래 블랙과 숄스가 개발한 모형은 금융시장을 단순화한 몇 가지 가정을 깔고 있다. 배당금과 수수료가 없다고 가정하고, 정규 분포와 효율적 시장 가설을 가정하고, 금리가 일정하다고 가정하고, 유럽처럼 옵션 권리 행사 날짜가 고정되어 있다고 가정했다. 이후 블랙–숄스 모형을 변형하고, 다듬고, 재해석한 모형들이 나왔지만, 블랙–숄스 모형이 1970년대부터 파생상품 시장이 번성하도록 이끌었다고 해도 과언이 아니다. 블랙–숄스 모형이 신뢰할 만한 준거 가격을 제시함에 따라, 주식 파생상품과 외환 파생상품뿐 아니라 신용 파생상품도 등장했다.

블랙과 숄스는 주가 변동성이 옵션 가격을 결정한다는 사실을 알고 있었다. 블랙–숄스 공식은 주가의 표준편차를 사용하고, 무위험 이자율을 입력해 가치를 계산했다. 표준편차에서 변동성이 높아지면 옵션 가치도 높아진다. 투자자들은 변동성이 높아지면 더 높은 수익을 기대한다. 투자자는 다른 모든 조건이 같을 경우, 변동성이 높은 주식을 더 위험하다고 생각하고 더 낮은 가격을 기대한다. 이는 리스크와 보상 그래프 뒤에 숨은 심리다. 그림 8.2는《이코노미스트》의 자료를 근거로, 몇 가지 자산의 20세기 평균 수익률을 나타낸 것이다.

이 그림에서는 수익률과 변동성의 관계를 볼 수 있다. 투자자들은 높은 수익률을 기대하고 변동성이 높은 자산에 투자하지만, 꼭 성공하는 것은 아니다. 20세기 100년간 미국의 물가상승률은 연평균 5%였다. 이러한 물가상승을 감안한 구매력으로 따지면, 1년 만기인 미국 재무부 채권에 투자한 사람은 손실을 본 셈이다. 투자자들이 인식한 변동성과 수익, 투자자들이 각 자산에 분배한 총금액의 관계를 알 수 있으면 더 좋겠지만, 아쉽게도 이런 종류의 정보는 구할 수 없다. 그래도

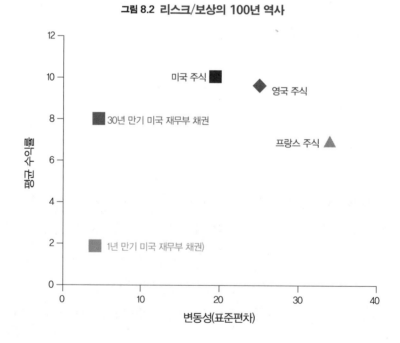

그림 8.2 리스크/보상의 100년 역사

한 가지 사실은 분명하다. 투자자들은 변동성이 높은 자산에 투자할 때 이에 대한 보상으로 높은 수익률을 기대한다는 점이다. 반대로, 수익 변동성을 줄일 수 있다면 자산 가치를 높일 수 있다.

옵션가격 이론

변동성을 얘기하려면 리스크/보상 평가를 얘기해야 한다. 앞서 예로 든 어부 로드는 이익 변동성을 줄여 이익을 늘리는 계획을 평가하기 위해 옵션 이론을 이용할 수 있다. 대기업 경영자들은 옵션 이론을 이용한다. 그들은 이익 변동성을 줄이면 주가가 얼마나 오를지도 추산할 수 있다. 이익 변동성이 낮아지면 주가 변동성이 얼마나 낮아지는지 살펴보거나, 주가 변동성이 낮아질 때 옵션 보유자에게서 주주에게 이전되는 가치를 추산한다. 이익 변동성을 줄이는 데 비용이 들 경우, 이 비용을 주주들이 보는 이익과 비교해서 따져봐야 한다. 어부 로드는 변동성을 줄이기 위해 필요한 자본지출, 즉 휴대폰 사용 비용을 이익 변동성이 줄 때 얻을 수 있는 혜택과 비교해야 한다.

변동성과 불확실성이 있는 분야라면 어디든지 옵션을 발견할 수 있다. 옵션가격 이론을 유형 자산 투자에 적용하는 것을 리얼 옵션 분석real option analysis이라고 한다. 우리는 수산업체에 환경기준을 제시하고, 지속 가능한 어업을 실천하는 수산업체에 MSC 인증을 하는 해양관리협의회와 공동연구를 한 적이 있다. 해양관리협의회는 MSC 인증 제도의 가치를 추산하고자 우리에게 연구를 의뢰했다. 우리는 블랙-숄스 모형과 리얼 옵션 분석을 통해 MSC 인증 제도의 가치를 추산했다.

지속 가능한 어업 인증 제도의 사회적 가치는 어획량 변동의 사회비용 감소, 수산물 공급 개선 효과를 통해 추정할 수 있다. 지속 가능한 어업으로 어획량 변동이 감소하면 사회적 비용이 적게 든다. 만약 어획량 변동이 심하면 각국은 불필요하게 많은 어선, 통조림 공장, 냉동시설, 저장시설을 유지해야 한다. 어획량이 급감한 시기에는 어선, 통조림 공장, 냉동시설, 저장시설이 텅 비고, 어획량이 급증한 시기에는 어선, 통조림 공장, 냉동시설, 저장시설이 부족할 것이다. 반면 지속 가능한 어업으로 어획량을 안정적으로 유지하면, 전체 수산물 유통망을 최적화할 수 있다.

당시 해양관리협의회 CEO 브렌든 메이는 리얼 옵션가격 이론을 이용해 MSC 인증의 효과를 설명했다.

> 기업가들은 경영결정을 뒷받침하기 위해 비용/편익을 분석한다. 그들은 무형의 이익, 질적 혜택이 중요하다고 주장하는 비영리단체들을 불편해한다. 일부 비영리단체들의 이슈는 본질적으로 돈으로 환산하기 힘든 가치를 지니고 있다. 하지만 우리는 비영리단체들도 기업들을 설득할 경험적 증거를 제시하기 위해 최선을 다해야 한다고 생각한다. 이는 때때로 상상력이 필요한 일이다.[5]

30년 이상에 걸친 알래스카 주 연어 산업의 어획량과 가격 데이터를 검토한 결과, 지속 가능한 어업 인증 실시로, 소키 연어에 대한 위험관리 비용이 1파운드당 40센트에서 29센트로 줄었다고 추산할 수 있었다. 《이코노미스트》는 이러한 연구를 보도하고 다음과 같이 결론 내렸다. "이 덕분에 절감한 비용은 1년에 100만 달러 이상이다. 이는 알래스카 주 연어 산업이 MSC 인증을 받기 위해 투입한 비용(5년간 10만 달러)보다 50배가 많다."[6]

우리는 비영리단체들이 리얼 옵션가격 기법을 이용해 환경 활동과 사회정의 활동의 경제효과를 추산함으로써, 활동의 정당성을 입증할 수 있다고 생각한다.

옵션가격 이론은 20세기 말과 21세기 초 금융계에서 많은 비판을 받았다. 일부 비판은 합당했다. 마이런 숄스와 로버트 머튼은 옵션 이론에 대한 공로로 1997년 노벨 경제학상을 받은 뒤, 롱텀 캐피털 매니지먼트Long-Term Capital Management, LTCM라는 헤지펀드의 이사진에 합류했다. LTCM은 옵션가격 이론에 지나치게 의존해 투자했다. 옵션가격 이론은 만능이 아니다. 옵션가격 이론은 모든 종류의 리스크를 계산하지 못한다. 특히 극단적 사건의 확률과 강도를 과소평가하는 경향이 있다. 1990년대 말 아시아 금융위기와 러시아 금융위기가 잇달아 터지면서 LTCM은 파산했다.

하지만 옵션가격 이론에 대한 일부 비판은 부당하다. 금융인들은 옵션 가격 이론만 사용해 거래하지 않았다. 특히 21세기 초 금융위기를 초래한 것은 옵션 가격 이론이 아니라 파생 금융상품들이다. 이미 1994년 《타임》지에서는 파생 금융상품을 '환상적 도박 시스템'으로 묘사했다. 처음에는 유형 자산을 기초 자산으로 삼은 파생 금융상품이 나왔지만 나중에는 이러한 파생 금융상품을 기초 자산으로 삼은 파생 금융상품이 등장했다. 실물자산과 파생 금융상품의 거리가 멀어짐에 따라, 특정 조건에서 파생상품 수익률이 어떻게 변할지 파악하는 일이 불가능해졌다. 21세기 초 신용파생상품 거품 붕괴가 촉발한 금융위기가 그 예다. 이는 옵션가격 이론의 실패가 아니라, 금융시스템의 체제적 실패다.[7]

유동성의 함정

옵션가격 이론은 투자자가 원하는 시간에 쉽게 거래할 수 있다고 가정한다. 하지만 실제 금융계에서 이 가정이 항상 유효한 것은 아니다. 가장 거래해야 할 때 거래하지 못하는 경우가 생긴다. LTCM이 파산한 원인, 21세기 초 금융 위기가 터진 원인 중 하나는 급격한 유동성 고갈이다.

　유동성 개념이 확실히 잡히지 않은 독자를 위해 먼저 유동성의 개념부터 살펴보자. 사람들이 모호한 단어로 유동성을 설명하고 시간과 규모에 따라 유동성에 대한 관점이 달라지니, 유동성 개념을 확실히 정의하는 것이 어렵다. 많은 사람들이 유동성을 수수께끼처럼 생각한다. 여기서는 유동성 개념, 시간과 리스크의 불일치를 간략히 살펴보고, 이러한 개념이 실제 거래에 어떻게 적용되는지 보겠다.

　유동성의 기본 정의는 기대 시간 내에 기대 가치로 자산을 전환할 수 있는 확률이다. 낚싯대를 1시간 안에 100달러에 팔 수 있다면, 낚싯대를 유동 자산이라 부를 수 있다. 만약 어떤 책을 언제 어디서 누구에게 얼마나 받고 팔 수 있을지 확신할 수 없다면, 이 책은 유동성이 없는 자산이다.

　다시 낚싯대 예로 돌아가서, 이 낚싯대가 고급 재료를 사용한 낚싯대지만 1000달러에 팔려고 하면 팔 수 없고, 100달러에 팔려면 하면 쉽게 팔 수 있다고 치자. 만약 낚싯대 시장이 있다면 더 쉽게 현금화할 수 있을 것이다. 만약 매주 수요일 마을에서 낚싯대를 사고파는 시장이 열린다면, 1주일 뒤에 현금이 필요한 일이 생겨도 낚싯대를 팔아 현금을 마련할 수 있다고 예상할 수 있다. 언제든 인터넷 쇼핑몰에서 낚싯대를 팔 수 있다면, 낚싯대의 유동성은 더욱 증가한다. 이것이 시장의 주요 기능이다. 시장은 사람들이 원하는 시간에 원하는 가치로 자산을 전환할 수 있다고 확신하게 해준다. 시장이 유동성을 공급한다. 유동성이 없으면 거래는 효율이 떨어진다. 구매자와 판매자를 찾고 연결하는 비용이 상승하고 가격이 맞지 않을 수 있기 때문이다. 시장은 사람들이 적당한 가격에 물건을 팔 수 있는 확률을 높인다.

일반적으로 가장 유동성이 높은 자산은 현금이다. 현금은 가장 확실하게 가치를 지닌 자산이기 때문이다. 주식 가격이 일정하다면 유동성은 별로 중요한 문제가 아닐 수도 있다. 주식 가격이 일정하면 언제든 구매자를 찾을 수 있다고 추론할 수 있기 때문이다. 만약 주식 가격이 고정되어 있다면, 유동성 비용은 배당수익률과 금리의 차이 정도일 것이다. 현금은 다른 현금으로 전환될 수 있다는 사실을 명심하라. 20달러 지폐 1장을 10달러 지폐 2장으로 바꿀 수 있다. 이 경우 양자는 누구도 손해를 보지 않고 유동성이 높은 자산을 교환했다. 반면 독자가 낚싯대를 구두쇠 친구가 가진 낚싯대와 교환할 경우, 친구가 고급처럼 보이는 싸구려 낚싯대를 내놓을 수도 있다. 이 경우 독자는 교환과정에서 손해를 봤다고 느낄 것이다.

인터넷 은행계좌는 현금보다 약간 유동성이 떨어진다. 주식은 이보다 유동성이 더 떨어진다. 집은 주식보다 유동성이 떨어진다. 집은 팔기 어렵고 가격이 변동한다. 비상장 주식은 더욱 유동성이 떨어진다. 오랫동안 구매자를 찾아야만 팔 수 있는 자산은 유동성이 없는 자산이다. 헤지펀드는 유동성이 있을까? 마이클 나이스트롬은 서브프라임 위기 때 다음과 같이 지적했다.

> 헤지펀드에 넣어둔 돈은 디트로이트 주택보다 유동성이 떨어질 수 있다. 일부 헤지펀드는 투자자가 일정기간 돈을 뺄 수 없게 조건을 달았다. 이는 "고객님 돈을 안전하게 보관하고 있지만, 지금은 찾으실 수 없습니다" 하고 말하는 것과 똑같다. 그럼 언제 돈을 찾을 수 있나? 헤지펀드에 따라 다르다. 어떤 헤지펀드에 넣어둔 돈은 영원히 못 찾을 수도 있다.[8]

필요한 것은 현금이 아닐 수도 있다. 유동성에 관한 여러 가지 오해가 많이 퍼져 있다. 유동성은 자산을 원하는 시간 안에 원하는 가치로 전환할 수 있는 확률이다. 여기서 가치는 금일 수도, 초콜릿, 보석, 마법 신발, 마법 콩일 수도 있다.

개인의 거래만 따지면, 유동성의 중요성을 쉽게 이해할 수 있다. 빌린 돈을 갚아야 하는 사람은 쉽고 확실하게 현금으로 바꿀 수 있는 유동 자산을 가지고 있는 것이 좋다. 현금이 필요할 때 현금이 없으면, 자산을 가지고 있더라도 유동성 위기를 맞는다. 유동성을 확보하기 위해서는 비상장 주식보다는 주식시장에서 거래되는 주식을 가지고 있는 편이 낫다. 부동산을 많이 가지고 있는데 현금이 적어 어려움을 겪는 부자들의 얘기가 언론에 가끔 나온다. 일부 사람들은 이러한 자산과 유동성의 격차를 메운다. 예를 들어 전당포 주인은 유동성이 떨어지는 자산을 현금으로 바꿔준다.

거래상들은 유동성이란 단어를 좋아한다. 그들은 시장 유동성이 어떤지 끊임없이 얘기한다. 금융학자 모린 오하라는 다음과 같이 말했다.

> 유동성은 자산을 쉽게 사고팔 수 있는 능력을 말한다고 할 수 있다. 여기서 한 발 더 나가 말하자면, 유동성이 풍부한 시장은 구매자와 판매자가 가격에 큰 영향을 미치지 않고 쉽게 사고팔 수 있는 시장이다.[9]

거래상이 돈을 버는 때는 마켓 타이밍을 잘 잡을 때다. 즉 유동성이 풍부해 시장 전체가 가격이 상승할 때 거래하면 돈을 번다. 반면 유동성이 부족해져 시장이 침체할 때 거래하는 사람은 돈을 잃는다. 여기서 핵심은 시장이 유동성이 떨어져서 투자하기에 나쁜 시기인지 파악하는 것이 불가능하진 않더라도 매우 어렵다는 점이다. 유동성은 금융이론에서 잘 다루지 않는다. 이는 금융시장의 주요 플레이어들이 유동성을 무시하기 때문이다. 또 유동성 개념을 금융이론에 포함하기가 매우 어렵기 때문이다. 금융이론에서 유동성을 잘 다루지 않기 때문에, 사람들은 매수/매도 포지션 조정에 어려움을 느낀다. 또 매수/매도 포지션 크기와 시장의 관계를 알지 못하는 사람, 특정 가격 수준에서 거래량을 계산하지 못하는 사람이 많다.

시간, 가치, 확률, 돈

우리는 '자산을 원하는 시간에 원하는 가치만큼 전환할 수 있는 확률'이라고 유동성을 정의했다. 유동성을 이해하려면, 유동성의 세 가지 요소인 확률, 가치, 타이밍을 '투자자가 돈을 이해하고 있다'는 유동성의 기본 가정과 함께 생각해봐야 한다.

먼저 타이밍 유동성timing liquidity부터 살펴보자. '돈이 부족하다'는 말은 돈이 필요한 때에 필요한 만큼의 돈이 없다는 뜻이다. 기업들은 현금이 필요한 때에 현금이 부족하지 않도록 늘 유동성에 신경 쓴다. 유동성이 풍부한 기업일수록 단기 부채에 대응할 능력이 커진다. 기업의 유동성 정도를 추산하기 위한 지표로 유동성 비율이 있다. 장부상으론 유동성이 괜찮은 것처럼 보여도 기업과 사람은 때때로 유동성 위기를 겪어 부채 상환에 어려움을 겪고 채권자에게 독촉 받는다. 유동성 부족 해소를 돕고자, 은행은 기업들에게 단기 신용 공여를 제공한다. 신용카드사는 회원들에게 단기 카드 대출을 해준다. 은행들은 평균 대출 기간을 단축해 유동성을 늘린다. 그래도 유동성 위기에서 벗어나지 못한 기업은 청산 절차를 밟는다. 현금을 보유하는 타이밍이 맞지 않는 기업과 개인은 파산한다.

가치 유동성value liquidity은 무엇일까. 사람들은 물건을 팔기 전에 시장 가격을 알고자 한다. 사람들은 경매에서 최저경매가격을 정해 시장에서 받을 수 있는 최소가격을 파악하고자 하고, 이보다 높은 가격을 지불하려는 사람이 나오면 흡족해한다. 만약 독자가 예상보다 낮은 단일 가격으로만 상품을 팔 수 있거나, 예상보다 높은 단일 가격으로만 상품을 살 수 있다면, 매우 실망할 것이다. 실망하는 이유는 최소 두 개가 있다. 첫째, 시장에서 물건을 파는 데 들어가는 수수료 등의 비용을 감안하지 않았기 때문이다. 둘째, 당초 예상한 만큼 돈을 벌지 못했기 때문이다. 집을 팔 때, 부동산 중개업자의 수수료가 너무 비싸거나 당초 기대했던 가격에 못 미치는 금액을 구매자가 제시하면 실망할 것이다. 앤드루 로와 해리 마마이스키, 장 왕은 낮은 고정비용만으로도 부담을 느껴 거래상들이 거래를 중단하면서 거래가 끊긴 지역이 다수 출현할 수 있고, 이로 인해 유동성과 자산 가치에 큰 변화가 생길 수 있다는 사실을 보여준다. 가치 유동성도 반갑지 않는 요소다.[10]

유동성의 세 번째 특성인 확률을 살펴보자. 리스크는 종종 확률 곱하기 충격으로 정의된다. 따라서 원하는 시간에 원하는 가치만큼 어떤 것을 팔 수 없는 리스크를 계량화할 수 있다. 만약 1000달러짜리 낚싯대를 1000달러에 팔 수 있고, 최악의 경우 500달러에 팔 확률이 50%라면, 잠재 손실액value at risk은 평균적으로 250달러다. 만약 1000달러짜리 낚싯대를 1주일 안에 팔 수 있지만, 최악의 경우 50% 확률로 3주일 안에 판다면, 잠재 손실 타이밍timing at risk은 2주일이다. 이 중 1주일은 정상 상황에서 소요되는 시간이고, 나머지 1주일은 평균 리스크다. 가치와 시간을 결합해 하나의 유동성 리스크로 측정하기 위해서는, 추가되는 1주일 동안 현금을 보유하지 않아 생기는 비용을 알아야 한다. 예를 들어 원리금 상환 날짜를 어겨 부과되는 벌금을 평균 잠재 손실액인 250달러에 더해야 한다.

잠재 손실액을 유동성 비용으로 조정하는 전통적 방법은 극단적 사건이 미치는 영향은 무시하지만, 유동성이 부족한 시기에 가격변동 폭이 평소보다 크다고 가정한다. 타이밍 리스크를 비용으로 환산해, 구체적 숫자로 표시할 수도 있다. 하지만 앞장에서 언급했듯, 복잡한 확률을 하나의 숫자로 표시할 때 빠질 수 있는 함정에 주의하라. 지금까지 언급한 내용을 요약하면 다음과 같다.

타이밍 변동성 + 가치 변동성 + 시장 변동성 = 확실성 (가치, 시간)

그렇다면, 어떤 자산이나 시장이 다른 자산, 시장보다 유동성이 풍부한 상태인지 어떻게 평가할 수 있을까? 우리는 시장 유동성을 나타내는 지표로 세 가지를 꼽는다. 회복탄력성resilience, 깊이depth, 긴장도tightness다. 이러한 지표는 앞서 언급한 유동성의 요소인 확률, 가치, 시간과 밀접한 관련이 있다. 회복탄력성은 시장을 강타한 충격이 사라진 뒤에 가격이 새로운 균형으로 돌아오는 속도를 말한다. 깊이는 가격을 크게 움직이기 위해 필요한 거래량을 나타내는 지표다. 긴장도는 매수/매도 포지션을 전환하는 비용과 속도를 나타내는 지표로, 수요와 공급을 빠르게 연결하는 능력을 나타낸다. 비유하자면, 연못에 바위를 던졌을 때 수면이 얼마나 빨리 잔잔해지는지 나타내는 지표는 회복탄력성이고, 연못 바닥이 얼마나 얕은지 나타내는 지표는 깊이고, 바위가 얼마나 쉽게 연못에 들어가는지 나타내는 지표는 긴장도다. 이러한 지표에 따라, 시장이 얼마나 빨리 '정상 적정 가치'를 회복할지, 거래량 변화가 가격에 얼마나 영향을 미칠지, 타이밍 변화가 가격에 얼마나 영향을 미칠지 검토해볼 수 있다.

긴장도는 매수 매도 호가 차이bid-ask spread나 매매 속도로 측정한다.

긴장도는 다른 말로 매매 속도라고 할 수 있다. 깊이는 흔히 가격 충격, 즉 거래량에 따른 가격변화량으로 측정한다. 만약 대규모 매수나 매도가 일어나도 시장 가격이 별로 변하지 않으면, 시장 깊이가 매우 깊다고 추정할 수 있다. 회복탄력성은 종종 변동성이나 거래량으로 표시한다.

유동성과 관련한 개념으로 '정규분포 크기normal distribution size'가 있다. 정규분포 크기를 넘어서는 규모의 거래는 가격을 움직일 수 있다. 정규분포 크기는 평균 일일 거래량에서 차지하는 퍼센티지로 나타낸다. 정규분포 크기보다 작은 규모의 거래는 가격을 움직일 수 없다고 가정한다. 지금까지 한 주식의 정규분포 크기를 예측하기 위한 여러 연구가 있었지만, 성공하지 못했다.

유동성 측정에 관한 연구는 아직 충분하지 않다. 거래상들은 어떤 회사 주식을 언제 얼마만큼 사고팔아야 할지 파악하는 방법을 학자들이 내놓길 바란다. 아직까지 거래상들이 의존하는 최고의 지표는 '직감'이다. 거래상들은 시장의 추세를 결정하는 요인을 직감적으로 예측하지만, 이 요인은 각 주식, 시기별로 다르다.

마지막으로, 돈, 통화정책, 글로벌 통화 공급에 대한 사람들의 가정을 살펴보자. 크리스토퍼 브라운 홉스는 다음과 같이 말했다.

19세기 초 잉글랜드은행의 주요 정책 수단은 풍향계였다. 동풍이 불어 배들이 런던으로 들어오는 시기에는 거래상들이 항구에서 상품을 살 수 있도록, 잉글랜드은행이 통화 공급을 늘렸다. 서풍이 부는 계절에는 잉글랜드은행이 통화 공급을 줄였다. 항구에 상품이 적게 들어오는데 시중

에는 돈이 많이 풀릴 때 생기는 인플레이션을 방지하기 위해서다.[11]

전통적 금본위제는 정부의 통화 공급 능력에 제한이 있다. 따라서 20세기에 각국 정부는 금본위제를 폐지했다. 영국이 금본위제를 따르던 시절의 일화가 있다. 잉글랜드은행의 한 애널리스트는 매일 오전 11시 45분경만 되면 금시장 유동성이 떨어지는 현상을 발견했다. 원인을 분석한 그는 시티 오브 런던의 세인트 폴 대성당 근처에 있는 유명 해산물 레스토랑이 원인이라고 진단했다. 이 레스토랑은 예약을 받지 않았다. 따라서 정오까지 이 레스토랑에 오지 않으면 테이블이 꽉 차서 식사할 수 없었다. 거래상들이 정오가 되기 전에 이 레스토랑에 몰리면서, 매일 11시 45분경에 금시장 유동성이 떨어졌다.

유동성의 요소들을 수요공급 모형이라는 경제학 도구를 이용해 통합할 수 있다. 수요공급 모형은 완전경쟁 상황을 가정한다. 완전경쟁 상황은 한 구매자나 판매자가 가격에 영향을 미칠 수 없고, 시장 참여자들이 가격을 잘 알고 있는 상황이다. 공급 법칙은 공급량과 가격의 관계를 정리한 법칙이다. 상품 가격이 높을수록 공급자는 더 많이 공급할 것이다. 수요 법칙은 공급과 반대로 움직이는 수요 움직임을 정리한 법칙이다. 상품 가격이 낮을수록 수요가 많아진다. 공급곡선은 오른쪽으로 갈수록 상승한다. 반면 수요곡선은 오른쪽으로 갈수록 하락한다. 이러한 수요공급 모형을 그래프로 그리면 그림 8.3과 같다.

소비자 수요 곡선과 생산자 공급 곡선의 교차점에서 균형 가격이 형성된다. 이러한 교차점에서는 수요량과 공급량이 일치하여 균형을 이룬다. 만약 상품 가격이 균형 가격보다 낮으면 소비자는 공급자가 공급할 준비가 된 양보다 많은 상품을 원하게 되고, 공급 부족 사태가 생긴다. 이 경우 가격이 상승하거나 소비가 줄거나, 두 가지가 모두 일어난다. 반대로 상품 가격이 균형 가격보다 높으면, 수요량이 공급량보다 적어진다. 이에 따라 공급과잉이 생긴다. 이 경우 가격이 하락하거나 공급량이 줄거나, 두 가지가 모두 일어난다. 구매자의 존재가 판매자를 끌어들이고, 판매자의 존재가 구매자를 끌어들인다.

그림 8.3은 수요가 D1에서 D2로 증가하는 상황을 나타낸 그래프다. 수요 증가에 따라 공급이 늘어난다. 이때 가격은 P1에서 P2로 이동하고, 공급량은 Q1에서 Q2로 이동해야 균형을 이룬다. 이때 전체시장 규모(P2와 Q2를 연결한 사각형)가 이전(P1과 Q1을 연결한 사각형)보다 증가했음을 그래프에서 확인하라.

수요공급 곡선은 우아하고 유용한 모형이다. 하지만 수요공급 모형

그림 8.3 수요·공급에 따른 가격·수량 변화

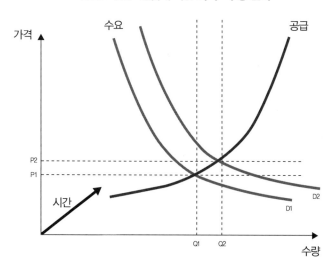

을 이용할 때는 조심해야 한다. 현실에선 정보가 완전하지도 안정적이지도 않기에 균형이 존재하지 않기 때문이다. 실제 시장은 끊임없이 움직인다. 가격이 상승하면 공급량이 늘고, 이에 따라 가격이 내려가고 공급량이 줄어든다. 그럼 다시 가격이 상승한다. 가격이 고정되지 않고 항상 움직이므로 균형보다는 불균형이라는 용어가 현실에 더 적합할지 모른다.

수요공급 모형에서 유동성이 시간과 양과 관련이 있다는 사실을 보이고자, 그림 8.3에 시간을 나타내는 직선을 더했다. 유동성 변화가 가격 움직임보다 특별한 요인은 무엇일까? 유동성의 개념부터 다시 살펴보자. 실제 시장의 수요공급 곡선은 모형에 나온 것처럼 부드럽게 연속해서 이어지지 않는다. 시장에서 유동성이 떨어지는 수요공급 구간이 있다. 침실이 하나뿐인 맨션이나 침실이 20개인 아파트를 사려는 사람이 몇이나 있겠는가? 5000부셸의 밀 선물 계약이 가장 일반적인 시카고 선물 시장에서 5060부셸의 밀 선물 계약을 맺으려는 사람이 몇이나 있겠는가?

시장은 구매자와 판매자가 알맞은 시간에 알맞은 양으로 만날 확률을 높이는 역할을 한다. 시장은 사람들에게 가격, 거래량 등의 정보를 제시하고, 거래계약을 표준화해 사람들이 계약을 맺을 확률을 높인다. 시장에서 이처럼 거래계약이 많아지면 유동성이 증가한다. 시장은 수요공급 곡선의 단절구간을 메워, 사람들이 수요공급 곡선을 연속적인 곡선으로 인식하고 급격한 거래 포지션 변화가 생기지 않을 것이라고 믿게 한다. 하지만 정보가 많아질수록 더 비논리적인 움직임이 나타나고, 사람들은 가격 추세에 따라 거래하게 된다. 정보에서 노이즈를 분리하는 것은 어렵다. 정상적 가격 움직임과 비정상적 가격 움직임, 정상적 거래 시간과 비정상적 거래 시간을 구분하는 것도 어렵다. 그림 8.4는 안개처럼 모호한 유동성을 나타낸다. 유동성을 곡선보다는 구름으로 생각하는 편이 나을 수 있다. 수요공급 곡선의 한 지점을 지정하려고 해도 안개처럼 모호한 유동성 영역을 벗어날 수 없다. 유동성 리스크liquidity risk는 시간이나 비용이 투자자의 예상을 크게 빗나갈 확률이다. 다시 말해 투자자가 깜짝 놀랄 확률이다.

　유동성 리스크를 줄이기 위해 투자자들은 예상하지 못한 수요공급 곡선을 직면할 가능성을 줄이려 한다. 투자자들은 유동성 구멍liquidity hole에 빠지지 않으려고 시간과 돈을 쓴다. 유동성 구멍은 가격과 타이밍이 투자자의 예상을 크게 빗나가 일반적 규칙이 적용되지 않는 영역

그림 8.4 유동성 구름

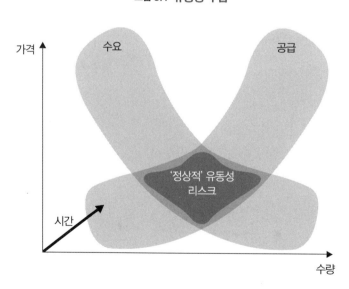

을 말한다. 유동성 구멍의 예는 소형주다. 소형주는 시가총액이 작은 주식이다. 소형주는 대개 거래량이 거의 없다. 이러한 소형주는 조금만 사거나 팔아도 가격에 미치는 영향이 크다. 반면 시가총액이 큰 대형주는 거래량이 많기에, 대형주를 많이 사거나 팔아도 가격에 미치는 영향이 작다. 매수호가와 매도호가의 차이를 나타내는 스프레드spread 는 유동성 비용을 간단하게 측정하는 지표로 이용할 수 있다. 유동성이 작은 주식은 매수호가와 매도호가의 차이가 크다. 이런 주식은 리스크가 크다. 소형주는 거래량이 적기에 빨리 팔기 어렵고, 약간의 매수 또는 매도만으로도 가격이 크게 변할 수 있다.

비공개 주문시장의 유동성

수요공급 곡선의 구멍으로는 유동성 구멍 외에도, '어두운 유동성 연못dark liquidity pool, 비공개 시장 유동성 구멍-옮긴이'이 있다. 어두운 유동성 연못은 주요 거래 시장에서 동떨어진 자본 시장의 후미진 곳이다. 이러한 연못은 대형 금융기관 내에 존재할 수도 있고, 비공개 시장에서 거래하는 금융기관들 사이에서도 존재할 수 있다. 쉽게 이해하기 위해, 당신의 집을 사려는 친구가 있다고 가정해보자. 어떻게 가격에 합의하는가? 부동산 중개업자 사이트에서 부동산 시세를 검색해서, 부동산 중개업자를 거치지 않고 친구와 가격을 합의할 수 있다. 이 경우 당신은 다른 사람들을 위한 정보를 줄인 셈이다. 다른 친구 두 명이 집을 구하려는데, 당신이 제시하는 집 가격을 모를 수 있다. 당신은 부동산 중개업자한테서 유동성을 제거하고, 시장에서 정보를 제거했다. 건강한 시장은 가격 발견 과정을 통해 효율적 가격 신호를 내보내고, 소유권을 매끄럽게 이동하고, 자산 이전에 따른 리스크를 줄이는 시장이다. 당신은 시장을 거치지 않고 친구에게 집을 팔았다. 부동산 중개업자에게 거래비용을 내지 않고, 가격 발견 과정을 거치지 않은 것이다. 당신이 부동산 중개업자 사이트에서 가격을 보고 친구에게 가격을 제시했다면, 당신은 부동산 중개업자에게 기생한 셈이다. 만약 부동산 중개업자가 가격과 판매 정보를 공개하지 않았다면 당신은 적정 가격을 알지 못했을 것이다.

대형 거래에서는 거래 대상의 가격 움직임에 대한 정보가 중요하다. 정보가 완전히 투명하게 공개되면 유동성이 떨어진다. 시장 참여자들의 모든 움직임을 미리 발표하면 시장 참여자들이 거래를 꺼릴 것이다. 정부는 정보를 공개하도록 요구하지만, 시장 참여자들에게 정보공개는 불편하고 비싼 규제다. 따라서 많은 시장 참여자들이 정보를 공개하지 않으려고 해외창구를 통해 거래하거나, 비공개 시장에서 거래하거나, 주류 시장과 분리된 거래소를 만들거나, 정부에게 예외를 요구한다.

그럼에도 대부분의 시장 참여자들이 정보가 공개되는 거래소에서 거래하는 이유는, 이러한 시장이 최선의 가격을 제공하는 듯 보이기 때문이다. 공개시장에서 위험을 감수하는 자는 충분한 보상을 받는다. 이는 미래에도 위험을 감수할 인센티브가 된다. 공개시장은 합법적 정보 비대칭과 시장 참여자들의 정보 공유의 권리와 의무를 기반으로 불안정하게 유지된다. 각국 금융시장 간 경쟁은 갈수록 치열해지고 있다. 국제표준이 국내시장에 영향을 미치고, 갈수록 많은 펀드들이 글로벌하게 자금을 움직이는 현실에서, 정부는 기존 규제방식에 한계를 느끼고 있다. 전에는 비영리적이던 상호 교환 거래가 점점 더 영리 목적의 거래로 바뀌고 있다. 기술발달로 거래의 정의가 불분명해졌다. 많은 기업들이 계열사, 부서들끼리 내부 거래를 하고, 고객들을 위한 거래소 역할을 직접 담당하고 있다.

거래 정보를 공개해야 한다고 생각하는 것은 정부만이 아니다. 일부 시장 참여자들도 정보 공개를 지지한다. 일부 학자들은 특정 유형의 정보 공개가 시장 효율을 높인다고 주장한다. 일각에선 사후 정보 공개와 사전 정보 공개를 놓고 논쟁한다. 얼마만큼 시간이 지난 뒤에, 얼마나 자세하게, 얼마나 익명으로 정보를 공개해야 하는지, 매수가/매도가/거래량을 얼마나 공개해야 하는지 논쟁이 벌어진다. 관료들과 일부 학자들은 중앙집권적 거래소가 낫다고 주장한다. 그들은 중앙집권적 거래소는 거래를 규제해 정보의 악용을 방지하고, 진입장벽이 있어 거래를 보호하며, 다른 형태의 거래소보다 독점적 이점을 가지고 있다고 주장한다. 반면 대체 거래 시스템alternative trading system, ATS을 옹호하는 사람들은 공개시장에서만 거래하면 불필요한 거래비용이 증가한다고 주장한다. 그들은 상당수 거래를 대체 거래 시스템에서 실시해 비용을 줄일 수 있다고 주장한다.

유동성 위기와 블랙홀

지난 수백 년 동안, 금융위기가 주기적으로 발생했다. 금융위기는 유동성이 사라져 금융시스템이 마비되는 사태를 말한다. 아비 퍼소드는 이러한 금융 위기를 '유동성 블랙홀liquidity black hole'이라고 부른다.[12] 우주에 있는 블랙홀은 별이 붕괴하면서 생긴 공간이다. 블랙홀은 끌어당기는 힘이 너무 강한 나머지, 빛조차도 블랙홀의 경계면event horizon을 지나면 밖으로 빠져나오지 못한다. 유동성 블랙홀은 유동성이 너무나 빨리 사라져서 거대 금융기관조차도 주가폭락과 파산의 수렁에서 빠져나오기 힘든 금융시장 상태를 비유한 표현이다. 퍼소드는 "유동성 블랙홀은 가격이 떨어져도 구매자가 나타나지 않고 매도자만 더 많이 나오는 곳"이라고 말한다. 그는 이러한 정의를 잘못 이해하는 사람이 나올 수 있다고 지적한다. 정상적인 가격 하락은 매도자를 늘리지 않고, 매수자를 늘린다. 반면 유동성 블랙홀에서는 가격이 떨어질수록 더 많은 매도가 나온다. 흔히 사람들은 전체 거래량을 투자자들의 자신감을 나타내는 지표로 여긴다. 그러나 이러한 통념은 틀렸다. 시장 참여자들의 자신감이 강해지면 거래량이 감소할 것이란 것을 쉽게 짐작할 수 있다. 어쩌면 유동성 블랙홀의 반대말은 '유동성 화이트 버블liquidity white bubble'이라 표현할 수 있으리라. 이는 가격이 올라도 매도가 증가하는 것이 아니라 더 많은 매수가 몰리는 상태다.

유동성 블랙홀 진행과정은 대규모 예금인출 사태인 뱅크런과 매우 유사하다. 은행이 파산해서 예금을 찾지 못할지 모른다고 걱정한 일부 예금자들이 은행에서 예금을 인출하면, 이를 본 다른 예금자들도 불안을 느껴 앞다투어 예금을 인출하고, 그 결과 은행은 지급 불능 상태가 되어 파산한다. 윌리엄 제인웨이는 "대중이 자산을 현금으로 바꿀 것이라고 대중이 예상할 때, 유동성은 확실하게 고갈된다"라고 말했다.[13] 처음에 현금을 인출해 위기를 가속화하는 사람들은 그나마 현금을 쥐지만, 뒤늦게 인출하려 한 사람들은 빈털터리가 된다. 브랜든 데이비스는 유동성 블랙홀에선 가장 먼저 패닉에 빠지는 사람이 그나마 덜 손실을 입고, 화이트 버블에선 가장 먼저 흥분해서 들뜨는 사람이 그나마 가장 이익을 본다고 지적한다.

유동성 블랙홀에서는 수요공급 곡선이 이상해진다. 더 많은 구멍이 생기고, 가격과 가치의 불확실성 영역이 눈에 띄게 넓어진다. 그리고 이러한 변화는 가격 폭락을 수반한다. 수요공급 곡선에서 유동성 리스크의 특징을 회상해보라.

- 수요공급이 부드러운 곡선으로 나타나지 않을 수도 있다.
- 수요공급 곡선이 비연속적으로 나타날 수도 있다.
- 가치와 시간의 불확실성이 증가한다.

유동성 블랙홀과 유동성 화이트 버블의 흥미로운 점은, 특정 지점을 지나면 스스로 가속해 극한까지 치닫는다는 점이다. 자산 가격이 떨어지면 일부 펀드매니저들이 손실관리를 위해 자산을 팔아야 한다. 이에 따라 자산 가격이 더 떨어지고 다른 펀드매니저들도 손실관리를 위해 매도에 나서면서 가격하락이 더 빨라진다. 결국 팔 사람이 없을 때까지 계속 가격이 떨어진다. 펀드매니저들은 손실을 관리하려고 자산 포트폴리오에서 일부 자산을 매각하는데, 시장가격이 떨어지면서 자산 포트폴리오 전체의 가치가 떨어진다. 기껏 손실관리를 해도 손실을 본다.

하지만 유동성 블랙홀은 모든 것을 빨아들이는 블랙홀 대신 점점 작아지는 허리케인과 좀 더 닮지 않았을까? 그렇다. 가격이 많이 하락하

246

면 더 이상 팔 사람이 나오지 않아 매도와 매수가 균형을 이룬다. 여러 유동성 블랙홀은 가격폭락 뒤에 화이트 버블을 일으킨다. 유동성 화이트 버블이 일어나면 그때까지 살아남은 거래상들이 주식거래로 이익을 보고 다른 거래상들을 끌어들인다. 자산 가격이 올라가고, 사람들이 더 많은 레버리지를 이용해 매입하고, 이에 따라 자산 가격이 더 올라가는 과정이 계속된다.

1987년 10월 미국 증시 폭락을 조사한 브래디 위원회는 1988년에 발표한 보고서에서, 동적 헤지dynamic hedge, 포트폴리오 가치를 일정수준 이상 유지하고자 선물을 이용해 현물포지션을 계속 헤지하는 전략-옮긴이에 기반을 둔 포트폴리오 보험portfolio insurance, 포트폴리오 가치가 일정 수준 이하로 내려가는 것을 방지하기 위한 투자전략을 통칭한 말-옮긴이을 주가폭락 원인으로 지목했다.[14] 포트폴리오 보험 전략을 따르는 펀드들의 규모는 1000억 달러로, 당시 주식시장에서 차지하는 비율은 3% 정도에 불과했다. 이 펀드들은 포트폴리오 자산 비율 재조정에 실패해 결국 비싸게 산 주식을 헐값에 내다팔았다. 이 때문에 주가가 하락하자 다른 펀드들도 주식을 내다팔았고 이것이 주가폭락이라는 결과를 낳았다.

하지만 유동성 위기 상황에서도 장기 관점을 가진 투자자는 돈을 벌수 있다. 즉 가격이 폭락한 주식을 사서 오래 기다리면 돈을 번다. 언제나 대다수 투자자들은 가격이 폭락하면 팔기 바쁘다. 하지만 위험감수 성향이 강한 일부 투자자들은 가격이 폭락할 때 자산을 매입한다. 이러한 매입자들 때문에 가격폭락이 멈추고 가격이 균형을 회복한다.

시장에 영향을 미치는 사건은 금융시스템 밖에서 일어나는 사건, 금융시스템 안에서 일어나는 사건으로 구분할 수 있다. 이러한 사건에 대한 금융시스템의 반응은 금융시스템을 둘러싼 환경에 영향을 미친다. 이러한 금융시스템의 반응을 시스템 분석 이론에선 피드포워드 또는 양의 피드백이라 한다. 유동성 블랙홀이나 화이트 버블은 단순히 새로운 정보에 대해 시장 참여자들이 반응해 가격이 폭락하거나 폭등하는 현상이 아니라, 금융시스템 자체가 시장 참여자들이 저항할 수 없는 힘으로 가격을 움직이는 현상이다. 금융시스템이 한동안 한쪽 방향으로 가격을 계속 몰아붙이기 때문에 사람들이 이성적으로 대처하기 어렵다. 이러한 시장의 힘 때문에, 사람들의 예상을 뛰어넘는 수준으로 가격이 오르거나 낮아진 다음에야 가격이 정상을 되찾는다. 시장가격은 새로운 정보, 투자자 성향에 따라 항상 변동한다. 안정된 적정가격 따위는 존재하지 않는다.

어느 정도까지 유동성을 통제할 수 있을까?

"유동성이 유동성을 낳는다"라는 말이 있다. 이는 몇몇 사람이 거래를 시작하면 더 많은 사람이 거래에 합류한다는 뜻으로, 시장을 비판하는 사람들이 종종 사용하는 말이다. 한 시장에서 사람들이 이익을 보면 더 많은 사람들이 이 시장에 뛰어들어 거래하고 이에 따라 유동성이 풍부해진다. 대다수 거래상들은 유동성이 많은 시장이 유동성이 적은 시장보다 모든 사람에게 유리하다고 주장한다. 거래상들은 유동성이 많은 시장을 선호한다. 자주 사고팔아 차익을 챙기려고 하는 거래상들이 거래 상대방을 찾기 쉽기 때문이다. 유동성이 적은 시장에선 거래가 적게 이루어진다. 거래상들은 이런 시장을 더 위험하다고 생각한다.

하지만 몇몇 경제학자들은 유동성이 좋거나 나쁘다는 개념에 의문을 제기한다. 모린 오하라는 케인스, 토빈, 서머스의 유동성 비판을 다음과 같이 요약했다. "유동성은 불안정을 낳는다." 쉽게 사고팔 수 있는 시장에선 시장 참여자들이 근시안적으로 움직인다. 이에 따라 시장이 빠르게 바뀌고 유동성 위기가 찾아올 수 있다. 버너드 리어타는 세계 외환거래의 2%만이 실물 경제와 관련한 거래이고, 나머지 98%는 순전히 투기 목적의 외환거래라고 지적한다.[15] 거래에 거품이 너무 많이 낀 셈이다.

아비 퍼소드를 비롯한 몇몇 학자들은 오늘날 금융시장이 유동성 위기에 취약한 원인을 다음과 같이 꼽는다.

- **상호 연결된 글로벌 시장** 한 국가의 유동성 문제는 다른 국가에 쉽게 영향을 미친다. 각기 다른 종류의 자산시장들이 서로 밀접하게 영향을 주고받는다.
- **더 엄격하고 정기적인 벤치마크 비교** 정기적으로 투자성과를 벤치마크 지표와 비교함에 따라, 많은 사람들이 동시에 사거나 팔게 됐다.
- **정부 정책** 각국 정부가 비슷한 금융정책을 쓰면서, 각국 시장이 동조화 현상을 보인다.
- **정보 시스템 보급** 금융사들이 비슷한 분석도구와 컴퓨터 시스템을 사용함에 따라, 금융사들이 비슷한 매매패턴을 보일 확률이 높아졌다.

유동성 위기를 줄이려면 어떻게 해야 할까? 방법은 그리 많지 않다. 우주에 필연적으로 블랙홀이 있는 것처럼, 금융시장에는 필연적으로 유동성 블랙홀이 있기 때문이다. 시장이 존재하는 한, 유동성 위기는 항상 생길 것이다. 그렇다고 패배주의에 빠질 필요는 없다. 우리는 금융시장 다양성 증가가 유동성 블랙홀 리스크를 낮출 것이란 퍼소드, 리어타의 주장에 동의한다. 투자자들은 한쪽으로 쏠리지 말고 다양하게 움직여야 한다. 그래야 매입자와 매도자가 언제나 거래 상대방을 찾을 수 있고, 더 장기적 관점으로 시장을 접근할 것이다.

우리는 다음과 같이 시장을 통제하고 측정해야 한다고 생각한다.

- **측정** 다양한 측정방법과 지표가 있으면 투자자들이 다양한 유동성 함정을 구분하는 데 도움이 될 것이다. 만약 금융시장 유동성을 더 적절하게 (예를 들어, TV 품질이나 양자 물리학에) 비유한다면, 이를 통해 변동성, 갭, 불확실성을 더 정확히 측정할 수 있을 것이다.

- **시장구조** 시장구조를 개선하면 유동성 블랙홀의 리스크를 줄일 수 있다. 예를 들어, 최신 암호화 시스템을 도입하면, 투자자들의 매수/매도 의사와 거래내역을 암호화해 익명 거래를 촉진할 수 있다. 거래 주문이 체결되기 전, 거래 주문 시간과 위치를 임의로 정하는 시스템을 도입하는 것도 검토해야 한다.

- **다양한 투자자** 개인, 법인, 자산관리사, 보험사, 주식 클럽, 도박사, 헤지펀드 등 최대한 다양한 투자자들을 다양한 시장에 끌어들이면 유동성 리스크를 줄일 수 있을 것이다.

거래 시스템

지금까지 네 가지 흐름 중 선택, 경제학, 시스템 세 가지를 살펴보았다. 그 과정에서 현재 경제시스템과 관련한 몇몇 이슈를 다루었다. 이를테면 다음과 같은 문제다. 측정은 절대적으로 좋은 것일까? 측정과 목표에 과도하게 집착하는 것이 비생산적 결과를 낳지 않을까? 사람들이 인식한 바에 따라 취하는 행동인 피드포워드가 시장에 어떤 영향을 미칠까? 금융시장의 변동성을 어느 정도까지 측정하고, 유동성을 어느 정도까지 통제할 수 있을까?

세계가 실제로 움직이는 원리를 이해하려면 선택, 경제, 시스템 관련 지식만으론 부족하다. 이런 지식을 학습해도 여전히 다양한 재화와 서비스가 각기 다른 가격을 가진 원인을 설명할 수 없다. 왜 어떤 아이디어는 경제계에 크게 영향을 미치고 어떤 아이디어는 경제계에서 사라질까? 실제 상거래에서 혁신의 역할은 무엇일까? 언제 변화가 끊임없이 나타나고, 언제 변화가 중단될까?

다음 장에서는 상업적 다양성과 실제 상거래에서 가치가 창출되는 방식에 초점을 맞추어 진행하겠다. 선택, 경제, 시스템, 진화론적 사고 방식을 결합할 것이다. 10장과 11장에서는 계속해서 네 가지 흐름을 한데 묶을 것이다.

9장
상업적 다양성으로 가득 찬 세상

어떤 재화와 서비스는 가격이 터무니없이 비싸고, 어떤 사람들은 터무니없는 많은 돈을 받는 듯 보인다. 하지만 이런 인상이 정당하려면, 재화와 서비스의 진정한 가치를 알아야 하지 않을까? 재화와 서비스의 가치를 결정하는 요소는 무엇일까? 어쩌면 가치를 정하는 최선의 장소는 시장일지 모른다. 터무니없는 가격은 유행과 패션에 따라 왜곡된 시장을 암시하거나, 판매자와 구매자의 정보 비대칭을 암시하거나, 판매자가 사기를 치고 있다는 점을 암시하지 않을까? 이러한 문제에 답하려면, 정보 비대칭, 돈, 위치재positional goods, 토너먼트 등 다양한 주제를 먼저 알아야 한다. 이러한 탐구 과정에서 이번 책에서 다룰 마지막 지식 흐름인 진화를 소개하겠다.

시종 실패를 초래하는 정보의 비대칭

1970년 조지 애커로프는 중고차 시장에 대한 논문을 썼다. 애커로프는 이 논문 덕분에 2001년 노벨 경제학상을 받았다.[1] 그는 이 논문에서 판매자가 거래 상대방인 구매자보다 많은 정보를 쥔 정보 비대칭 상황을 설명했다. 중고차 시장은 상품 품질이 제각각이고 품질보증 기간이 명확하지 않다. 판매자는 품질이 떨어지는 상품을 품질이 높은 상품처럼 홍보해 구매자에게 떠넘길 동기가 많다. 그러나 구매자는 이러한 판매자의 속성을 알고 어떠한 중고차라도 평균 이상으로 가격을 쳐주려고 하지 않는다. 이에 따라 판매자는 품질이 평균 이상인 중고차를 팔지 않으려 한다. 이에 따라 중고차 시장의 평균 중고차 품질이 낮아진다. 결국 살 만한 가치가 있는 중고차가 시장에 나오지 않는다. 이러한 시장은 그레셤의 법칙을 떠오르게 한다. 상품 품질을 알 수 없는 상황에서 거래하면 품질이 나쁜 상품이 좋은 상품을 시장에서 몰아낸다. 품질에 대한 불확실성이 큰 상황에서는 경쟁시장이 실패할 수 있고, 아예 사라질 수도 있다.

케네스 애로는 다음과 같이 말한다.

불확실성이 있는 상황에선 정보나 지식이 상품이 된다. 다른 상품과 마찬가지로 정보나 지식은 생산비용과 유통비용이 든다. 따라서 정보나 지식은 모든 사람에게 퍼지지 않고, 정보나 지식을 얻어 가장 이익을 얻을 수 있는 일부에게만 집중된다.[2]

정보가 판매자에게 비대칭적으로 집중되면, 시장은 약해진다. 시장에서 거래가 끊겨 유동성이 사라질 수도 있다. 애커로프는 개발도상국의 신용대출, 빈곤과 경제저개발 상황에서 생기는 비대칭 상황 등 판매자에게 유리한 여러 비대칭 상황을 연구했다. 구매자가 판매자보다 나은 정보를 가진 시장은 적다. 고미술품 시장에선 고미술품만 수집하는 사람이 판매자보다 정보와 지식이 앞설 수도 있다. 또 여러 보험에 가입하는 사람은 보험사보다 정보가 앞설 수도 있다. 이 경우 보험 가입자가 부당이익을 챙기려고 정보를 숨기고 보험에 가입하는 역선택, 도덕적 해이가 나타날 수도 있다.

1961년 조지 스티글러는 애커로프보다 먼저 정보와 무지가 어떻게 시장과 상호 작용하는지 탐구하는 '정보의 경제학'을 연구했다. 그는 밀턴 프리드먼이 제시한 '평판reputation' 개념과 관련해, 백화점을 '최상의 품질을 보증하고 최상품을 찾는 기관'으로 볼 수 있다고 가정하고 연구했다.[3] 경제학자들은 오랫동안 시그널링signaling과 스크리닝screening을 이해하고자 노력했다. 마이클 스펜스, 조지프 스티글리츠, 조지 애커로프는 이 분야를 개척한 공로로 2001년 노벨 경제학상을 공동 수상했다. 시그널링은 긍정적 정보가 비대칭인 상황에서 나오는 전략으로, 재화나 서비스를 판매하는 측이 유리한 정보만 흘리는 것이다. 스크리닝은 부정적 정보가 비대칭인 상황에서 나오는 전략으로, 정보를 수집한 다음 불리한 선택을 제거하는 것이다.

스크리닝에 관한 한 논문에서, 스티글리츠는 신용할당credit rationing, 금리가 자금 수요와 공급을 일치시키는 균형수준보다 낮아 자금 공급이 수요에 미치지 못하는 경우, 금융기관이 식량을 배급하듯 자금 수요자에게 한정된 자금을 나누어주는 것-옮긴이을 시장 불완전성의 예로 봤다. 신용할당은 정보 비대칭 상황에서 생기며, 대출자가 수요자를 가려내(스크리닝) 돈을 빌려준다.[4] 시그널링과 스크리닝의 또 다른 예는 교육이다. 회사에서 일하는 데 고등교육기관에서 배운 지식이 필요하지 않을 수도 있지만, 입사지원자들은 자신이 업무를 배울 능력과 의지가 있다는 점을 전달하는 신호로서 고등교육기관 졸업장을 받으려고 한다. 신입사원을 뽑는 회사들은 정보 비대칭 구조에서 불리한 상황에 있다. 따라서 고등교육기관 졸업장을 보고 입사지원자를 솎아낸다. 고등교육기관 졸업장이 정보 비대칭 상황에 있는 고용자와 구직자를 연결하는 매개체가 된다.[5]

판매자에게 유리한 정보 비대칭 상황이 시장실패를 초래하는 원인은 다음 다섯 가지다.

- 구매자는 구매하기 전에 품질을 평가할 수 없다.
- 판매자는 어떤 상품이 품질이 좋은지 알고 있기에, 품질이 낮은 상품을 좋은 상품인 양 팔아 이득을 챙긴다.
- 믿을 수 있는 정보공개 기술이나 방법이 판매자에게 없다.
- 평판, 표준, 규제 등 효율적 품질 보증 장치가 시장에 부족하다.
- 시장이 효율적으로 품질을 보장해주지 못한다.

판매자가 구매자보다 나은 정보를 가진 상황은 많다. 다양한 품질의 상품이 있어 구매자가 선택을 내리기 어려운 시장에서 재화나 서비스를 판매하는 주식중개인, 극장, 통역사, 병원 등이 구매자보다 나은 정보를 가지고 있다. 전문가만이 상품을 팔 수 있는 거의 모든 시장에서 판매자가 구매자보다 정보 우위에 있다.

결국, 사람들이 내키지 않아도 할 수 없이 중고차를 사야 하는 한 중고차 시장은 유지된다. 회계사와 계리사의 서비스가 아무리 만족스럽지 못해도, 기업들은 법이 정한 대로 회계사와 계리사를 고용할 수밖에 없다. 일반인보다 많은 정보를 가진 사람이 싼 가격에 좋은 품질의 중고차를 구매해 이득을 볼 수 있다는 사실이 중고차 시장을 유지하는 비결인지도 모른다. 예를 들어 자동차 정비사는 더 품질이 좋은 중고차를 살 수 있을 것이다. 또, 중고차가 고철 가격과 별 차이가 없을 정도로 싸다면 중고차 시장에서 거래가 계속 이루어질 것이다.

침묵교역, 거래의 전제 조건

정교한 정보 교환은 실제 상거래의 전제조건이 아니다. 익명거래dumb barter, depot trade라고도 부르는 침묵교역silent trade이 그 예다. 사하라 사막 남쪽 가장자리 지역인 사헬Sahel 서부는 수백 년간 금이 풍부하고 소금이 부족한 지역이었다. 사헬 주민들은 음식 맛을 내고 음식을 보존하는 데 쓸 소금이 필요했다. 반면 유럽인들은 금을 원했다. 영국인들은 13세기부터 16세기까지 서아프리카의 경제 중심지였던 팀북투Timbuktu의 남서부 지방을 기니Guinea라고 불렀다. 이후 영국인들은 영국 금화에 기니라는 이름을 붙였다. 천년 넘는 세월 동안 사하라 사막 남쪽 가장자리 지역에서는 소금이 같은 무게의 금과 가치가 같았다.

고대 그리스 역사가 헤로도토스는 기원전 440년경 지브롤터 해협 밖 아프리카 서부 해안에서 이루어진 침묵교역을 이렇게 기록했다.

256

카르타고 상인들은 헤라클레스의 기둥 밖 땅에서 사는 사람들과 다음과 같이 교역한다. 상인들은 배에 상품을 싣고 가서 바닷가에 상품을 내려놓는다. 상품을 다 내려놓았으면 다시 배에 탄 다음 연기를 피운다. 연기를 본 원주민들은 바닷가에 와서 금을 내려놓고 멀리 떨어진다. 그러면 상인들이 배에서 내려 금을 검사한다. 만약 금 가치가 상품가치와 비슷하다고 판단하면, 금을 배에 싣고 상품을 바닷가에 놔둔 채 떠난다. 만약 금 가치가 상품가치보다 떨어진다고 판단하면, 금을 놔두고 배에 탄 채로 머무른다. 그러면 원주민들이 다시 와서 상인들이 만족할 때까지 금을 더 놓고 간다. 이 과정에서 원주민과 상인들은 서로 속이지 않는다. 상인들은 금의 가치가 상품가치와 같아질 때까지 금에 가져가지 않고, 원주민들은 상인들이 금을 가져갈 때까지 상품을 가져가지 않는다.[6]

학자들은 침묵교역을 공용어가 없는 부족들의 물물교환 방법이라고 말한다. 설령 공용어가 있는 상황에서도 침묵교역은 물리적 충돌을 피한 채 거래하는 방법이 될 수 있다. 침묵교역이 가능하려면 신뢰가 필요하다. 헤로도토스가 묘사한 침묵교역은 이 책의 2장에서 신뢰의 중요성을 얘기하고자 예로 든 해산물 요리 거래와 같은 구조다.

번스타인은 침묵교역을 다음과 같이 언급했다.

이 가련한 원주민들은 반짝거릴 뿐이고 쓸모없는 금을 내놓으면, 더 없이 유용한 소금을 주고 떠나는 북쪽 나라 사람들을 보고 어떤 생각을 했을까?[7]

침묵교역 대상은 금과 소금만이 아니었다. 6세기에 그리스 상인 코스마스는 동아프리카에서 이루어진 금과 쇠고기 침묵교역에 관한 기록을 남겼다. 침묵교역을 통해, 정보 이론의 몇 가지 원리를 살펴볼 수 있다. 클로드 섀넌은 저명한 미국 전자 엔지니어이자 수학자였다. 벨 연구소에서 전기통신 엔지니어로 근무하면서 20세기 정보 혁명의 중심에 있었다. 그는 1948년에 「통신의 수학적 이론A Mathematical Theory of Communication」이란 논문을 발표해 영구적 명성을 얻었다.[8] 많은 사람들이 이 논문이 정보 혁명을 촉발했다고 인정한다. 이 논문은 다음 문장으로 시작한다. "통신의 근본 문제는 한 시점에 보낸 메시지를 다른 시점에 똑같이 또는 비슷하게 재생하는 것이다." 이 논문이 유명한 것은 다음과 같은 기초 개념들을 연결했기 때문이다.

- 비트bit: 정보의 기초 단위.
- 통신 용량Channel capacity과 압축compression: 한 통신 채널이 전송할 수 있는 정보의 최대량을 측정한 것.
- 엔트로피entropy: 가치 측정의 불확실성을 측정한 것. 특정 비트의 정보 가치는 그 정보가 현실로 일어날 확률에 따라 달라진다는 개념.
- 가외성redundancy: 정보가 여러 곳에 중복해서 나타나는 정보.
- 노이즈noise: 정보 수신을 방해하는 추가 신호.

정보 이론을 파악하는 것은 어렵지 않다. 그림 9.1은 "생일 축하합니다"란 메시지를 어머니에게 보내는 통신 과정을 그린 것이다. 이 그림에서 섀넌이 말한 정보 이론의 일곱 가지 요소를 볼 수 있다. 그림 9.1

에서 왼쪽 위에서 출발해 오른쪽 아래로 도착하는 과정을 보라.

- 먼저 원문 메시지source message가 있어야 한다. 원래 전송하고자 한 정보다. 이 예에선 어머니에게 보내는 "생일 축하합니다!"란 메시지다.
- 정보 원문information source은 어머니에게 보낼 수 있는 메시지 중에 한 메시지를 선택해 구성한 것이다.
- 송신기transmitter는 신호를 수신기로 보낼 수 있는 형태로 바꾸는 단계다. 예를 들어 카드에 생일 축하 문구를 적거나 컴퓨터에 생일 축하 메시지를 입력하는 것이다.
- 원문 신호source signal와 수신 신호는 물리적으로 전달되는 메시지 형

그림 9.1 섀넌의 정보 이론을 통화에 적용한 예

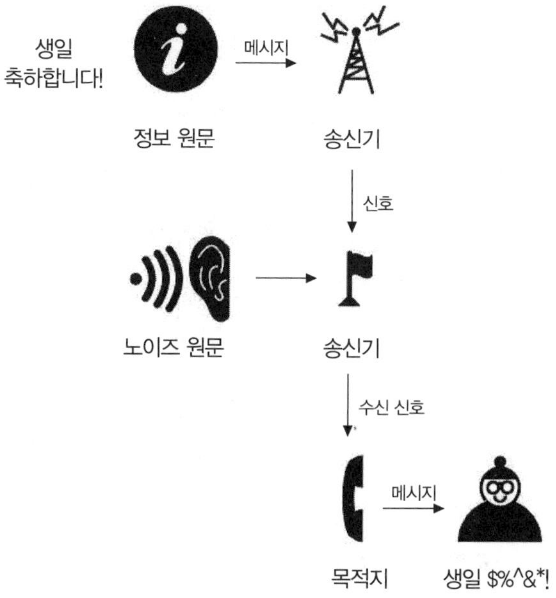

생일
축하합니다!

메시지

정보 원문   송신기

신호

노이즈 원문   송신기

수신 신호

목적지   생일 $%^&*!

태다. 우체국이란 채널channel, 신호를 보내기 위해 쓰는 매체을 통해 보내는 엽서, 브로드밴드란 채널을 통해 보내는 이메일이 원문 신호의 예다.

- 노이즈 원문noise source은 원래 의도하지 않았는데 끼어든 요소다. 우편배달부가 엽서를 물웅덩이에 빠트리거나, 이메일 전송 과정에서 에러가 나는 것이 예다.
- 수신기는 송신기와 정반대로, 신호를 메시지로 변환한다. 이메일 메시지가 표시되는 컴퓨터 화면이 수신기의 예다.
- 목적지destination는 메시지를 받는 사람이다. 이 경우는 어머니다.

이러한 과정을 통해 메시지가 전달된다. 목적지에 있는 사람은 신호와 노이즈가 결합된 메시지를 받는다. 즉 물웅덩이에 빠진 엽서나 글자가 깨져 알아볼 수 없는 이메일을 받는다. 사람들은 섀넌의 정보 이론이 실제 통신과정을 지나치게 단순화했다고 비판했다. 섀넌을 변호하자면, 섀넌은 자신의 정보 이론이 모든 통신과정을 포괄한다고 주장한 적이 없다. 그는 기술적 문제들을 지적하고 해결하길 바랐을 뿐이다.

사회에는 여러 레벨의 통신이 있다. 기술적 레벨에서는 펜과 종이, 또는 비트와 바이트byte가 있다. 상위 레벨로 올라가면 우체국 네트워크나 전화통신 인프라 같은 통신 시스템이 있다. 더 상위 레벨로 올라가면 생일을 축하하는 사회 시스템이 있다. 더 위로 올라가면 어머니와 자식의 관계가 있다. 더 위로 올라가면 어머니의 무뚝뚝한 성격이 있다. 그래서 어머니의 나이를 두고 재치 있게 농담한 시를 써서 보내면 원하지 않는 결과가 나올 수도 있다.

정보 이론에 따르면 일반적으로 많이 쓰는 단어가 덜 쓰는 단어보다 짧다. 그래서 '친애하는dear'이란 단어가 '생일birthday'이란 단어보다 짧다. 정보 이론은 가외성이 메시지를 보강한다고 말한다. 이메일 전송 과정에서 에러가 나서 "생일 $%^&*!"이란 이메일을 받아도, 어머니가 이해할 수 있을 것이다. 사회적 레벨에서도 메시지 보강이 필요하다. 어머니와 매일 통화하는 사람은 어머니에게 이상한 시를 보내선 안 되겠다고 생각할 수 있다. 어머니와 1년에 1번 통화하는 사람은 어머니의 분노를 모르고 계속 이상한 시를 보내 가족관계에 금이 갈 수 있다.

섀넌의 정보 이론에서 가장 선구적 업적은 어쩌면 정보에 대한 평가일 것이다. 스티븐 리틀존은 섀넌이 말한 정보 개념을 다음과 같이 설명한다.

> 정보는 한 상황에서 불확실성, 엔트로피를 측정한 것이다. 불확실성이 클수록, 정보가 많아진다. 완벽히 예측할 수 있는 상황에서는 정보가 존재하지 않는다. 대다수 사람들은 정보를 확실성, 지식과 관련이 있다고 생각한다. 이러한 통념을 따르는 사람은 정보 이론을 혼동할 수도 있다. 정보 이론가들은 정보를 연구할 때, 메시지, 사실, 의미를 연구하는 것이 아니라, 익숙하지만 아무 정보가 없는 상황을 연구한다.[9]

토론토 대학교의 경제학 교수 해럴드 이니스는 현대 커뮤니케이션 이론 개발에 기여했다. 그는 사회와 미디어의 상호 작용을 주로 연구했다. 그는 사람들이 선택하는 미디어가 사회 형태와 지속성에 영향을 미친다고 주장했다. 그는 미디어를 시간 편향time-binding 미디어와 공간 편향space-binding 미디어로 나눴다. 시간 편향 미디어는 운송이 어려운 반면 내구성이 강해 기록과 보존이 용이한 진흙, 돌판 등을 말한다. 공간 편향 미디어는 내수성이 약한 반면 이동성이 커 정보교환에 효과적인 종이, 신문, TV 등을 말한다.

미디어와 문명의 관계는 시간과 공간 측면에서 따져볼 수 있다. 양피지, 진흙, 돌판 등 시간을 강조하는 미디어는 내구성이 강하다. 이러한 미디어들은 건축과 조각의 발달에 기여했다. 파피루스와 종이 등 공간을 강조하는 미디어는 내구성이 약하지만 가볍다. 이러한 미디어들은 행정과 교역에 적합하다. 이집트를 정복한 로마는 파피루스 종이를 공급받아 거대한 제국을 통치할 수 있게 됐다.[10]

돈은 미디어다

이니스 교수는 토론토 대학교의 동료 교수인 마셜 맥루언에게 영향을 미쳤다. 마셜 맥루언 교수는 "미디어가 메시지다"라는 말로 유명하다. 맥루언 교수는 돈을 커뮤니케이션의 미디어라고 분석했다.

돈은 농부의 일을 이발사, 의사, 엔지니어, 배관공의 일로 번역하는 언어다. 거대한 사회적 은유이자 다리이자 번역가로서 돈은 글과 마찬가지로 교역을 증진하고 커뮤니티들의 상호의존성을 높인다. 돈은 글, 달력과 마찬가지로 정치조직에게 확장력과 통제력을 준다. 돈은 시간과 공간에 영향을 미친다.[11]

맥루언 교수의 말대로 돈이 커뮤니케이션의 미디어라면, 돈은 시간 편향 미디어일까 공간 편향 미디어일까. 학자들은 돈이 교역의 매개체로서 두 가지 속성을 가지고 있다고 말한다. 돈은 가치 측정 단위로 쓸 수도 있고, 가치 저장 수단으로 쓸 수도 있다. 어떤 것이 돈으로 인정받으려면 교역 지불수단으로 인정받아야 한다. 서장에서 예로 든 정어리 거래에서처럼 물고기가 때때로 교역의 미디어가 될 수는 있지만, 역사상 물고기가 돈으로 인정받은 적은 없다.

야프 섬의 화폐

돈은 시간 편향과 공간 편향 속성을 지닌 교역의 미디어(매개수단)라고 결론 내릴 수 있다. 가치 저장 수단으로서 돈은 시간을 확장한다. 가치 측정 단위로서 돈은 공간과 커뮤니티를 확장한다.

물물교환은 시간과 공간을 넘어 소통한다. 금과 소금을 가치단위로 사용한 물물교환인 침묵교역은 공간 편향 미디어로서 돈의 속성을 보여준다. 다음 예는 시간 편향 미디어로서 돈의 속성을 보여준다.

남태평양의 미크로네시아 다도해에는 캐롤라인 섬 또는 야프 섬이라고 부르는 섬이 있다. 야프 섬은 모래섬, 바위섬, 산호섬들이 모인 제도의 이름이다. 1910년 윌리엄 퍼니스는『돌 화폐의 섬The Island of Stone Money』이란 책에서 야프 섬의 돈을 설명했다.

야프 섬에선 페이 돌fei stone을 돈으로 썼다. 야프 섬에서 돈으로 쓴 돌은 접시만한 크기도 있었고, 직경이 2.4m인 돌도 있었다. 이 돌들은 거의 482km 떨어진 팔라우 제도의 바벨투아프 섬에서 채굴한 석회암이다. 야프 섬에선 석회암이 없었다. 원주민들은 카누로 돌을 운반했다. 작은 돌은 돼지와 물고기를 사는 데 쓰였다. 처음에는 돌을 물고기 형태로 조각해서 돈으로 썼지만, 이후 크게 둥근 돌에 구멍을 뚫어서 돈으로 썼다. 돌에 구멍을 뚫어 무게를 줄여도 큰 돌 하나를 운반하려면 남자 20명이 필요했다. 원주민들은 자신의 부를 과시하기 위해 집 밖에 돌을 세워놓기도 했다. 퍼니스는 다음과 같이 기록했다.

누구나 인정하는 부자 가족일지라도 구체적 형태의 부가 없었다. 그저 거대한 페이 돌만이 이 가족의 부를 상징했다. 얼마나 큰 돌인지는 할아버지 세대가 전하는 말로 알 수 있을 따름이었다. 이 가족의 페이 돌은 최근 두세 세대 간 바다 바닥에 잠겨 있었다.

오래전 이 가족이 이 페이 돌을 카누로 운반하다가 섬에서 수백 미터 떨어진 바다에서 폭풍을 만나 돌을 바다에 빠트렸다. 많은 주민들이 이 돌을 보았고, 돌의 소유주가 잘못해서 분실한 것이 아니기에, 주민들은 바다에 빠진 이 돌의 가치와 소유권을 인정했다. 퍼니스는 "이 돌의 구매력은 다른 집 옆에 세워둔 돌의 구매력만큼이나 인정받았다"라고 기록했다. 이 사례는 정직과 신뢰의 중요성뿐 아니라 모든 화폐 시스템이 가진 허구적 요소를 보여준다.

야프 섬 주민들은 인플레이션과 세금 리스크를 안고 있었다. 1870년대 말, 야자 기름을 거래하는 아일랜드계 미국인 상인 데이비드 오키프가 야프 섬에서 페이 돌을 돈으로 사용한다는 사실을 알아내고 주민들을 착취했다. 코라 질리런드는 다음과 같이 기록했다.

야프 섬 주민들은 채석장에서 야프 섬까지 페이 돌을 운송하는 과정에서 목숨이나 돌을 잃을 위험을 안고 있었다. 따라서 주민들은 오키피에게 돌 운송을 맡기는 대신 야자 기름을 지불하기로 했다. 이러한 거래 덕분에 오키프 선장은 야프 섬에서 권력을, 홍콩 시장에서 부를 얻었다.[13]

일부 기록에 따르면, 오키프가 많은 돌을 야프 섬으로 운송함에 따라 야프 섬에서 인플레이션이 일어났다(오키프가 야프 섬으로 운송한 돌들은 기존 돌보다 컸다. 일부 돌은 직경이 3.6m에 달했다). 주민들은 오키프가 운송한 돌들의 가치를 기존 돌들의 가치보다 낮게 평가했다. 기존 돌들은 더 많은 위험과 노고를 감수하고 가져온 것이기 때문이었다. 고고학자들은 이 섬을 알게 된 후 페이 돌에 새로운 가치가 생겼다. 고고학자들이 페이 돌을 매입해 박물관에 팔았기 때문이다. 인플레이션이 종종 그렇듯, 야프 섬에서 인플레이션이 발생한 근본원인은 불분명하다. 질리런드는 야프 섬에서 인플레이션이 발생했는지 확실히 기록하지 않았다.

더 확실한 기록으로 남아 있는 것은 세금이다. 독일은 1898년에 야프 섬을 스페인에게서 매입했다. 독일인들은 이 섬에 도로를 건설하고자 했지만 원주민들은 도로 건설에 협조하지 않았다. 그러자 독일 공무원이 페인트를 가지고 마을을 돌아다니며 가장 귀중한 페이 돌에 검은 선을 그었다. 이는 정부가 세금으로 페이 돌을 가져가겠다는 표시였다. 퍼니스는 "이는 마법 같은 효과를 일으켰다. 갑자기 가난해진 주민들은 도로 건설에 참여했다. 섬을 가로지르는 고속도로가 건설됐다." 독일 공무원들이 돌에 그은 선을 지우자 주민들은 기뻐하며 "부를 만끽했다"고 한다.

언제나 세금 문제를 민감하게 다룬 밀턴 프리드먼은 이 야프 섬의 사례와 대공황 시절 일어난 사건을 비교했다. 1932년 프랑스 중앙은행은 미국이 금본위제를 폐지할까봐 걱정했다. 프랑스 중앙은행은 뉴욕 연방은행에 프랑스 중앙은행이 보유한 달러 자산을 금으로 바꿔달라고 요청했다. 하지만 운송비를 들여가며 프랑스까지 금을 옮길 생각은 없었다. 그래서 프랑스 중앙은행은 금을 프랑스 중앙은행 계좌에 보관해달라고 요청했다. 연방은행 직원들이 한 일은 금괴에 '프랑스 자산'이라는 라벨을 붙이는 것이었다. 프리드먼은 이것이 독일 공무원들이 돌에 검은 선을 그은 것과 같은 일이라고 지적했다. 하지만 당시 미국인들은 페이 돌에 검은 선이 그어진 것을 본 야프 섬 주민들과 같은 반응을 보였다. 언론은 프랑스가 금을 인출해 달러화 가치가 약해지고 프랑화 가치가 높아질 것이라고 보도했다. 1933년 현금 인출 사태는 부분적으로 이 사건이 원인이다. 프리드먼은 "이 두 사례는 화폐 체제에서 신화(사람들이 의심 없이 믿는 것)가 얼마나 중요한 역할을 하는지 보여준다"라고 요약한다.[14]

1931년 케인스는 금본위제 폐지를 시적으로 표현했다.

사람들은 더 이상 금을 손에서 손으로 전달하지 않는다. 금은 탐욕스러운 사람들의 손에서 떠났다. 지갑, 양말, 금고 속에 있던 가정의 작은 신은 하나의 이미지로 대체됐다. 금은 자취를 감추고, 지하로 돌아갔다. 하지만 거래과정에서 금이 보이지 않아도, 사람들은 금을 주고받는 것처럼 생각한다.[15]

사용가치와 교환가치는 반대?

퍼니스는 애덤 스미스, 리카도를 들어본 적이 없는 야프 섬 주민들이
경제 문제를 풀었다고 주장했다.

> 주민들은 정치경제의 궁극적 문제를 해결했다. 주민들은 노동이 진정한
> 교역의 매개수단이자 진정한 가치의 기준이라는 점을 깨달았다. 하지만
> 이러한 매개수단은 손으로 만질 수 있고, 오래 보관할 수 있어야 한다.
> 야프 섬에는 광물자원이 없기에 주민들은 돌을 매개수단으로 이용했다.
> 주민들은 돈을 가공하고 운반하는 데 많은 노동력을 쏟았다. 야프 섬에
> 서 돌은 문명사회에서 쓰는 동전만큼이나 노동의 가치를 대변하는 수단
> 이었다.

이는 이 장의 도입부에서 제기한 문제와 관련이 있다. 어떤 재화나 서
비스가 터무니없이 비싸고 일부 사람들이 엄청나게 많은 돈을 버는 것
은 단순히 유행과 패션 때문일까, 판매자와 구매자의 정보 비대칭 때
문일까? 높은 가격과 과도한 임금 문제를 탐구하려면 먼저 노동가치설
labor theory of value을 알아야 한다. 먼저 사람들이 민감하게 생각하는 임
금부터 살펴보자. 미국 드라마에 나오는 톱스타는 1화 출연에 최소한
100만 달러를 받는다. 이는 다른 주연배우가 받는 돈의 10배고, 조연
배우가 받는 돈의 30배다. 영국 상장기업 최고경영자의 평균 연봉은
영국 근로자 평균 연봉의 30배에서 50배에 달한다. 금융사 최고경영자
들은 더 높은 연봉을 받는다.

애덤 스미스와 데이비드 리카도는 임금격차 원인을 탐구했다. 두 사람은 가치를 창출하는 것은 주로 노동이라고 주장했다. 『국부론』에서 애덤 스미스는 말했다.

> 만물의 진정한 가격은 그것을 획득하기 위해 투입하는 노동과 수고다. 만물의 진정한 가치는 소유자가 처분했을 때 아낄 수 있는 본인의 노동과 수고, 타인에게 부과할 수 있는 노동과 수고다.[16]

이와 같은 주장에 따르면 가치를 두 종류로 나눌 수 있다. 사용가치와 교환가치다. 가장 큰 사용가치를 가진 것은 종종 교환가치가 거의 없다. 가장 큰 교환가치를 가진 것은 종종 사용가치가 거의 없다. 예를 들어 지폐는 교환가치가 큰 반면 사용가치는 거의 없다. 물고기는 교환가치는 거의 없지만 사용가치는 크다. 게다가 교환가치는 시기에 따라 변한다. 금, 다이아몬드, 지폐는 위조하기 어려운 정도에 따라 가치가 다르다. 각국 지폐는 위조를 금지하는 법 덕분에 가치를 유지한다.

초기 경제학자들은 사용가치와 교환가치에 이어 '내재가치'를 연구했다. 초기 경제학의 내재가치 개념은 노동가치설에서 나왔다. 노동가치설은 상품 가치가 상품 생산에 투입한 노동력과 같거나 노동력에 비례한다는 이론이다. 경제학자들은 노동을 투입해 재화를 생산하는 과정에서 재산권이 생긴다고 생각했다. 고전 경제학자들은 가치를 측정하고자 했고, '실제 비용'과 '절대 가치'를 연구했다. 그러기 위해 교환가치는 노동과 일치하거나 노동에 비례한다고 가정했다. 애덤 스미스는 "노동은 모든 상품의 교환가치를 결정하는 척도"라고 분석했다.

이러한 접근법은 일리가 있지만 많은 문제를 안고 있다. 모든 노동 자의 1시간 노동이 동일한 가치를 지니는가? 당연히 부지런한 노동자 와 게으른 노동자, 숙련 노동자와 비숙련 노동자를 구분해야 한다. 일부 노동자는 지적능력 또는 육체노동으로 생산에 기여하지만, 일부 노동자는 생산에 기여하는 바가 적다. 일부 노동자는 막대한 양의 원자재나 특수한 도구 또는 생산수단을 사용한다. 이들은 단순한 육체노동자, 지식노동자와 구분해야 한다. 생산수단과 자원이 생산에 기여하는 바를 감안하면 내재가치에서 자본의 역할도 인정해야 한다. 마지막으로 시간이 문제다. 물고기 등 일부 재화는 얼마 보관하지 못하는 반면, 조각품은 반영구적으로 보관할 수 있다. 와인 등 일부 재화는 시간이 흐르면 가치가 증가한다.

애덤 스미스는 원시사회에서 재화 생산에 투입한 노동량이 재화의 교환가치를 결정했지만, 사회가 발달하면서 노동량뿐 아니라 생산수단을 소유한 사람에 대한 보상도 교환가치를 결정하게 됐다고 말한다. 오늘날 사람들은 자산을 보유하는 시간에 따라 할인율을 적용한다. 애덤 스미스, 데이비드 리카도, 마르크스는 가치와 노동의 관계를 규명하려고 연구했다. 스미스는 지배노동labor commanded이 투하노동labor embodied을 초과할 때 이윤profit이 생긴다고 이해했다. 지배노동은 상품을 팔아서 얻은 돈으로 살 수 있는 노동력의 양이고, 투하노동은 상품 생산에 투입한 노동력의 양이다. 리카도는 더 분명하게, 지배노동을 임금wage과 구분했다. 마르크스는 지배노동과 임금의 차이가 이익인지 착취인지 검증했다.

애덤 스미스와 고전 경제학자들은 노동가치설의 복잡한 측면들을 이해했다. 그들은 가격과 가치가 노동과 관련이 있지만, 노동과 일치하지는 않는다고 인식했다. 노동가치설은 수요와 공급이 가격에 미치는 영향을 부정하지 않는다. 고전 경제학자들은 상품의 가치를 가격과는 다른 것으로 인식했다. 마르크스는 수요와 공급이 균형을 이룰 때만 노동력이 가격을 결정한다고 믿었다.

> 수요와 공급이 서로 균형을 이룰 때 상품의 시장가격market price은 자연가격natural price과 상응한다고 말할 수 있다. 자연가격은 상품 생산에 필요한 상대적 노동량이 결정한다.[17]

신고전주의 경제학자들은 "수요와 공급이 가격을 결정하지만, 성향, 기술, 부존량endowment: 원래 가지고 있던 것-옮긴이의 상호작용도 가격에 영향을 미친다"라는 일반균형이론general equilibrium theory에 따라 노동가치설을 실증적, 비규범적으로 논쟁하려고 한다. 따라서 일부 열정적인 신고전주의 경제학자들은 과도한 연봉이란 것이 존재하지 않는다고 주장한다. 시장이 연봉을 결정하기에 지나치게 높은 연봉이란 존재할 수 없다는 주장이다. 일부 윤리적 경제학자들은 과도한 연봉을 대단히 부당한 것으로 여기고 언짢아한다. 더 많은 경제학자들은 소득이 적다고 느끼고 언짢아한다.

경제학자들이 사용가치와 교환가치를 구분한 것은 어떤 상품은 사용가치가 낮은데도 시간이 흐르면서 희소성이 높아져 교환가치가 증가한다는 사실을 인식했기 때문이다. 영국의 경제학자 라이오넬 로빈스는 경제학을 "다른 용도를 가진 희소한 수단과 목적의 관계라는 측면에서 인간 행동을 연구하는 과학"이라고 정의했다. 희소성은 자연적으로도, 인공적으로도 생길 수 있다. 독점, 규제, 브랜드, 죽음 등 배타적 전략을 통해 희소성을 만들 수 있다. 고의적 파괴도 희소성을 만들 수 있다. 부자가 되고 싶은 사람은 자신을 희소한 존재로 만들라. 예술가가 죽은 뒤 그 예술가가 만든 작품 가격이 급등하는 일이 자주 일어난다. 예술가가 더 이상 작품을 만들지 않는다는 사실만큼 작품 가치를 확실히 높이는 요소는 없다. 대리인 문제도 희소성을 만들 수 있다. 대리인을 통해서만 거래할 수 있는 상황에선 대리인의 희소성 때문에 가격이 오를 수 있다. 예를 들어 재판을 하려면 변호사를 고용해야 하고, 변호사는 사법시험을 통과한 사람만 개업할 수 있어 희소한 존재이기에, 법률 서비스 가격이 오른다.

유행, 패션, 그리고 따라 하기

하지만 로빈스의 주장대로 희소성이 언제나 객관적 가치 척도인 것은 아니다. 로빈스는 경제학을 객관적 관점을 가진 과학이라고 말했지만, 현실에선 비과학적 경제현상이 많다. 예를 들어 유행, 패션, 위치재를 과학으로 어떻게 설명할 것인가?

유행과 패션에선 희소성, 정보 비대칭, 외부 효과가 많이 작용한다. 유행과 패션은 시간과 공간, 세월과 국경을 초월하는 상업적 다양성의 예다. 사람들은 유행과 패션을 보고 경제가 어떻게 진화하는지 실시간으로 파악할 수 있다.

유행은 단기간 지속되는 열광이다. 패션은 문화보다는 빨리 바뀌지만 유행보다는 오래 지속되는 표현양식이다. 유행은 수명이 짧고, 변덕스럽고, 중요도가 낮다. 어떤 것이 아무 이유 없이 갑자기 좋거나 싫으면, 그것은 유행이다. 사람들이 별 이유 없이 싫어하는 노래나 스타일, 유명인 등이 유행의 예다. 패션도 유행처럼 변하지만 유행보다는 오래 지속되고 종종 한 시대를 만들거나 문화와 같은 위상을 누린다. 사람들이 싫어도 적응해야 하고, 한동안 싫다는 느낌조차 드러내지 않는 것이 패션이다. 청바지가 한 예다.

유행과 패션은 시간에 따라 변한다. 유행의 예는 훌라후프, 휴대폰 벨소리다. 패션은 프라다 핸드백이나 멋진 휴양지의 주택을 구매하는 등의 중대 결정이 개입한다. 헌신 정도가 유행과 패션을 구분한다. 스티커 문신은 유행이고, 피부에 새기는 문신은 패션이다. 유행과 패션 사이에 진화와 경쟁도 볼 수 있다. 패션 산업에서 브랜드와 로고는 잘 보호받지만, 디자인은 잘 보호받지 못한다. 덜 유명하지만 혁신적인 디자이너들은 종종 자신의 디자인을 큰 디자인 회사에게 도용당한다. 하지만 디자이너들은 다른 사람의 디자인에 영감을 받아야만 디자인하고, 이에 따라 새로운 유행과 패션이 생기고 산업이 성장한다. 지적 재산권을 지나치게 보호하다간 지식산업을 죽일 수 있다.

유행과 패션은 물고기 가격에도 영향을 미친다. 예를 들어 관상용 잉어는 매우 고가에 팔린다. 관상용 잉어의 역사는 거의 2000년 전 중국에서 시작됐다. 하지만 관상용 잉어가 패션이 된 곳은 20세기 초 일본이다. 잉어는 잘 돌보면 수십 년을 살 수 있다. 관상용 잉어의 가격은 수만 달러에 달한다. 관상용 잉어 가격을 결정하는 요소는 특정한 무늬와 색상의 잉어를 교배하려고 들인 노력, 잉어의 건강 상태, 유행이다. 잉어의 일종인 인면어人面魚는 상대적으로 쉽게 교배할 수 있어서 가격이 낮고, 쉽게 구매할 수 있다. 이를 유행으로 분류할 수 있다. 잉어 애호가들은 인면어를 제대로 된 관상용 잉어로 치지 않는다. 하지만 비전문가에게는 무슨 차이가 있을까. 어린 잉어는 어린 금붕어와 아주 비슷하게 생겼기에, 비전문가들은 어린 금붕어와 잉어를 잘 구분하지 못한다. 그런데도 어린 잉어는 어린 금붕어보다 훨씬 비싸다.

경제학자들은 유행과 패션이 시작하는 원리에 관심이 많다. 서실 비칸다니, 데이비드 허실라이퍼, 이보 웰치는 "인간의 행동을 관찰할 때 발견할 수 있는 가장 놀라운 규칙성은 지역적 순응localized conformity이다"라고 주장했다.[18] 그들은 타인의 행동을 따라할 때 얻을 수 있는 혜택이 비용보다 많으면, 타인을 따라하는 것이 경제학에서 가르치는 내용과 부합한다고 지적했다.

개인이 앞선 사람의 행동을 관찰하고 별 다른 생각 없이 따르는 것이 최선일 때, 자신의 정보를 토대로 판단하기보다 타인의 행동을 토대로 판단하는 계단식 정보전달informational cascade이 발생한다.

계단식 정보전달은 아무도 군중의 행동에 의문을 제기하지 않는 채 모두 군중을 따라하는 현상이다. 이러한 행동 양상은 좋은 결과를 낳을 수도 있고 나쁜 결과를 낳을 수도 있다. 계단식 정보전달은 추단법과 편향의 한 예로, 주로 상업적 트렌드를 따르는 대중에게서 발견할 수 있는 현상이다. 도널드 콕스는 이렇게 말한다.

거짓말을 믿는 것은 꼭 멍청하거나 미친 짓이 아닐 수도 있다. 거짓말을 믿는 것이 현명한 선택일 때도 있다. 진실을 파헤치는 일은 많은 비용이 든다. 따라서 더 많은 진실을 파헤칠수록 다른 것을 놓칠 수 있다. 사실 확인에 모든 시간을 쓰는 사람은 돈을 벌 시간도, 휴가 갈 시간도, 잠 잘 시간도 없다.[19]

하지만 지역적 순응은 위험을 초래할 수도 있다. 의사들도 유행을 따른다는 점은 불편한 진실이다. 베이비붐 세대가 태어날 때는 편도선 절제술이 유행했다. 어린 시절에 몇 번 감기에 걸린 뒤에 편도선을 제거하는 수술을 받은 적이 있다. 당시 편도선 절제술은 대부분 불필요하고 끔찍하고 때로는 사망을 초래하는 위험한 수술이었다. 콕스는 의학계에서 나타난 계단식 정보전달의 예로 1980년대까지 계속된 무의미한 궤양 치료를 들었다. 그러다가 로빈 워런과 배리 마셜이 궤양을 유발하는 헬리코박터 파일로리 균이 위 속에 있다는 사실을 발견했다. 두 사람은 이 공로로 2005년 노벨 의학상을 받았다. 그 전에는 '위에서는 절대로 세균이 살 수 없다'는 것이 의학계 상식이었고, 이 때문에 헬리코박터 균을 발견한 두 사람은 한때 학계에서 거짓말쟁이로 취급당했다.

사람들이 계단식 정보전달을 거스르려면, 진실을 발견해서 얻는 혜택이 비용을 초과해야 한다. 그러나 계단식 정보전달 자체가 비용을 늘려, 진실을 발견해 얻는 혜택이 비용을 초과할 확률을 낮춘다. 미국 메이저리그 최고의 포수였던 요기 베라가 더 이상 미니애폴리스에 있는 한 유명 레스토랑에 가지 않는 이유를 누군가 묻자, 요기 베라가 답했다. "거긴 너무 붐벼서 더 이상 아무도 가지 않아요." 그는 나름대로 계단식 정보전달을 역행하려고 노력한 셈이다.

유행은 대부분 변덕이 심하다. 유행은 약간의 리스크와 보상을 수반하고 불확실한 가치를 지닌다. 친구 집에서 열리는 파티에 이상한 옷을 입고 갔는데, 다른 사람들이 이상하게 여기면 그저 웃어넘길 수도 있다. 하지만 직장 분위기와 맞지 않는 패션의 옷을 입고 출근하다간 일자리를 잃을 수 있다. 이는 전형적인 리스크와 보상의 트레이드오프 관계와 반대다. 유행은 매우 불확실한데 리스크나 보상이 거의 없다. 패션은 유행보다 확실한데 리스크와 보상이 상당히 크다.

투자자들이 시장으로 우르르 몰려가는 것은 유행이다. 지금까지 금융시장에서는 유행과 버블이 자산 가격을 근본적 시장가치보다 높였다. 하지만 근본적 시장가치가 얼마인지 어떻게 아는가? 알 방법이 없다. 그저 강력한 추세는 일시적으로 일어나는 유행이고, 장기적으로는 가격이 '평균으로 회귀'한다는 사실을 믿는 수밖에 없다. 애덤 스미스, 데이비드 리카도, 마르크스가 찾으려고 애쓴 내재가치가 있다고 믿는 수밖에 없다. 스미스, 리카도, 마르크스는 재화의 가격이 장기적으로 노동량을 반영해 결정된다고 보았다.

브랜드는 유행과 패션의 내재적 부분이다. 정보 비대칭 상황에서 판매자는 브랜드를 통해 구매자에게 정보를 전달할 수 있다. 소비자가 어느 회사 상품이 좋은지 알지는 못해도 최소한 브랜드는 안다. 유행과 패션에서 브랜드는 두 가지 역할을 한다. 첫째, 브랜드는 지역적 순응을 가속한다. 현대인들의 소비문화는 수동적이다. 다른 사람들이 많이 사는 상품을 사려고 한다. 다른 사람들이 다 프라다 핸드백을 들고 다니면, 프라다 핸드백이 가장 좋을 것이라고 가정하고 사려고 한다. 둘째, 브랜드는 사용자에게 메시지를 전달한다. 프라다 제품을 쓰는 사람에게 자부심을 느끼게 한다. 이런 식으로 사회에 정보를 보내는 브랜드 제품은 위치재가 된다.

왜 어떤 재화는 그토록 비싼가

프레드 허시는 『성장을 막는 사회 한계The Social Limits to Growth』란 책에서 물적재material goods와 위치재positional goods를 구분했다.[20] 물적재는 전통적 수요공급 법칙과 한계효용체감 법칙에 따라 생산되는 상품이다. 소비를 늘릴수록, 추가로 얻는 효용이 점차 감소한다. 이렇게 추가로 증가하는 한계효용이 0이 되면 소비를 중단한다. 아무리 맛있는 음식도 무한대로 먹을 순 없다. 배가 부르면 식사를 중단한다. 위치재는 절대가치가 아니라 상대가치, 사회가치를 지닌 상품이다. 위치재의 예는 고급 휴양지의 주택, 명문학교 교육, 고급 레스토랑 예약이다. 위치재를 소비할 때 얻는 만족은 다른 사람들과 관계에서 얼마나 큰 만족을 느끼느냐에 달렸다. 물적재는 시간과 노력을 들여 만들 수 있다. 위치재는 제조한다기보다는 재분배한 것이다. 위치재는 내재적으로 희소한 상품이다. 경제학 용어로 표현하자면, 위치재는 공급이 비탄력적이다. 모든 수요자에게 공급할 수 있을 만큼 생산량을 늘리기 어렵다. 아름다운 해변 공급은 늘지 않고 감소하기까지 한다. 모든 사람이 사회 위상이 높은 직업을 가질 수 없다. 누군가 더 나은 교육을 받으면 다른 사람은 상대적으로 떨어지는 교육을 받아야 한다.

위치재의 배분을 탐구한 프레드 허시는 전통적 수요공급 법칙만으로는 위치재를 설명할 수 없다고 지적했다. 허시는 위치재를 배분하는 세 가지 방법인 스크리닝, 크라우딩crowding, 경매auctioning를 관찰하고 이러한 방법의 단점을 연구했다. 스크리닝의 예는 대입시험으로, 엘리트주의를 부추긴다. 크라우딩은 위치재를 얻으려고 군중이 쇄도하는 것을 말한다. 이국적 섬에 너도나도 몰려가면 이국적 섬이란 위치재를 파괴하게 된다. 희소재를 경매할 경우 가격이 터무니없이 높아진다. 허시는 사람들의 환경을 개선하지 못하는 시장경제의 한계를 탐구했으나, 이러한 한계를 깨는 방법을 제시하지는 못했다. 허시는 모호한 협력적 경매를 옹호하고, 사회지위가 높은 일자리의 임금을 줄이고, 위치재를 민간 영역에서 공공 영역으로 이동시켜야 한다고 주장했다.

위치재를 뒷받침하는 개념은 오래전부터 있었다. 고고학자들은 포틀래치potlatch, 북아메리카 북서해안의 인디언들이 자녀의 탄생, 성인식, 장례식, 계승식 등의 의식에 사람들을 초대해 선물을 주는 행사-옮긴이와 쿨라kula, 뉴기니 동부 주민들이 의례적으로 물품을 교환하는 행사-옮긴이 문화를 탐구했다. 생물학자들은 공작이 짝짓기에 적합하다는 사실을 입증하려고 화려한 꼬리를 펼친다고 설명한다. 오래전부터 사람들은 벼락부자들을 비판했다. 소스타인 베블런은 1899년 『유한계급론The Theory of the Leisure Class』이란 책에서 '과시적 소비conspicuous consumption'란 용어를 만들었다. 일부 사회구성원은 위치재 소비를 늘려 혜택을 보고 다른 사회구성원들은 손해를 본다. 모든 사람이 가장 유명한 사람이 되거나, 가장 앞선 사람이 되거나, 가장 나은 집에서 살 수는 없다. 그러다보니 어플루엔자affluenza, 소비중독 바이러스를 겪기도 한다. 풍요affluent와 독감influenza의 합성어인 어플루엔자는 풍요로워지려고 더 많은 것을 추구하다보니 과도한 업무와 빛에 치이고 근심이 많아지는 현상을 말한다. 일부 위치재는 늘릴 수 없다. 한 국가의 대통령이나 수상은 한 명뿐이다. 일부 위치재는 경쟁적이다. 예를 들어 한적한 해변 주택 옆에 새 주택이 들어서면, 기존 주택의 가치가 감소한다. 대다수의 재화는 위치재의 요소와 물적재의 요소가 동시에 존재한다. 콘서트를 보러 갈 때 일반석 티켓을 살 수도 있고, 다른 사람들이 부러워하는 VIP 관람석 티켓을 살 수도 있다.

흥미롭게도, 사람들은 더 많은 위치재를 살 돈을 벌려고 물적재를 교역한다. 이 때문에 과소비가 생기기도 한다. 명품 브랜드는 많은 사람들이 모방하려고 하는 위치재다. 흥미롭게도 명품 브랜드는 가격을 높이면 위치재로서 가치도 높아진다. 크리스티앙 디오르는 피에르 가르뎅에게 낮은 가격에 팔지 말라고 충고했다. "비싸게 파세요. 재능은 그만큼 가격을 받아야 합니다." 사람들은 단순히 자신의 체면을 유지하기 위해 더 많은 위치재를 소비하기도 한다.

이러한 위치재 개념을 알면 왜 일부 재화 가격이 그토록 비싼지 이해할 수 있다. 하지만 왜 일부 사람들이 터무니없이 높은 임금을 받는지 이해하려면 다른 개념도 알아야 한다. 가격 경쟁 대 토너먼트 경쟁이라는 개념이다.

돈이 많다고 삶이 풍요로워지는 것은 아니다

토너먼트는 참가자들이 일련의 경기를 벌여 우승자를 결정하는 경쟁 방식이다. 토너먼트는 가격 경쟁과 다르다. 토너먼트에서 승자는 딱

한 명이다. 나머지 플레이어들은 손실을 본다. 미식축구 감독 빈스 롬바디는 평소 "이기는 것이 전부는 아니다. 이기는 것은 유일한 것이다"라고 말했다. 승리지상주의는 경쟁의 속성을 바꾼다. 승자만 이익을 보는 시장에선 가격이 수요공급의 법칙대로 움직이지 않는다. 승자가 되기 위해 높은 가격이라도 부담해야 한다.

가장 나은 조건을 제시하는 업체를 선발하는 경쟁 입찰부터 통신주파수나 광물채굴권을 확보하기 위한 입찰까지, 일반적 경제상황에서도 토너먼트의 예는 많다. 이러한 입찰 토너먼트에서 살펴봐야 할 점이 두 가지 있다. 첫째, 1장에서 언급했듯 최종 입찰자가 패전이나 다름없는 승리Pyrrhic victory를 거두고, 승자의 저주에 걸릴 수 있다는 점이다. 경쟁 입찰과정에서 지나치게 높은 가격을 제시했기 때문에 최종 입찰자가 되도 손해를 본다. 둘째, 비용/편익 분석이 '승자가 이익을 독식하고 나머지는 손해 본다'는 이분법으로 흘러간다. 이러한 토너먼트의 승자독식 구조 때문에 스포츠 구단들이 스타 선수들에게 과도한 연봉을 지급한다. 조금만 더 투자했으면 1등을 할 수 있는 토너먼트에서 2등은 의미가 없다. 그렇지만 모든 구단이 이런 심리로 조금씩 투자를 늘린다. 결국 어떤 비용을 감수하고서라도 최고의 선수를 사는 것이 낫다.

19세기 말 여러 스포츠들이 프로스포츠로 전환하는 과정에서, 스포츠 협회들이 이러한 문제를 인식했다. 각 협회들은 연봉폭등을 제한하기 위해 나름대로 규제책을 만들었다. 야구에서는 소속팀의 동의 없이 선수가 이적할 수 없다는 보류조항이 있었다. 이 때문에 20세기 초중반에 야구 선수들이 연봉을 크게 올리기 힘들었다. 1975년에 이 보류

조항이 사라지자 야구 선수들의 연봉은 천정부지로 치솟았다. 크리켓, 럭비, 요트는 20세기 후반에도 아마추어 스포츠로 남아, 최근 들어서야 겨우 이 종목 선수들이 상당한 연봉을 받게 됐다. 축구는 다른 스포츠보다 시장원리를 따랐기에 정상급 선수들의 연봉이 매우 높다.

스포츠에서 이러한 자유시장 원리는 선수 연봉을 높였을 뿐 아니라, 선수 가치에 대한 인식도 바꾸었다. 언론인이자 전직 크리켓 선수인 에드 스미스는 미식축구의 이적규제 완화가 뜻밖에도 선수 연봉에 대한 인식을 높이는 결과를 낳았다고 분석했다. 그는 마이클 루이스의 『블라인드 사이드The Blind Side』의 내용을 예로 들었다(이 책은 영화로 제작돼 2010년 아카데미상을 받았다). 미식축구에서 가장 높은 연봉을 받는 선수는 쿼터백이다. 두 번째로 높은 연봉을 받는 선수는 러너나 리시버가 아닌 레프트 태클이다. 레프트 태클은 관중의 주목을 받는 포지션은 아니지만 가장 가치가 높은 선수인 쿼터백을 보호하는 포지션이다. 따라서 현실 경제의 관점에서 보면 구단들이 쿼터백 다음으로 높은 연봉을 레프트 태클에게 주는 것이 타당했다. 자유시장은 선수에게 무작정 높은 연봉을 주지 않는다.

일부 포지션은 이전 통념보다 승리에 큰 영향을 미치고, 어떤 포지션은 통념보다 덜 중요한 것으로 밝혀졌다. 규제가 사라진 시장은 통념에 도전한다. 이는 경제학자 슘페터가 '창조적 파괴'라고 부른 과정이다. 이 과정에서 미식축구 팬들과 관계자들의 오래된 통념은 상당히 틀린 것으로 밝혀졌다.[21]

정보 비대칭, 지역적 순응, 위치재, 토너먼트라는 네 가지 개념을 하나로 묶으면, 일부 사람들이 과도한 임금을 받는 원인을 이해할 수 있다. 여기서는 전문가와 경영자가 과도한 임금을 받는 원인을 간략히 살펴보겠다.

- **정보 비대칭** 어떤 전문가나 경영자가 얼마나 큰 성과를 낼지 실제 채용하기 전에는 알 수 없다. 때로는 채용하고 한참 지나서야 알 수 있다. 따라서 사람들은 업무성과에 따라 전문가나 경영자의 연봉이 너무 많다고 평가하는 것이 아니라 노동시간에 따라 연봉을 평가한다.

- **지역적 순응** 사람들은 시장에서 하는 대로 전문가와 경영자에게 수수료와 임금을 준다. 부동산 중개업자는 주택 가격의 일정 비율을 수수료로 받는다. 종종 큰 집일수록 잘 팔려 중개업자가 높은 수수료를 받는다. 구매자들이 위원회를 구성해 임금을 결정하는 경우도 있다. 경영자들이 받는 연봉을 결정하는 곳은 이사회다. 이사회를 구성하는 임원들은 동료 경영자들이다.

- **위치재** 전문가의 브랜드가 중요한 경우도 있다. 유명한 개인자산관리사private banker에게 자산관리를 맡겨도 성과가 좋지 않을 수도 있고, 유명 여행사의 여행 패키지 상품이 다른 여행사의 상품보다 낫지 않을 수도 있다. 하지만 유명한 전문가에게 일을 맡기는 것만으로 다른 사람들에게 부러움을 산다면, 더 비싼 비용을 지불해 유명 전문가를 고용하는 사람들이 있다. 기업이 유명한 최고경영자를 영입하면 경쟁사가 이 사람을 쓰지 못하는 효과를 거둘 수 있다.

- **토너먼트** 이기는 것만이 의미가 있는 토너먼트 상황에서는 더 높은

비용을 지불해 유명 한 전문가를 고용하는 편이 나을 수 있다. 법률 소송에서 주요 로펌의 이름만 듣고도 상대방이 재판까지 가지 않고 합의하려는 경우가 종종 있다. 직원이 10만 명에 달하는 대기업이 카리스마 있는 최고경영자 한 명 덕분에 성공할지는 알 수 없다. 하지만 이사회 임원은 경영 실패의 책임을 뒤집어쓰기 싫어한다. 연봉을 더 주고서라도 가장 유명한 최고경영자를 영입해 지켜보는 편이 안전하다. 실패해도 최소한 최고인재를 영입하려 노력했다고 변명할 수 있기 때문이다. 설령 최고경영자 연봉이 임직원 평균 연봉의 1000배에 달해도, 전체 임직원 연봉에서 차지하는 비율은 1%도 안 된다.

세계화는 일의 토너먼트 속성을 강화하고, 경쟁 강도를 높였다. 제럴드 머스그레이브는 다음과 같이 말했다.

4등의 가치가 1등 가치의 4분의 1이 아닌 것은 올림픽만이 아니다. 마이크로소프트나 구글과 경쟁하는 기업이 업계 4위를 차지한다고 생각해보라. 격렬한 경쟁에 참여해 많은 돈을 받는 사람은 장군이나 변호사만이 아니다. 시장에서 죽느냐 사느냐를 다투는 경쟁에서 아무도 2위에 만족하려고 하지 않는다.[22]

세계화로 각국 위치재의 중요도가 떨어졌다. 국내에서 유명한 고급 주택가에서 산다고 해서 외국 친구들이 부러워하겠는가? 어쩌면 뉴욕 최고급 주택가 정도는 돼야 외국 친구들이 조금 부러워할 것이다. 파라과이의 고급 골프클럽 회원이라고 해서 외국 친구들이 부러워할까? 아직 크게 유명하진 않지만 굉장히 현대적이고 최신 시설을 갖춘 대학교에 교수로 부임했다고 외국 친구들이 부러워할까? 국제적으로 위치재의 위상을 알 수 있는 척도는 가격이다. 딸을 학교에 보내는 데 얼마썼다든지, 휴일에 아들에게 얼마를 썼다든지, 상을 받거나 집을 사는데 얼마를 썼다고 말해야 외국 친구들이 감명 받을 것이다.

위치재의 가격은 사람들이 위치재의 가치를 이해하게 돕지만, 역설적으로 위치재를 물적재와 같은 범주로 묶게 한다. 모든 것을 돈이라는 하나의 척도로 평가하면 사람들이 획일적으로 변한다. 삶의 풍요를 나타내는 척도인 건강, 행복, 가족, 명성, 위치, 지성, 성공, 영향력, 아름다움을 칭송하기보다 돈이 많다고 칭송하는 일이 많아지고 있다. 삶의 척도가 돈뿐이라면 세계에서 몇 사람만이 우월감을 느낄 수 있다. 이는 경제의 궁극적 역설이다. 부는 위치재다. 다른 위치재와 마찬가지로 부 자체만으로 삶이 풍요로워지지 않는다.

흐름 넷 **진화**

10장

혁신이 없으면 번영도 없다

혁신과 경쟁적 선택이란 개념을 살펴보는 것으로 진화와 관련한 지식 탐구를 시작하겠다. 경쟁은 시장에 필수다. 그러나 혁신이 없으면 새로운 경쟁도 없다. 마이클 포터는 "혁신은 경제 번영의 핵심 이슈"라고 말했다.[1] OECD 국가들의 연구개발 지출은 GDP의 1%에서 3%에 달한다. 정부, 대기업, 중소 조직의 연구개발비는 5000억 달러를 훨씬 웃돈다. 혁신이 경제개발과 경쟁적 선택에 중요한 요소라는 사실은 널리 인정받고 있지만, 혁신하는 방법을 아는 사람은 별로 없다.

창의적인 혁신을 위한 시스템

1942년 슘페터는 '창조적 파괴'라는 개념을 주창해 진화 경제학의 발판을 마련했다. 창조적 파괴란 시장이 기존의 것을 대체하는 혁신을 통해 새로운 것을 창조한다는 개념이다. 슘페터는 기업의 혁신이 어느 정도의 독점에 안주하던 기존 대기업들의 가치를 파괴하면서 경제를 장기간 성장시켰다고 보았다. 그는 혁신이 성공하려면 경제 시스템에서 기업의 탄생, 도전, 파괴, 합병, 육성, 소멸이 활발히 이루어져야 한다고 보았다.

슘페터는 혁신을 다음과 같이 정의하고자 했다.

- "소비자에게 익숙하지 않은 새로운 재화, 이전과 다른 품질의 재화를 소개.
- 상품을 새롭게 접근하는 생산 방식, 새로운 과학발전에 근거를 둔 생산 방식을 도입.
- 동종 업체들이 이전에 진입하지 않은 새로운 시장 개척.
- 새로운 원재료, 반제품 공급원 확보(이러한 공급원이 기존에 존재했던 것이라도, 다른 기업이 이용하던 것이라도 상관없다).
- 트러스트를 형성해 시장을 독점하거나, 독점을 깨트려 산업구조를 개편하는 것."[2]

슘페터의 정의는 너무 범위가 넓어서 어떠한 기업변화라도 혁신으로 포장할 수 있을 것이다. OECD는 회원국들을 여러 척도로 비교해 혁신을 정의하고 측정하고자 했다. 기업혁신 표준 가이드라인인 오슬로 매뉴얼은 혁신을 다음과 같이 정의했다.

제품공정기술technological product and process, TPP의 혁신은 기술적으로 새로운 제품과 공정의 도입, 기술의 현저한 향상으로 구성된다. 제품공정기술의 혁신은 신제품 출시나 공정기술의 향상으로 구현된다. 제품공정기술의 혁신은 일련의 과학적, 기술적, 조직적, 재무적, 상업적 활동을 수반한다. 제품공정기술 혁신 기업은 심사기간 안에 기술적으로 새로운 제품이나 공정, 기술적으로 현저하게 향상된 제품이나 공정을 구현한 기업을 말한다.[3]

OECD는 사람들이 제품을 구매하기 전에는 혁신이라고 인정하지 않는다. OECD는 기업이 시장에서 차이를 만드는 것을 혁신이라고 본다. 하지만 어떤 의미에서 OECD 정의는 슘페터의 정의보다도 범위가 넓다. OECD 정의에 따르면, 햄버거 포장지를 바꾸는 것, 전화응답 메시지를 바꾸는 것, 인터넷 클릭 기능을 향상시키는 것, 새로운 패션 액세서리도 혁신이다. OECD 정의에 따르면 컵라면을 발명한 안도 모모후쿠가 토머스 애디슨, 소아마비 백신을 개발한 조너스 소크만큼이나 중요한 혁신가다.

혁신과 발명invention은 어떻게 구분할까? 발명은 실용적인 아이디어를 생각해내는 것이고, 혁신은 이러한 발명을 세상에 소개하는 것이다. 아인슈타인은 "비록 혁신의 결과는 논리 구조와 연결되지만, 혁신은 논리적 사고의 소산이 아니다"라고 지적했다. 만약 많은 사람들이 어떤 신상품이나 공정에서 혁신적 용도를 발견했다면 그들이 얼마나 혁신적이라고 평가할 수 있을까? 패트리샤 시볼드는 『외부 혁신』이란 책에서 모든 사람이 혁신가라고 주장한다.[4] 실제로 사용자 혁신은 경제 변혁의 주요 원천으로 인정받고 있는 추세다. 소비자들은 종종 생산자가 예상한 것과 다른 용도로 제품과 서비스를 이용한다.

혁신을 정의하는 문제는 무척 어렵고 순환적이다. 새로운 것을 발명했어도 상품화하지 않았으면 혁신이 아니다. 새로운 것을 발명해서 상품화했어도 시장에서 밀려났으면 혁신을 성공하지 못한 셈이다. 한 기업이 경쟁사들보다 우월한 이유는 혁신적 기업이기 때문이다. 한 기업이 망하는 이유는 충분히 혁신하지 못했기 때문이다. 유럽과 일본 대기업들이 혁신능력보다는 규모 덕분에 살아남았다고 한다면, 이 대기업들의 인수합병 전략도 혁신으로 분류할 수 있을까? 설상가상으로, 파괴적 기술disruptive technology이란 개념은 더 정의하기 모호하다. 파괴적 기술이란 기존 시장을 지배하던 기술이나 제품을 전복하는 기술혁신을 말한다. 범선을 대체한 증기선, 메인프레임 컴퓨터를 대체한 마이크로컴퓨터가 파괴적 기술의 예다. 이러한 파괴는 예측할 수 없다. 게다가 여전히 범선과 메인프레임 컴퓨터가 쓰이고 있다. 그렇다면 어떤 기술 진보가 진정한 파괴적 기술인가?

혁신이 성공과 동의어가 된 까닭에 많은 사람들이 혁신이란 개념을 혼동한다. 혁신과 성공을 동일시하는 풍조는 최근에 생긴 것이다. 예전에는 실패를 학습과 혁신의 중요한 일부분으로 인정했다. 우디 앨런은 "일하면서 가끔 실패하지 않는 사람은 혁신적인 일을 하지 않은 셈이다"라고 말했다. 미국 소설가 허먼 멜빌은 다음과 같이 말했다.

어디서도 실패한 적이 없는 사람은 위대해질 수 없다. 실패는 위대한 사람을 시험한다. 계속해서 성공을 거두는 사람은 자신의 역량을 잘 알고

있는 사람이다. 하지만 이런 사람은 자신의 역량이 작다는 사실도 알고 있다고 할 수 있다.[5]

혁신은 고귀한 실패임과 동시에 예상치 못한 성공이다. 이 역설은 영국 사상가 아서 케스틀러가 설명한 폐쇄적 신념 체계closed belief system를 연상하게 한다. 폐쇄적 신념 체계를 가진 사람은 세 가지 특징이 있다. 첫째, 모든 것을 설명하는 보편타당한 진리를 알고 있다고 주장한다. 둘째, 어떤 증거를 내놓아도 설득당하지 않는다. 자신의 신념 체계를 부정하는 데이터를 자신의 신념 체계에 맞도록 재해석하기 때문이다. 셋째, 비판을 받으면 비판자의 동기를 트집 잡아 비판을 부정한다. 케스틀러는 정통 프로이드 심리학파를 폐쇄적 신념 체계의 예로 든다.

이러저러한 이유로 거세 콤플렉스의 존재를 의심하는 사람에게 프로이드 심리학자는 즉시 대답했다. "당신의 주장은 무의식적 저항을 드러냈습니다. 이는 당신이 거세 콤플렉스를 가지고 있다는 사실을 입증합니다. 당신은 악순환에 빠졌습니다."[6]

혁신은 폐쇄계의 첫 번째 특징을 충족한다. 혁신은 모든 경제변화를 설명하는 데 쓸 수 있는 개념이다. 경쟁사보다 나은 성과를 낸 기업은 경쟁사보다 혁신했기 때문이고, 못한 성과를 낸 기업은 경쟁사보다 덜 혁신했기 때문이라고 설명할 수 있다. 혁신은 폐쇄계의 두 번째 특징도 충족한다. 실증적으로 논박할 수 없다. 모든 변화는 혁신이고 모든 불변은 혁신 달성에 실패한 것이라고 주장할 수 있다. 혁신은 폐쇄계의 세 번째 특징도 충족한다. 비판자의 동기를 문제 삼아 비판을 무력화할 수 있다. 아무리 혁신하려고 노력해도 경영성과가 나쁜 기업에게는 급격한 혁신에 대한 믿음이 부족하거나 진정한 혁신을 이루지 못했기 때문에 경영성과가 나쁘다고 말할 수 있다. 이런 기업에 대한 해법은? 더 집중적으로 혁신하는 것이다.

사람들은 무엇이 혁신인지 모른다. 그래서 저스티스 화이트가 포르노그래피에 대해 언급한 말을 흉내 낼 뿐이다. "보면 안다." 정부, 언론, 기업들이 하도 혁신 타령을 하다 보니, 사람들은 많이 혁신할수록 좋은 줄 안다. 혁신 광신도자들이 사방에 출몰했다. 그들은 혁신을 믿으면 성공할 것이라고 외치는 듯하다. 이런 풍조를 본 코코 샤넬은 혁신이 전부는 아니라고 불평했다. "혁신이라고! 사람은 평생 혁신만 하고 살 수 없어. 나는 고전을 창조하고 싶어."

성공적 혁신의 유전자

상업과 진화는 비교할 점이 많다. 다윈의 진화이론은 비단 생물학뿐 아니라 개인이 모여 군중을 이루는 상황, 자식이 부모의 특성을 물려받는 상황, 특성이 무작위하게 출현하는 상황, 적자생존의 상황에도 적용할 수 있다.

진화하는 비즈니스 전략이란 개념은 새로운 아이디어를 창출하는 도구, 최적화 도구로 이용할 수 있다. 케스틀러는 "새로운 생물 종의 탄생과 새로운 아이디어 구상은 어느 정도 비슷한 과정을 거친다"라고 말했다.

유전 알고리즘genetic algorithm은 생물의 진화 메커니즘을 모델링해 최적의 답 또는 최적에 가까운 답을 구하려는 문제해결 접근법이다. 유전 알고리즘은 생물 진화를 설명할 때 쓰는 용어를 써서 개인의 업무 수행능력을 평가한다. 성공적 조직은 유전자를 교환하고 돌연변이를 일으켜 다음 세대에 전달하는 부모와 같은 조직이다. 조직의 유전 알고리즘 주기는 다음과 같이 요약할 수 있다.

1. 각기 특성을 지닌 개인들을 모아 한 집단을 구성하라.

2. 각 개인을 업무 적합 정도에 따라 평가하라.

3. 부모를 선택하라.

4. 새로운 개인을 낳고 돌연변이를 키워라.

5. 일부 또는 전체 부모를 새로운 개인과 교체하라.

6. 만약 결과가 만족스럽지 못하면, 2단계로 돌아가 5단계까지 반복하거나, 중단하라.

『이기적 유전자』라는 책을 쓴 리처드 도킨스[7]를 비롯한 학자들은 건축부터 금융까지 다양한 유전 알고리즘 적용 사례를 제시했다. 예를 들어, 크레인을 개발할 때, 유전 알고리즘은 우선 크레인 특성을 분류한다(나무로 만든 크레인 vs. 철로 만든 크레인, 팔이 긴 크레인 vs. 중간 길이 크레인 vs. 팔이 짧은 크레인, 증기 크레인 vs. 전기 크레인). 이러한 특성을 조합해 여러 크레인을 설계한다. 설계한 크레인들을 용도에 적합한지 평가한다. 평가를 통과한 크레인들은 다음 시뮬레이션 라운드에서 평가할 크레인 설계에 특성을 넘긴다. 유전 알고리즘은 여러 라운드를 거쳐 합리적 해법으로 진화할 수 있다. 즉 용도에 적합한 특징을 가진 크레인을 설계할 수 있다. 하지만 여기서 합리적 해법은 최적 해법과 거리가 먼 부분적 해법일 수도 있다. 자연에서 나타나는 생물 진화가 꼭 최적 형태로 나타나지 않는 것과 같은 이치다.

진화 알고리즘은 복잡한 유기체가 생존에 접합하게 바뀌는 과정은 확률이나 설계가 아니라, 처음에 가지고 있던 특성의 변화 누적이라는 사실을 인식하게 해준다. 케슬러는 다음과 같이 말했다.

생물의 진화는 고정된 규칙을 따르는 게임이다. 이러한 규칙이 생물의 변화 가능성을 제한하지만, 그럼에도 무한한 변종이 나올 수 있다. 규칙은 생물의 기본구조에 내재되어 있다. 생물은 환경 적응 전략에 따라 변종을 낳는다.

진화 알고리즘의 적용 정도는 다양하다. 유전 알고리즘 기법을 써서 얻은 답이 언제나 모든 경우에 유용한 것은 아니다. 그렇지만 유전 알고리즘 기법을 사용해 기업의 진화를 모형화하면 기업문제 해결에 필요한 통찰을 얻을 수 있다.

다윈은 자신의 진화론이 토머스 맬서스의 영향을 받지는 않았지만, 당시 경제학 이론에는 영향을 받았다고 인정했다.[8] 다윈의 진화론과 슘페터의 창조적 파괴란 개념은 기업에 쉽게 적용할 수 있다. 파산은 기업의 죽음이다. 기업은 이익에 따라 생존한다. 기업의 다음 세대는 기업분할, 기업합병, 파생조직이다. 하지만 기업 유전자를 구성하는 것은 무엇일까? 이익과 손실은 매출증가와 비용절감이 바람직하다는 사실을 보여줄 뿐이다. 재무제표와 현금흐름은 자산과 현금을 얼마나 적절하게 보유하고 있는지 보여줄 뿐이다. 기업의 유전자는 기업이 수용하는 리스크와 보상의 조합이라고 가정할 수 있다. 이는 흥미로운 가정이지만 문제가 있다. 한 기업이 수용하는 리스크와 보상의 조합이 있다는 증거가 부족하다. 예를 들어 대학졸업자들만 고용하는 기업이 기대하는 보상은 유연성과 헌신이다. 이 경우 예상할 수 있는 리스크는 대졸자 직원들의 실무 경험 부족, 또는 이직 가능성이다. 대부분의 리스크와 보상은 처음부터 객관적 사실이 아니라 주관적 평가나 인식에 불과하다. 따라서 기업들의 리스크와 보상을 양적으로 비교하는 것은 불가능해 보인다.

생물과 기업의 진화를 비교하는 것이 문제인 이유는 또 있다. 생물이 진화하는 원인은 무작위로 일어나는 게놈genome의 돌연변이라는 사실을 생물학자들은 안다. 비록 생물학자들 사이에서도 생물 진화 원인을 놓고 논쟁이 있지만, 기업이 진화하는 원인을 혁신이라고 봐도 무방할 것이다. 그런데 혁신이 일어나는 원인은 무엇일까?

이러한 질문에 답하기 위해, 리처드 도킨스가 주창한 문화유전자meme, 유전자처럼 다른 개체의 기억으로 복제될 수 있는 문화요소 또는 문화 전달단위-옮긴이, 자기복제자replicator라는 개념을 적용할 수 있다.

문화유전자의 예로는 선율, 아이디어, 캐치프레이즈, 패션, 도자기 양식, 건축 양식이 있다. 유전자가 정자나 난자의 형태로 다른 개체로 넘어가 유전자를 전파하듯, 문화유전자는 뇌에서 뇌로 넘어가 자신을 전파한다.[9]

문화유전자를 땅에 무작위로 뿌리는 아이디어의 씨앗으로 상상해도 좋다. 훌륭한 아이디어는 대략 인구에 비례해서 나온다. 인구가 적은 나라보다는 인구가 많은 나라에서, 작은 조직보다는 큰 조직에서 훌륭한 아이디어가 나올 확률이 높다. 조직의 역할은 이러한 아이디어를 낼 수 있는 사람을 키우는 것이다. 땅에 씨를 심고 비료와 물을 주고 햇볕이 잘 들게 하듯, 아이디어를 내는 사람을 대우해야 한다.

하지만 기업을 생물학에 비유하는 것에도 단점이 있을 수 있다. 프레몬트 캐스트와 제임스 로젠즈웨이그는 다음과 같이 말했다.

> 사회조직은 기계 시스템이나 생물학 시스템처럼 자연스럽지 않다. 사회조직은 고안된 것이다. 사회조직이 가진 구조는 물리적 구성요소가 아닌 사건들의 구조이며, 시스템 처리절차와 분리할 수 없다. 인간이 사회조직을 만들었기 때문에 사회조직은 무한히 많은 목적을 가지고 만들 수 있다. 또, 생물 시스템과 같은 탄생, 성장, 죽음이라는 패턴을 따르지 않을 수도 있다.[10]

혁신에 관한 오해

그렇다면 혁신과 진보의 원천은 어디서 찾을 수 있는가? 이러한 원천을 어디서 찾을 수 있는지를 놓고 몇 가지 다른 의견을 내놓는 사람들이 있지만, 혁신의 원천을 설계하려는 시도는 거의 사라졌다. 사회조직들이 신기술을 상업화한 기록을 보라. 연구 단계에서 아이디어를 100개 정도 내면, 개발 단계에 들어가는 아이디어는 10개 정도다. 이 중 상업화에 성공하는 아이디어는 2개 정도다. 실제로 돈을 버는 아이디어는 1개 정도에 불과하다. 미국과 영국에서는 민간 부문의 연구개발비 절반이 결국 상용화하지 못하는 프로젝트에 쓰인다. 정부의 연구개발 성과 기록을 추적해보면 더욱 참담하다. 이렇게 연구개발이 성과를 거두기 어렵지만, 투자자들은 점점 더 재능과 같은 무형자산을 더 높게 평가하는 추세다.

정부는 언제나 국민의 출생과 사망, 최소한 출생기록과 사망기록을 통제하고자 한다. 관료들은 자신의 정책 덕분에 나타난 아이디어들이 경제발전에 기여했다고 자랑하고 싶어한다. 확률적으로 볼 때, 갈수록 선두기업이 세계시장을 독식함에 따라, 각국은 더 작은 범위의 활동에서만 우위를 다투게 됐다. 사람들은 특허출원건수 등 기술발전 정도를 측정하는 지표에서 자국 순위가 하락하는 것을 문제로 여긴다. 기술의 세계화로 인해 각국 국민들은 외국보다 뒤처졌다고 느끼고, '누군가 나서 해결해야 한다'고 느끼게 된다.

따라서 2차 세계대전 후 갈수록 많은 사람들이 정부가 혁신에 직접 기여해야 한다고 확신하게 됐다. 각국 정부는 몇 년마다 혁신계획을 요란하게 발표한다. 하지만 관료들은 혁신적 아이디어가 나올 토양을 기름지게 하는 대신 온실 속에서 아이디어를 배양하려고 한다. 그래야 자신의 정책 덕분에 아이디어가 나왔다고 자랑할 수 있기 때문이다.

기업 혁신에 대한 몇 가지 오해를 풀어보자.

오해 1. 연구개발은 정부 지원이 필요하다

로널드 레이건Ronald Reagan 대통령은 이런 말을 남겼다. "정부의 경제관은 몇 마디로 정리할 수 있다. 움직이는 것에는 과세하고, 계속 움직이는 것은 규제하고, 움직이지 않는 것에는 보조금을 지급한다는 것이다." 레이건 대통령의 말대로라면, 연구개발 분야 종사자들은 웃어야 할까 울어야 할까. 정부와 유권자들은 연구개발 분야에 보조금을 지급해야 한다고 여기고 있다. 이는 연구개발 분야가 정체했다는 사실을 암시한다.

마이클 포터는 국가 혁신 시스템을 움직이는 지역 혁신 클러스터에 정부가 관심을 기울이도록 촉구했다. 그는 1990년도에 출판한 『국가 경쟁 우위The Competitive Advantge of Nations』에서 수요조건, 생산조건, 경쟁 기업, 지원 분야로 구성된 다이아몬드 모델 이론을 소개했다.

불행히도, 다이아몬드 모델은 혁신이 나올 환경을 조성하는 것만 신경 쓴다. 만약 정부가 환경 조성에만 신경 썼다면, 미국, 호주, 유럽의 다양한 혁신 계획은 나오지 못했을 것이다. 예를 들어, 영국은 1980년대에 '앨비 공동연구 프로그램Alvey Programme'을, 1990년대에 '과학기술예측 프로그램Foresight Programme'을 도입했다. EU는 '유럽 정보기술연구 전략프로그램Esprit, European Strategic Program on Reaserch in Information Technology', '프레임워크 프로그램Framework Programmes for Research and Technological Development'을 도입했다. 영국은 2차 대전 후 전자 산업과 항공 산업에 열심히 투자했지만, 현재 영국에 남아 있는 세계적 전자 기업은 하나도 없고, 항공 기업도 하나뿐이다. 이마저 3개국 정부와 맺은 계약에서 대부분의 이익을 올리는 군수기업이다.

1982년 일본 통상산업성은 당시로선 큰돈인 10억 달러를 제5세대 컴퓨터 개발 프로젝트에 투자했다. 이 프로젝트의 목표는 슈퍼컴퓨터에 맞먹는 성능과 유용한 인공지능을 가진 획기적 컴퓨터를 개발하는 것이었다. 하지만 10억 달러가 넘는 돈을 투입하고도 연구 성과는 미미했다. 일본판 구글이나 마이크로소프트는 나오지 않았다. 아시아든 유럽이든 미국이든 정부가 막대한 자금을 투자해 연구한 산업이 사양산업이 되는 경우가 많다.

테런스 킬리는 이공계 연구개발 자금지원에 관한 광범위한 통계를 분석한 끝에 발견한 경향을 다음과 같은 법칙으로 정리했다.

1. 1인당 GDP가 증가할수록 GDP에서 차지하는 연구개발비 비율이 증가한다.
2. 공공 부문과 민간 부문의 연구개발비 지출은 서로 대체하는 효과가 있다.
3. 공공 부문 연구개발비 지출은 실제 지출보다 대체효과가 크다.[11]

상식적으로 킬리의 법칙을 설명하기 위해 예를 들겠다. 폴락, 호키라는 두 조선사가 있다고 상상해보라. 비행기 블랙박스 재료처럼 단단한 재료를 사용하는 새로운 조선 기술을 개발하려는 정부의 R&D 계획에 호키가 선정됐다. 폴락은 조선 기술로는 경쟁할 수 없다고 보고 조선업을 포기하고 비행선 개발에 뛰어든다. 하지만 정부 지원을 받는 호키가 폴락보다 유리하다고 볼 수 없다. 정부는 호키가 세금을 받아 정부의 R&D 계획 의도와 다른 기술을 개발하지 않도록 감시하는 위원회를 설치한다. 위원회 감독을 받느라 호키의 연구개발이 지연된다. 관료사회 특성상 연구개발비가 늦게 도착한다. 국민에게 투자성과를 자랑하려는 정부가 연구내용의 일부를 유출한다. 결국 정부가 조선 기술 개발에 투자한 결과, 조선사 1개가 사라졌고 남은 조선사도 기술개발에 신경 쓰기보다 정부를 로비해 연구개발비를 타낼 생각만 하는 기업문화를 가지게 된다.

정부는 지원하면 크게 성장할 법한 기업을 찍는 능력이 형편없다. 윌리엄 셔든은 1998년에 출판한 『욕망을 파는 사람들The Fortune Sellers』이란 책에서 관료, 전문가들이 과학과 기술을 예측하는 능력이 얼마나 엉터리인지 설명했다.[12] 예를 들어 자문회사는 어떤 산업을 분석하든 몇 년 안에 몇 개 회사만이 살아남을 것이라고 진단한다. 한 업종에 있는 주요 업체가 50개라면 10년 뒤 20개만 생존할 것이라고 진단한다. 한 업종에 주요 업체가 10개라면 10년 뒤 5개만 생존할 것이라고 진단한다. 한 업종에 주요 업체가 5개라면 3년 뒤 3개만 생존할 것이라고 진단한다. 거의 필연적으로, 이러한 진단은 국가 차원 또는 지역 차원의 기업합병을 지지하는 논거로 쓰인다. 이상하게도 자문회사들이 적은 수의 기업으로 합병해야 한다는 진단을 내놓으면 해당업종의 경영자들이 저항하지 못한다. 자문회사들의 예측은 자기실현적 예언이 되기 일쑤다. 한편 이처럼 대대적 합병이 진행되는 업종에서는 혁신에 신경 쓰기 어렵다. 살아남는 기업들은 자문회사들의 예측 따위 무시하고 계속 혁신하고 자사를 바꾼 기업들이다. 하지만 자문회사들은 사후에 예측대로 업계의 주요 업체 수가 줄었다고 끼어 맞춘다.

윌리엄 애시비가 만든 필수다양성 법칙Law of Requisite Variety은 이러한 현상과 관련이 있다.[13] 원래 시스템 분석 이론에서 나온 이 법칙의 내용은 다음과 같다. 첫째, 적절한 선택의 양은 입수 가능한 정보 양에 따라 제한받는다. 둘째, 적절하게 규제하려면 규제자가 규제받는 자보다 다양해져야 한다고 말한다. 셋째, 다양성이 많은 체제에서 규제를 늘리면 다양성이 줄어든다. 정부의 과도한 연구개발 감독은 진정한 혁신에 필요한 다양성을 줄인다. 혁신이 다양성과 관련이 있는 개념이라면, 정부의 연구개발 감독은 필연적으로 비생산적이다. 정부가 아예 감시하지 않는 것만 못하다.

그렇다면 민간 대기업들이 정부보다 나은가? 모든 대기업들이 혁신적이라고 평가받길 원한다. 스티브 잡스가 말했듯, "혁신은 리더와 추종자를 구분하는 잣대"이기 때문이다. 스스로 혁신을 추구한다고 주장하는 조직을 찾는 것은 어려운 일이 아니다. 기업 경영자는 두 학파가 있다. 하향식과 상향식이다. 하향식 경영을 할 경우에는 정책과 계획이 혁신으로 이어진다. 상향식 경영을 할 경우에는 기업이 어떤 큰 그림을 그리고 어떤 방향으로 갈지 알지 못한다. 불행히도 많은 대기업들이 하향식 경영을 해도 혁신에 성공하지 못한다. 그렇지만 대기업이 상향식 경영을 할 경우에는 기업이 향후 어떤 새로운 성장 동력을 찾을지 최고경영진이 알 수 없다. 이는 경영진에게 매우 불편한 상황이다. 따라서 자문회사에게 경영혁신 방안을 의뢰한다.

우리의 동료인 스티븐 마틴은 전에 상사였던 프랭크 린에 관한 얘기를 들려줬다. 프랭크 린은 지미 카터 대통령 시절에 "미국은 발명에 능한데, 왜 신상품을 많이 출시하지 않을까?" 하는 문제에 해답을 찾으려고 구성한 싱크탱크에서 일했다. 당시 프랭크는 미국기업이 연구개발에 투자할 정도로 성장할 무렵에는, 시장이 성숙 단계에 접어들어 연구개발 결과물을 상품화해서 판매하는 데 어려움을 겪는다고 결론 내렸다. 게다가 정부가 자금을 대는 연구개발과 정부지원은 중소기업과 대기업 혁신에 도움이 되지 않았다.

이는 기업 혁신에 관한 두 번째 오해와 연결된다. 기업 혁신에 관한 두 번째, 세 번째 오해는 「대형 분재와 소형 전함의 만남」Jumbo Bunsai Meets Pocket Battleship」이라는 논문에서 다룬 기업 규모에 관한 오해다.[14]

오해 2. 대기업은 더 많은 혁신이 필요하다

1980년대에는 3M, 듀퐁, GE처럼 연구개발에 많이 투자해 혁신에 성공한 기업들을 다룬 경영서적들이 많이 나왔다. 반면 2000년경에는 연구개발 투자에 회의적인 생각이 경영계에 퍼졌다. 피터 드러커는 다음과 같이 말했다.

이 때문에 점점 더 많은 기업들이 기업 내에서 연구개발하지 않고, 파트너십, 조인트 벤처, 제휴, 지분참여, 노하우 공유 등의 방법으로 다른 기업들과 함께 연구개발을 진행한다.[15]

연구개발비와 판매액의 상관관계도 거의 없다. 우리는 『역발상의 법칙Weird Ideas That Work』이란 책의 표지에 나오는 선전 문구를 좋아한다. 이 문구는 대기업에서 왜 혁신이 어려운지 설명한다.

독창적 사고에 대한 보상은 많다. 하지만 혁신적 기업은 상당히 이상한 곳이며, 이상한 곳이어야 한다. 자신의 아이디어가 현실에서 통할 것이라고 확신하는 창의적 직원들은 상사를 속이고, 상사의 명령을 거부한다. 그들은 혼자서 공격적으로 움직이고 정신이 나간 것처럼 잘못된 방향으로 나간다. 그들은 현실을 조롱하고 전문가들의 충고를 무시하려고 한다. 진정으로 창의적인 사람들은 지저분하고 시끄러울 뿐 아니라 거의 항상 틀린다. 혁신적 기업에는 이러한 직원들이 많다.[16]

이처럼 통제하기 어려운 혁신적 인재들을 품는 기업은 많지 않다. 대기업들은 혁신이 필요하지 않다. 대기업들은 제휴나 인수합병으로 작고 혁신적인 기업을 흡수하는 능력이 필요하다. 석유, 광산, 제약, 컴퓨터 산업은 대기업들이 스스로 혁신하기보다 작고 혁신적인 기업들을 흡수하는 데 열을 올리는 대표적 업종이다. 이는 일리 있는 전략이다. 대기업들은 거대한 구조와 복잡한 업무절차 탓에 혁신적인 기업이 되기 어렵다. 하지만 귀중한 기술이나 노하우를 가진 작고 혁신적인 기업을 찾을 수는 있다. 제약업계에선 몇몇 거대 제약업체들이 작고 혁신적인 기업들을 지원한다. 20년 전에는 존재하지 않다가 최근 20년 사이에 생긴 생명과학 기술기업들이 3000개가 넘는다.

　빠르게 성장하는 기술 산업에서 회사법 변호사들이 돈을 버는 것은 이상하지 않다. 애써 개발한 기술을 도용당하지 않도록, 또 거액을 들여 매입한 지적재산권을 보호하기 위해 기업들은 유능한 변호사들을 다수 고용한다.

오해 3. 중소기업의 미래는 가상 기업이다
《이코노미스트》는 다음과 같이 보도했다.

미래에 경제를 구성하는 기본단위는 '가상 기업virtual firm'이 될 것이다. 가상 기업은 늘 변화하는 하청업체, 프리랜서의 네트워크로, 좋은 아이디어를 가진 핵심 인원 몇 명이 경영한다. …… 하지만 (기술발달에 따라 낮아지는) 조직비용이 기업의 규모를 결정한다. 따라서 가상 기업은 기존 기업보다 커질 수도 있다.[17]

이러한 가상 기업은 기업을 혁신하는 문화유전자들, 즉 기업의 리스크를 조직하고 감독하는 경영자 또는 작은 팀들에게 유리한 환경일 수도 있다. 하지만 대기업이 성공할 확률이 2%라면, 중소기업이 성공할 확률은 더욱 희박하다. 아마 0.5%에서 1% 정도일 것이다. 《이코노미스트》는 다음과 같이 보도한다.

토론토 대학교의 토머스 아스테브로 교수는 2003년 캐나다 기업이 발명한 기술 1091개를 조사한 결과, 75개 기술만이 상품으로 출시됐다. 이 중 6개 상품은 1400%가 넘는 수익을 올렸지만, 45개 상품은 손실을 기록했다. 합리적 경영자라면 이러한 확률에 기겁할 것이다. 하지만 기업가는 자신의 꿈과 야망에 따라 도전한다.[18]

성공한 기업가들을 조사해보면, 성격이 온순한 사람부터 거친 사람까지, 노인부터 어린이까지, 너무나 다양한 양상을 보인다. 즉 성공한 기업가만의 특징을 콕 집어 말하기 힘들다. 기업을 성공으로 이끄는 혁신 문화유전자는 다양한 분야의 다양한 사람들에게 무작위로 전달된다. 작은 가상 기업이라고 해서 성공한다는 보장이 없다.

정부가 연구개발을 지원해 혁신을 촉진할 수도 없고, 대기업이 혁신하는 것도 어렵고, 무작위로 출현하는 혁신적 기업가만이 유일한 구원책이라면, 기업 혁신을 촉진하기 위해 정부가 할 수 있는 일은 하나도 없을까? 정부가 할 수 있는 일은 정보를 제공하고, 실패비용을 낮추고, 보상을 늘려, 위험을 감수하고 기업을 혁신하려는 사람을 늘리는 것이다. 또, 정부가 할 수 있는 일은 기본 경제 환경을 건전하게 유지해, 혁신 문화유전자가 나올 토양을 비옥하게 가꾸는 것이다. 예를 들어, 공평한 사법 제도, 강력한 반독점 규제, 적극적 소비자 보호 법, 지속적 아이디어 유입, 건전한 정보 공급, 탄탄한 인프라, 신뢰할 수 있는 교육, 열린 (상품, 인력, 자본) 시장이다.

세금을 줄여야 사회적 혁신이 가능하다

너무나 당연한 얘기처럼 들리지만, 투자자들이 투자하는 목적은 기업을 혁신하기 위해서가 아니라 돈을 벌기 위해서다. 투자자들은 리스크와 보상을 계산해 투자를 검토한다. 이러한 리스크 계산에서 세금은 중요한 요소다.

이 부분과 관련해 한 가지 우울한 사실이 있다. 유럽 통상부 관료들은 유럽이 미국보다 기업가가 적은 이유를 몇 년간 고민했다. 우리의 동료인 케빈 파커 박사는 과학적 기업가를 훈련하는 일을 하고 있다. 그는 북미 기술 기업이 실제 성공할 확률을 30분의 1로, 영국 기술 기업이 성공할 확률을 150분의 1로 추산했다.

이러한 차이는 두 요인으로 설명할 수 있다. 하나는 복지다. 대기업이나 공공 부문에서 일하는 유럽인에게는 연금을 받을 때까지 안전하게 일자리를 유지하는 것이 합리적 선택이다. 가족의 장기 소득을 잃을 위험을 감수해가며 창업하려는 사람이 있겠는가? 또 하나는 세금이다. 대다수 유럽 중산층은 소득의 50%에서 60%를 세금으로 낸다. 이렇게 세금을 낸 다음, 국민연금만 믿을 수 없어 가입한 민간연금보험, 더 나은 의료혜택을 받으려고 가입한 민간의료보험에 보험료를 내고, 자녀들 사교육에 비용을 지출하고 나면, 가족이나 친척이 사업하려고 돈을 빌리러 와도 빌려줄 돈이 없다. 반면 미국은 얼마 전만 해도 세금이 35%에서 40%에 불과했다. 따라서 역사적으로 미국인이 유럽인보다 활발하게 기업을 창업한 것은 당연하다. 미국인은 더 많은 손실을 감당할 여력이 있고, 성공해서 더 많은 이득을 얻으려고 창업한다.

높은 세율은 국민들의 호주머니를 터는 행위다. 세율을 낮추는 것이 답이다. 하지만 정부 연구개발비를 늘리고, 혁신 캠페인에 지출을 늘리고, 민간 부문 영구개발에 보조금을 늘리고, 더 많은 기업과 학교 네트워크를 개발하겠다고 공약하는 편이 표를 얻기 쉽다. 이러한 공약에는 모두 돈이 든다. 따라서 세율을 높이고 국민들의 주머니를 털어야 한다. 유럽 정책입안자들은 혁신 정책을 적게 추진하고 세금을 덜 거둬야 유럽이 더 혁신적으로 변할 것이란 사실을 외면한다.

개방형 표준 만들기

정부는 혁신 기준 설정에 중요한 역할을 담당한다. 피터 스완은 갈등 조정의 어려움과 기준의 역설을 설명한다.[19] 정부는 표준을 만들어 기

술 개발을 장려한다. 하지만 이러한 표준 때문에 생기는 비용과 기회
비용은 없을까? 너무 일찍 표준을 만들면 혁신 가능성이 사라질 수 있
다. 너무 늦게 표준을 만들면 혁신에 지나치게 많은 자원을 낭비할 수
있다. 독점에 가까운 '사실상 표준de facto standard'이 업계에 생기면, 업계
에서 혁신할 공간이 줄어든다. 표준 또는 '사실상 표준'이 확고하게 정
해지면 소비자와 생산자의 결정이 빨라진다는 장점도 있지만, 다른 혁
신의 가능성이 막힌다는 단점도 있다. 그림 10.1은 이러한 표준과 혁
신의 관계를 나타낸 것이다.

표준은 기업의 판세를 결정지을 수도 있는 중요한 요소다. 자사의
기술을 업계 표준으로 보급한 기업은 많은 돈을 벌 수 있다. 예를 들

그림 10.1 표준과 혁신의 관계

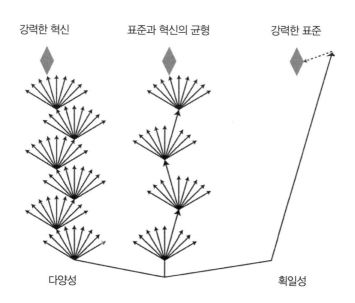

강력한 혁신   표준과 혁신의 균형   강력한 표준

다양성   획일성

어, 돌비 연구소가 보유한 소음 제거 기술인 돌비는 오디오 업계의 표준 기술이다. 기술만 표준이 될 수 있는 건 아니다. 세계에서 가장 큰 다이빙 교육기관인 PADIProfessional Association of Diving Instructors는 다이빙 강사를 교육하고 인증서를 발부해 돈을 번다. 자사의 기술을 퍼트려 업계 표준으로 만드는 것은 상업적으로 일리 있는 전략이다. 막대한 돈을 들여 개발한 기술이 무용지물이 된 경쟁사는 큰 타격을 입을 것이다. 다른 기업의 표준을 따르는 재화나 서비스를 판매하는 기업은 다른 기업과 관계를 유지하는 데 신경 써야 한다. 예를 들어, 전형적 소비자 가전업체인 애플은 자사 홈페이지에 100개가 넘는 자사 서비스 상표뿐 아니라 수십 개의 타사 상표도 열거해놓았다.

언론은 표준 채택을 둘러싼 경쟁을 종종 '표준 전쟁'이라고 부른다. 이러한 표준 전쟁은 흔히 볼 수 있다. 빌 브라이슨은 『빌 브라이슨의 발칙한 여행 산책Made in America』이라는 책에서, 전류 표준을 놓고 조지 웨스팅하우스와 경쟁한 토머스 에디슨의 얘기를 들려준다. 당시 두 사람은 전기송전 시스템 표준을 놓고 '전류 전쟁'을 벌였다. 에디슨은 직류식Direct Current, DC 전류 기술을, 웨스팅하우스는 교류식Alternating Current, AC 전류 기술을 표준으로 밀었다. 심지어 에디슨은 '전기의자로 사형시키다'라는 뜻으로 '웨스팅하우스하다to Westinghouse'라는 동사를 만들어 퍼트리려고 했다.[20] 20세기 표준 전쟁은 가전제품에서 볼 수 있었다. LP 플레이어, 8트랙 테이프eight-track tape 플레이어, 비디오디스크videodisc 플레이어를 가진 사람은 호환성 문제를 겪었을 것이다.

유매틱U-matic은 1969년 소니가 개발한 비디오카세트 포맷명이다. 유매틱은 최초로 카세트 안에 비디오테이프를 집어넣은 상품이다. 그

전에는 비디오테이프를 둥글게 감은 채 보관했다. 소니는 유매틱으로 큰돈을 벌었다. 소니는 1975년에 베타맥스Betamax란 비디오 기술을 만들었다. 이는 여러 기업이 연합해 표준으로 밀었던 VHS보다 우월한 기술이었다. 하지만 소니의 라이벌인 마쓰시타가 유매틱의 전례를 반복할 것을 우려해 VHS 진영에 가담했다. 이로써 승부 추가 기울었다. 이러한 베타맥스의 패배는, 한 기업이 독점한 기술 포맷이 여러 제조사 제품과 호환하는 기술 포맷에 패하는 사례로 마케팅 교과서에 실렸다. 1984년 베타맥스 진영에 속한 주요 기업은 12개, VHS 진영에 속한 주요 기업은 40개였다. 소니는 1988년에 패배를 인정하고 VHS 레코더를 만들기 시작했다.

표준은 진화하고 표준 경쟁은 시대마다 되풀이된다. 소니 옹호자들은 베타맥스가 VHS보다 나은 기술이라고 주장하지만, 소비자들은 VHS가 영화 1편을 녹화할 정도로 장시간 녹화할 수 있다는 점에 끌린 듯 보인다. 이 사례에서 얻을 수 있는 교훈은 성급하게 자사 기술을 표준으로 확정하려고 집착하다 보면 역풍을 맞을 수 있다는 점이다.

표준은 보통 소비자 선택에 따라 정해지지만, 때로는 판매자가 자사 이익에 유리한 방향으로 표준을 조정하기도 한다. 그 예가 규제포획regulatory capture이다. 규제포획이란 제조업체가 감독당국을 회유해 표준을 유리하게 적용받는 것을 말한다. 항공사, 운송업체, 통신사들은 과도한 안전 규정과 표준을 적용하도록 정부를 로비해 새로운 업체가 시장에 진입하는 것을 막는다. 많은 나라의 농민들이 정부가 소비자 이익보다 농민 이익을 대변하도록 로비해 농산물 수입을 막거나, 대중을 설득해 질 낮은 국산 농산물을 판매하는 듯 보인다.

이러한 전통적 표준은 최근 정보기술 분야에서 점점 더 인기를 끌고 있는 개방형 표준open standard과 대비된다. EU는 개방형 표준을 다음과 같이 정의한다.

- 개방형 표준은 비영리단체가 채택하고 관리한다. 개방형 표준은 모든 이익집단이 참여할 수 있는 공개 의사결정 절차를 거쳐 지속적으로 개발한다.
- 개방형 표준의 표준 시방서standard specification는 무료로 접근 가능해야 한다. 표준 시방서는 모든 사람이 무료로 복사하고, 배포하고, 사용할 수 있어야 한다.
- 개방형 표준을 이용해 만든 지적재산은 로열티를 지불하지 않고 구할 수 있어야 한다.
- 개방형 표준의 재사용에 아무런 제약이 없다.[21]

시장의 생태다양성

20세기 초 슘페터는 혁신과 기술변화를 일으키는 주체는 과감한 모험심을 가진 기업가들이라고 주장했다. 그는 '기업가 정신'을 뜻하는 독일어 단어 '운터른에머르가이스트Unternehmergeist'를 만들었다. 훗날 그는 미국에서 진정한 혁신을 일으키는 기업은 연구개발에 투자할 자원과 자본을 가진 대기업들이라고 주장했다. 대기업과 중소기업도 경제에 필요하다. 혁신이 일어나려면 경제에 생태다양성이 있어야 한다.

예상하지 못한 일의 발생을 예상해야 하고, 예측할 수 없는 일을 예측해야 하고, 생각할 수 없는 일을 생각해야 하는 세계에서, 혁신과 관련한 가장 중요한 미지의 변수는 다음과 같다. 미지의 변수란 무엇인가? 어떤 정책을 실시해야 이러한 불확실성 속에서도 사회가 발전할 수 있을까?

먼저 인정해야 할 점은, 지적재산권 폐지를 주장하는 사람들도 일리가 있다는 사실이다. 자신의 창작물을 다름 사람에게 뺏기지 않도록 보호받는 윤리적 권리가 있을지도 모르지만, 모든 지적재산권 권리는 지적재산권 인정이 혁신을 촉진해 모든 사회구성원의 이익을 늘릴 것이란 공리주의적 가정에 근거를 둔다. 일부 사람들은 선구적 발명, 거대한 혁신에 대한 특허만 보호하자고 주장한다. 아마존을 설립한 제프 베조스는 아마존 주주 이익을 위해 아마존의 지적재산권 보호에 힘쓰고 있지만, 현재 17년인 소프트웨어 특허권 유효기간을 3~5년으로 단축해야 한다고 주장한다. "빠르게 변화하는 인터넷 시대에 17년이나 보호할 필요가 없습니다." 일부 사람들은 지적재산권 거래소를 만들면 혁신 시스템에 유동성을 공급할 수 있을 것이라고 생각한다. 반면 우리는 지적재산권을 만드는 시장을 조금만 바꿔도 큰 변화가 생길 것이라고 생각한다.

예를 들어, 상표와 특허 시장은 정부에 등록한 상표와 특허만 거래하는 제한적 시장이다.

특허나 상표가 보상을 적게 받아도 따로 보상이 없다. 상표와 특허를 등록하는 데는 일정한 비용이 들지만, 보상은 일정하지 않다. 저작권은 진입장벽이 없는 혼란스러운 시장이다. 우리는 국가와 개인이 합의하는 시장 개념을 도입할 것을 제안한다.

우리는 이 시장에 지적재산권 통제 옵션 시장이란 이름을 붙여 보았다. 세 가지 기본적 지적재산권인 특허, 저작권, 상표를 동일한 방식으로 거래하는 시장이다. 이 시장은 기본적으로 다음 단계를 거친다.

- 매년 특허, 저작권, 상표를 등록할 수 있는 옵션을 경매에 붙인다. 이 옵션은 거래 가능하고, 수가 제한되고, 유효기간이 각각 다르다.
- 특허, 저작권, 상표를 보호하는 기관들이 이전에 등록된 지적재산권을 보상하는 장치를 만든다. 이전 지적재산권의 보상(보험) 가격을 추산하고 보상가격과 지적재산권 등록자가 지불한 비용을 공개한다.

지적재산권을 통제하는 옵션 시장에선 옵션 독점권의 가치가 역동적으로 가격으로 환산될 것이다. 기업들은 독점권을 얻기 위해 얼마나 지불하려고 할까? 가격이 매우 높아지면 자금여력이 적은 기업들은 물러나고, 지적재산권을 얼마나 보호해야 할지, 어떤 것을 지적재산권 범위에 집어넣어야 할지 사회적 논의가 생길 것이다. 가격이 매우 낮아지면 사람들이 중요하게 생각하는 지적재산권이 무엇인지 알고, 자원을 절약할 수 있을 것이다. 우리는 이처럼 사람들이 지적재산권에 얼마를 지불할 의사가 있는지 알 수 있는 옵션 시장이 효율적일 것이라고 예상한다. 지적재산권을 등록할 수 있는 옵션을 거래하면 지적재산권을 등록하는 정부기관들이 덜 붐빌 것이다. 또 보상 가격을 보면 지적재산권을 등록하는 일의 리스크를 알 수 있다. 그들은 호환성이 강한 표준을 만들어야 할 것이다. 보상 가격은 시장에서 리스크를 표시한다. 우리는 지적재산권을 보호하는 기관들이 (현재 국제 특허 기관들처

312

림) 데이터베이스를 공유하고 서로 경쟁하는 것이 낫다고 생각한다. 각 특허 기관들이 서로 경쟁하면 지적재산권의 가치를 더 잘 파악할 수 있을 것이다.

하지만 가장 큰 혁신 정책은 다양성이다. 혁신이란 더 많은 보상을 추구하며 더 많은 리스크를 짊어지는 것을 뜻한다. 생물 진화 개념을 시장에 적용하자면, 정부는 시장의 생태다양성을 증진하는 정책들을 실시해야 한다. 생태다양성을 증진하려면, 경쟁을 촉진해 한 기업이 부자연스럽게 시장을 지배하지 않도록 해야 한다. 생태다양성을 증진하려면, 강력한 반독점 규제가 필요하다. 기업들이 너무 빨리 표준을 만들어 시장을 독점하지 않도록 규제하고, 공정한 시장 원리에 따라 표준이 정해졌는지 감시해야 한다. 생태다양성은 기업가의 리스크를 낮추고 보상을 높인다. 생태다양성이 풍부한 시장에서는 정체현상이 줄고 기업가가 느끼는 파산 부담이 줄어든다. 생태다양성을 촉진하기 위해 세율을 낮춰 창업을 촉진하는 방안을 검토해볼 수 있다. 생태다양성이 풍부해지려면 인프라 질이 높아져야 한다. 특히 교육의 질이 높아져야 한다.

11장

지속 가능한 경제를 위하여

지속 가능한 경제는 현실적인 목표인가? 경제는 영원히 성장할 수 있을까, 성장에 한계가 있을까? 개발도상국들이 세계를 구원할까, 파괴할까? 인류는 세계의 고약한 문제들을 어떻게 대처해야 하는가? 인류가 직면한 도전들을 슬기롭게 대처할 것이란 희망에 근거가 있는가? 모든 진화의 끝이 죽음이듯 인류는 멸망할 수밖에 없는 운명일까? 비록 이러한 문제들은 확실한 답을 구하기 힘들더라도, 인류는 끊임없이 이런 문제들을 고민해야 한다.

지구의 자원은 유한하다

토머스 맬서스 시대 이후, 인류가 계속 성장할 것이란 낙관파와 맬서스처럼 인구 증가가 자원 고갈을 초래해 살기 어려운 세상이 올 것이란 비관파가 계속 충돌했다. 일부 낙관론자들의 비현실적 가정을 냉소하는 우스갯소리가 있다. "화분에 씨앗을 심고 거름과 물을 더 많이 주면 농산물을 더 많이 수확할 수 있다고 가정하면, 농부 한 명이 화분 하나로 세계인을 먹여 살릴 수 있을 것이다." 이 문장에는 한계체감의 법칙이란 경제학 원리가 숨어 있다. 현실에서는 일정 면적의 땅에 씨앗을 더 심고 비료와 물을 추가로 줘도, 수확량이 별로 늘지 않는다. 이러한 한계체감 법칙을 보여주는 우화가 있다. 어떤 사람이 체스를 발명했다. 체스를 너무 좋아한 황제는 발명자에게 상을 내리겠다고 말했다. 발명자는 황제에게 체스판에 64개 구획이 있으니 64일간 밀을 달라고 요청했다. 발명자는 첫째 날에는 밀을 한 알 받고, 하루가 지날 때마다 밀을 2배로 늘려 받기로 했다. 황제는 얼마나 많은 밀을 줘야 하는지 계산하지 않고 발명자의 요청을 수락했다. 32일까지 발명자가 받는 밀은 거의 43억 알, 약 10만kg이다. 64일까지 발명자가 받는 밀을 다 합치면 세계 밀 생산량을 다 합친 것보다 많은 양이다. 기하급수적 증가다.

밀을 날마다 2배씩 늘려 받는 우화에 별 감명을 느끼지 못하는 독자도 있을 것이다. 그렇다면 1달러를 은행에 50년간 예금한다고 가정해보자. 연간 복리 이자율이 5%라면 50년 뒤에 11.46달러를 받는다. 복리 이자율이 9%면 50년 뒤에 74.36달러를 받는다. 복리 이자율이 10%면 50년 뒤에 117.39달러를 받는다. 경제학자 케네스 불딩은 이렇게 말했다. "유한한 세계에서 복리로 무한 성장할 수 있다고 믿는 사람은 미친 사람이거나 경제학자다." 복리와 경제성장의 관계는 이미 3

장에서 언급한 바 있다. 복리와 무위험 수익이 가능하려면, 무산자의 부를 유산자에게 이전하든지, 경제가 계속 성장해야 한다. 하지만 지구 자원이 유한하다는 사실을 감안하면 경제성장과 환경의 지속 가능성을 낙관하기 힘들다. 즉 환경을 해치지 않으면서 경제성장을 유지하려는 것은 난해한 방정식을 푸는 것과 같다.

아이팻 방정식

지속 가능성 문제를 단순한 방정식으로 구조화하면 다음과 같다.

$I = P \times A \times T$

인간이 환경에 초래하는 충격(I)은 인구(P), 부(A), 기술(T)에 비례한다.[1]

이 아이팻I-PAT 방정식은 1970년대에 생태학자 폴 얼리히, 존 홀드런, 배리 커모너의 논쟁에서 나왔다. 당시 세 사람은 인구 증가와 생산성 증가를 지구 환경이 감당해낼 수 있을지 논쟁했다. 이후 많은 학자들이 아이팻 방정식을 이용해 환경 문제를 고찰했다.

본질적으로 인구와 소득이 증가하면 지구 환경은 파괴된다. 커모너는 기술의 중요성을 지적했다. 기술이 발전할수록 인구와 소득이 증가하지만, 지구 환경은 파괴된다는 것이다. 아이팻 방정식은 기후변화에 관한 정부간 협의체International Panel on Climate Change, IPCC를 비롯해 환경 문제 토론에 참석하는 학자들이 널리 이용하고 있다.[2]

인구 증가로 인한 경제적 충격

아이팻 방정식의 첫 번째 변수인 인구를 먼저 살펴보자. 마사 캠벨은 "인구와 환경의 관계는 사람들이 기피하는 주제, 너무 민감한 주제가 됐다"라고 말한다.[3]

　현재 세계 인구는 70억으로 추산된다. 2000년 전 세계 인구는 1억 7000만 명이었다. 세계 인구가 10억에 도달하기까지 1000년이 걸렸다. 1800년도 전후 세계 인구가 10억이었다. 20세기 인구 증가는 의학 기술과 농경기술 발달 덕분에 가능했다. 인구가 10억에서 20억으로 증가하는 데 123년이 걸렸다. 20억에서 30억이 증가하는 데 33년이 걸렸다. 1960년 이후 세계 인구는 12년마다 10억씩 증가하고 있다. 기하급수적 인구 증가가 생태계에 큰 부담을 주고 있다.

　흔히 인구 예측의 특징으로 두 가지를 꼽는다. 첫째, 예측가 중에서 그나마 인구학자들이 가장 정확히 예측한다는 점이다. 둘째, 인구학자들은 자주 틀린다는 점이다. 인구학자들은 생산성 증가를 감안해 인구를 예측하기 때문에 틀릴 때가 많다. 18세기 말 맬서스부터 1970년도 전후 로마클럽까지 많은 학자들이 미래 인구를 예측하는 데 실패했다 (하지만 인구 증가로 식량압박을 받을 것이란 로마클럽의 전망은 점점 더 현실로 다가오고 있다).

　2003년 UN은 출산율 변화에 따른 2300년 세계 인구를 예측했다. 그림 11.1은 이러한 예측을 그래프로 그린 것이다. 현재 세계 평균 출산율은 2.3명이다. 출산율이 2.0명 이하일 경우 인구는 감소할 것이다. UN은 2050년경 출산율이 2.0명이라고 가정하면 2075년에 세계 인구가 92억 명으로 정점을 찍을 것이라고 추산한다. 더 낙관적으로, 출산율을 1.8명으로 가정하면 2300년경 세계 인구는 23억 명이 될 것이다. 반면 출산율이 2.4명일 경우 2300년경 세계 인구는 364억 명이 된다. 출산율이 0.6명만 달라져도 미래는 크게 변한다.

다행히 희망의 서광이 두 줄기 보인다. 하나는 출산율 저하 조짐이다. 2000년도 전에 UN은 2050년 세계 인구를 120억 명으로 예측했다. 21세기 UN의 예측은 전보다는 낮아졌다. 또 하나의 서광은 워런 톰슨이 1929년에 만든 인구변화 이론이다. 톰슨은 소득이 높아질수록 출산율이 감소한다고 주장했다. 그는 경제발전단계를 산업화 이전 단계, 개발도상 단계, 선진국 단계, 성숙 단계로 분류하고, 각 발전단계

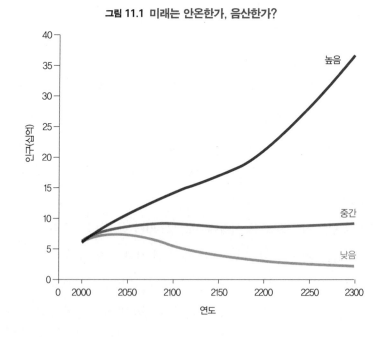

그림 11.1 미래는 안온한가, 음산한가?

에 따라 인구가 각각 현상유지, 급증, 정체, 감소한다고 주장했다. 일부 경제학자들은 여기에 다섯 번째 단계인 탈공업화, 서비스 기반 경제 단계를 추가하고, 이 단계에서는 인구가 더 빨리 감소한다고 주장한다. 1974년 부카레스트에서 열린 세계 인구 컨퍼런스에서 카란 싱전 인도 인구부 장관은 인구와 경제의 관계를 다음과 같이 요약했다. "최선의 피임약은 경제개발이다."

UN은 출산율이 약간 떨어질 것으로 가정하고 2050년 인구 예측치를 수정했다. UN은 2000년도와 2050년도 사이에 세계 인구가 50% 증가할 것으로 예측했다. 아이팻 방정식으로 생각해보면, 2050년도에 지구 환경이 받을 충격은 2000년도보다 50% 크다고 말할 수 있다. 그렇다면 아이팻 방정식의 두 번째 변수인 소득에 관해 살펴보자.

환경오염은 소득 수준에 영향을 받는다

세계의 부는 급증했다. 1950년에 세계 자동차 대수는 5000만 대였다. 현재는 10억 대에 가깝다. 1인당 GDP나 1인당 자동차 대수로 측정하면, 각국의 소비 수준은 커다란 격차를 보인다. 골드만삭스는 브라질Brazil, 러시아Russia, 인도India, 중국China의 머리글자를 따서 브릭스BRICs라는 용어를 만들었다. 현재 브릭스 국가들의 GDP는 프랑스, 독일, 이탈리아, 일본, 영국, 미국을 합친 G6 국가들의 15%에서 20% 수준이다. 현재 중국인의 평균 소비 수준은 세계인의 평균 소비 수준과 비슷하다. 부의 증가가 환경에 미치는 영향은 어떨까. 만약 2020년 중국 국민의 1인당 항공여행 횟수가 2010년 영국 국민 수준으로 증가한다면,

공기 탑승객 숫자는 2010년의 10배로 증가할 것이다. 같은 방식으로 계산하면, 세계 자동차 대수는 2배로 증가할 것이다.[4]

UN은 '천년생태계평가Millenium Ecosystem Assessment' 사업과 '국제연합환경계획United Nations Environment Programme'을 통해 인구 증가에 따른 자원 고갈 문제를 제기했다. UN은 지금처럼 생태계 서비스ecosystems service의 절반 이상을 지속 불가능한 방식으로 사용하면 자원이 고갈될 것이라고 경고한다. 민간 환경 단체인 세계자연보호기금WWF과 바이오리저널Bioregional은 '하나의 지구' 운동을 벌이면서, 부의 증가를 색다르게 측정하는 방법을 생각해냈다. 컵이 반이 비어 있는지 반이 찼는지 묻는 대신, '컵이 얼마나 큰가?'를 묻는 것이다. 이 단체들은 지구가 부양할 수 있는 인구와 소비 수준은 세계 인구가 50억 명이던 1985년의 소비 수준이라고 주장한다. 만약 오늘날 세계인이 모두 유럽인 수준으로 소비하면 인류는 지구가 세 개 필요할 것이다. 만약 세계인이 모두 미국인 수준으로 소비하면 인류는 지구가 다섯 개 필요할 것이다.[5] 동양이나 남반구의 경제발전 탓에 지구 환경이 심각한 문제에 직면한다고 비난하기 쉽다. 하지만, 맨체스터 대학교의 틴달 기후연구소에 따르면, 중국 탄소 배출량의 25%는 서구 국가에 수출하는 상품을 생산하는 과정에서 나온다. 현재 지속 불가능하게 소비하는 당사자는 서구인들이다.

여기서도 희망의 서광은 있다. 노벨 경제학상 수상자 사이먼 쿠즈네츠는 거꾸로 된 U자 곡선 그래프를 통해 1인당 GDP가 증가함에 따라 불평등이 증가하는 현상을 설명했다. 하지만 산업화와 도시화 수준이 일정 단계를 넘어서면 국가 경제가 지식경제로 전환하면서 불평등이 감소한다. 거꾸로 된 U자 곡선은 환경 문제에서도 발견할 수 있다. 1인당 GDP가 증가하면 환경오염이 증가한다. 하지만 생활수준이 일정수준을 넘어서면 사람들이 환경에 신경 쓰면서 환경오염이 감소한다. 소득 증가에 따라 환경오염물질 배출이 감소한다는 경험적 증거는 일부 있다.

반면 소득 증가에 따라 생태다양성이 나아지거나 자원 고갈 속도나 탄소 배출량이 감소한다는 확실한 증거는 없다. 소득이 일정 수준을 넘어서면, GDP 1단위 생산에 필요한 에너지 투입량인 '에너지 원단위energy intensity'가 감소한다. 이는 소득이 일정 수준을 넘어서면 사람들이 에너지를 덜 소비하는 일에 더 가치를 느끼기 때문이다. GDP 증가분에 따르는 추가 에너지 소비 비율은 대다수 선진국에서 감소 추세를 보이지만, 전체 에너지 소비는 계속 증가하고 있다.

경제학자들의 경제 분석에는 허점이 있다. 경제 분석은 국민계정national accounts, 국민경제의 경제활동 성과와 국민경제의 자산과 부채 상황을 정리한 것으로 기업 재무제표에 비견되는 국가의 재무제표-옮긴이에 의존한다. 국민계정은 자원 고갈을 감안하지 않는다는 비판이 수십 년 전부터 있었다. 허먼 댈리는 "자연자본 소비를 소득으로 계산하면 안 된다"라고 세계은행에 건의했다.[6] 국민계정은 GDP를 기준으로 계산한다. 폴 에킨스는 생산, 경제복지, 환경성장environmental growth에 따라 생태계 상태를 측정할 수 있지만, GDP는 생태계 상태를 감안하지 않는다고 지적했다.[7] GDP는 환경보호에 드는 사회비용을 감안하지 않는다. 오히려 자연재해에 대처하느라 돈을 쓰면 GDP가 늘어난다. 유해한 소비를 줄이는 활동은 GDP를 줄인다. 국민이 자연을 잘 보호하고 지속 가능하게 토지를 이용해도 GDP를 크게 줄일 수 있다. GDP로 부를 측정하다 보면 이러한 문제가 있다.

다시 아이팻 방정식으로 돌아가 생각해보면, 만약 모든 인류가 2050년까지 유럽인처럼 생활수준을 높이면 2050년도까지 증가한 부가 환경에 미칠 충격은 2000년도의 300%다. 2050년 세계 인구가 2000년도보다 50% 증가한다고 가정하면, 2050년도 인류가 환경에 미칠 충격의 합은 2000년도의 450%다. 만약 모든 인류가 2050년까지 미국인처럼 생활수준을 높이면 인류가 환경에 미칠 충격의 합은 2000년도의 750%다. 만약 쿠즈네츠 곡선이 정확하다면, 세계인이 소득 증가에 따라 환경보호에 신경 써 소비수준을 억제하는 시나리오를 가정할 수도 있다. 희망적 시나리오이긴 하지만, 대다수 세계인이 그런 선택을 하리란 증거는 없다.

과연 기술이 미래의 문제들을 해결할 수 있을까?

아이팻 방정식의 세 번째 변수인 기술은 자연에 도움이 될 수도 있고 해가 될 수도 있다. 기술이 자연에 미치는 영향을 측정하기 어렵기에, 아이팻 방정식의 기술 변수는 한 단위의 부에 쓰이는 에너지와 관련이 있다. 1인당 GDP로 부를 측정하는 것이 불안정하듯 에너지 원단위로 기술을 측정하는 것도 불안정하다. 아이팻 방정식에서 기술 변수는 인구 변수와 소득 변수보다 조사하기 힘들다. 아이팻 방정식에서 T가 마지막에 오는 것에서 보듯, 환경에 영향을 미치는 변수 중 인구와 소득이 아닌 것은 모두 기술 변수로 분류한다.

기술은 지난 500년간 인구 증가와 소득 증가를 가능하게 했다. 지난 500년간 북미와 북유럽 국민들은 소득 증가를 즐기면서도 소득 증가에 따라 증가한 환경비용을 모두 지불하지 않았다. 과거에는 삼림파괴, 고래잡이, 수질오염이 주요 환경 문제였고, 지금은 탄소 배출이 주요 환경 문제다. 하지만 탄소는 환경을 파괴하는 여러 요소 중 하나일 뿐이다. 인구가 증가함에 따라 생기는 외부 효과externality가 자연을 파괴하는 예는 많다. 광물자원 고갈, 생태다양성 훼손, 소음 공해가 그것이다. 환경 충격은 상당 부분 경제로 내부화internalization할 수 있다. 즉 환경파괴에 비용을 부담해, 자연이 받는 충격을 흡수한다는 뜻이다. 향후 인구 증가에 따라 인류가 환경에 가하는 충격 중 상당 부분을 경제로 내부화할 것으로 예상하는 것은 합리적 가정이다. 대다수 장기투자 분석가들은 내부화 증가를 필연적 추세로 보고 환경, 사회, 정책 분석에 더 많은 공을 들이고 있다. 투자 분석가들은 아이팻 방정식에서 향후 자원이 고갈할수록 자원 중요성이 증가할 테고, 이에 따라 자원 효율을 높이는 기업의 가치가 높아질 것이라고 유추한다.

기술이 환경 문제를 일으켰다면, 기술이 문제를 해결할 수도 있다. 과학자들과 투자자들은 탄소 배출량을 대폭 줄이거나, 오염된 바다와 토지를 정화하거나, 환경오염 없이 에너지를 생산하는 획기적 기술이 개발될 것이라고 기대한다. 합성생물학synthetic biology, 생물이 특정 기능을 수행하도록 생물을 설계하는 생명공학 분야-옮긴이부터 핵융합, 지구공학geoengineering, 인위적으로 기후를 조작하는 기술-옮긴이, 이산화탄소 포집 저장 기술carbon capture and storage, CCS, 탄소격리carbon sequestration, 지하 대수층, 암반, 석유 채굴 공간 등 지하공간에 탄소를 저장하는 것-옮긴이까지 환경에 도움이 될 기술은 많다. 『지구규칙Whole Earth Discipline』의 저자 스튜어트 브랜드는 일반적 생태학자들과는 거꾸로, 다음과 같이 주장한다. "도시는 친환경적이다. 원자력 발전도 친환경적이다. 유전공학도 친환경적이다. 어쩌면 지구공학도 필요하다."[8]

반면, 오일샌드에서 석유를 추출하는 기술, 핵무기 기술처럼 환경에 심각한 해를 끼칠 수 있는 기술도 있다. 환경학자들은 기술개발을 핑계로 환경 문제 해결을 미루는 각국을 비판한다. 그들은 환경 문제를 해결할 기술을 기다리는 것보다 인구 증가를 통제하고 소비를 줄이는 것이 우선이라고 주장한다. 일부 환경학자들은 환경 문제를 해결할 기술을 개발하는 동시에 소비행태를 바꿔야 한다고 믿는다. 일부 환경학자들은 환경 문제를 해결할 기술이 이미 있거나 곧 개발될 것이라고 믿는다.

아이팻 방정식에서, 기술이 환경에 미치는 영향이 긍정적인지 부정적인지는 판단을 유보하겠다. 인구, 소득, 기술이 환경에 미치는 잠재적 충격이라는 요소를 살펴보자.

사회적, 환경적으로 지속 가능한 경제 성장의 시대

아이팻 방정식에서 충격을 어떻게 정의하고 측정할 것인가? 충격은 여러 가지 측면이 있다. 지속 가능한 성장을 연구하는 영국 싱크탱크인 미래포럼은 런던회의에서 다음과 같은 보고서를 작성했다.

기후변화가 현재 많은 사람들의 관심을 받고 있지만, 탄소 배출이 환경에 직접 미치는 충격에만 초점을 맞추고 다양한 오염물질 감축을 지속적으로 실시하고 측정하지 않는다면, 환경 문제도 근본적으로 해결하지 못하고 경제적으로도 손해인 방안에 투자할 위험이 있다.[9]

기후변화와 탄소 배출량 감축이라는 한 가지 측면에만 초점을 맞춰 바이오연료의 생산을 늘리다 보면, 식량생산 감소 같은 다른 지속 가능성 문제가 튀어나온다. 미래포럼은 자연자본, 인적 자본, 사회자본, 물적 자본, 금융자본을 균형 있게 평가할 것을 주문했다.

지속 가능성의 일반적 정의는 어떤 과정이나 상태를 계속 유지할 수 있는 역량이다. 하지만 이러한 정의는 변화와 변화 기대를 내포하지 않는다. 대부분의 아이팻 방정식 논의에서 한 가지 빠진 점이 있다면, 그것은 지속 가능한 성장에 필요한 변화의 크기다. 2000년도에 UN이 채택한 의제인 밀레니엄 개발목표Millennium Development Goals 여덟 개 중 일곱 번째 목표는 '환경 지속 가능성 보장'이다. 인류가 지속 가능한 경제 수준을 누리고 싶다면, 환경에 미치는 충격을 궁극적으로 0으로 줄여야 한다. 시간대를 길게 늘려 잡아 생각해보라. 지구 자원은 유한하기에 인류는 자원을 무한히 소비할 수 없다. 또, 광물을 재활용하지 않아 쓰레기더미가 1년에 1mm씩만 더 쌓여도 수백만 년 뒤 인류는 쓰레기더미에 묻힐 것이다. 따라서 탄소 배출량을 안정화하는 것만으론 의미가 없다. 향후 수백 년간 탄소 배출량을 줄여나가 탄소 배출량을 지구가 감당할 수 있는 수준인 산업혁명 이전 수준으로 낮춰야 한다.

인구와 소득이 환경에 가하는 충격으로 얘기를 돌려보자. 2050년 세계 인구가 2000년도보다 50% 증가하고 그때 모든 세계인이 현재 유럽인 수준으로 소비할 경우, 지구 환경이 받는 충격이 2000년도의 450%

일 것이라고 앞서 언급한 바 있다. 이러한 추세를 되돌리려면, 2050년
도 유럽인들이 환경에 미치는 충격을 현재의 22% 미만으로 낮춰야 한
다. 어쩌면 이보다 더 많이 줄여야 할 수도 있다. 환경에 미치는 충격
을 78% 줄이려면, 혁신적 기술이 나오지 않는 한, 현재 5년에 1번꼴로
바꾸는 자동차를 25년에 1번꼴로 바꿔야 한다. 쓰레기 배출량을 줄여,
현재 50년간 쓰레기 매립장을 250년간 써야 한다. 주전자 수, 실내 조
명등 개수, 자동차 여행 횟수, 항공여행 횟수를 지금의 20%로 줄여야
한다. 이처럼 소비를 줄이려면 사회적 합의만으론 턱도 없다. 가격을
대폭 인상해야 할 것이다(물론 가격도 올리고 국민도 설득하는 것이 더 나은 방법
일 것이다).

환경에 미치는 충격을 78% 줄이는 것은 터무니없는 목표로 여기는 사
람이 있을지도 모른다. 현재 영국의 1인당 이산화탄소 배출량은 10톤
이 조금 넘는다. 반면 세계인의 평균 이산화탄소 배출량은 1톤이다. 경
제학자들은 탄소 가격이 장기적으로 크게 상승해 톤당 40유로, 심지
어 200유로까지도 상승할 것으로 전망한다. 현재 수준으로 탄소를 계
속 배출하는 영국 가정은 1년에 7200유로를 부담해야 할 것이다. 향후
30년간 세계 전력 인프라를 업그레이드하는 데 100조 달러를 지출해야
한다고 주장하는 사람도 있다.

1987년 UN 브룬트란트 위원회가 발간한 보고서 서문은 사회의 변
화하는 기대를 설명하는 문장으로 종종 인용된다. "이제 필요한 것은
강력한 경제성장뿐 아니라 사회적, 환경적으로 지속 가능한 경제성장
의 시대다."[10] 지속 가능한 발전이라는 새로운 패러다임을 처음 제시한
이 보고서는 지속 가능한 성장을 "미래 세대가 필요를 충족할 능력을

훼손하지 않은 채 현재 세대의 필요를 충족하는 경제개발"이라고 정의했다. 이러한 정의는 환경 문제에서 미래 세대가 부담할 비용까지 고려하게 한다. 인류는 미래 세대가 필요한 것, 미래 세대가 할 수 있는 것까지 감안해서 결정을 내려야 한다.

우리는 과연 인류가 현명한 결정을 내릴지 의구심이 든다. 지금까지 인류는 후대에 부담을 주는 결정을 여러 번 내렸다. 단적인 예가 국민연금이다. 차라리 국민연금은 약과다. 현재 세대가 탄소 배출, 환경정화, 주택, 핵에너지 문제를 현명하게 해결하지 않으면 미래 세대가 큰 부담을 느낄 것이다. 현재 세대가 후손들에게 얼마나 큰 부담을 떠넘기고 있는지 정확히 알 수는 없다. 지금까지 인류는 먼 미래의 기술이나 경제성장을 잘 예측하지 못했다. 현재 세대가 미래 세대의 필요와 역량을 알지 못한 채 미래 세대에게 문제를 떠넘기는 우를 범할 수도 있다.

글로벌 리스크

글로벌 리스크는 무척 다양하다. 예를 들면, 말라리아, 부패, 군사충돌, 정치, 유행병, 기후변화가 있다. 물, 농지, 주거지, 물고기처럼 희소해져서 문제가 되는 글로벌 리스크도 많다. 비만, 장수, 유전자 변형, 의약품 접근, 고용 기회 등 삶의 질과 관련이 있는 글로벌 리스크도 많다. 인류가 이러한 리스크에 대처해 실제로 할 수 있는 일은 무엇일까?

글로벌 리스크란 한 국가의 통제범위를 넘어서고, 여러 국가, 산업, 부문에 부정적 영향을 미치는 사건이나 환경을 가리킨다. 각국 금융시장이 갈수록 연결되고, 글로벌 리스크와 보상을 이전하는 메커니즘(이를 테면 미소금융, 탄소 배출 내부화, 제약회사들이 열대 질병을 연구할 동기)이 많아지면서, 금융시장의 번영과 탄력 자체가 글로벌 리스크를 구성하게 됐다.

글로벌 리스크는 제거하기 힘들다. 예를 들어 대다수 현대인들은 노예제가 사라졌다고 믿는다. 영국은 1807년도에 본국에서 노예무역을 금지하고, 1833년도에 식민지에서 노예무역을 금지했다. 미국은 남북전쟁 때 노예제를 폐지했다. 따라서 아직도 노예제가 남아 있을 것으로 믿는 사람은 거의 없다. 하지만 영국에는 세계에서 가장 오래된 국제인권단체인 국제반노예제도Antislavery International라는 단체가 1787년 설립 이래 아직도 활동 중이다. 아직도 물건처럼 거래되고, 돈을 거의 받지 못한 채 일하는 사람들이 있다. 이러한 노동자들은 종종 사기꾼에게 속아서 빚을 진다. 이 빚을 갚기 위해 노동자들은 계속 일한다. 이들이 일의 대가로 받는 것이라곤 형편없는 음식과 잠자리뿐이다. 일부는 평생 빚을 갚지 못하고 자식들까지 노예 신세가 된다. 고용주에게 삶을 통제당하고, 상품처럼 취급당하며, 이동에 제약이 따르는 노예들은 개발도상국과 선진국에서 모두 볼 수 있다. UN은 1948년 '세계 인권 선언', 1956년 '노예제, 노예무역, 노예제와 유사한 제도와 관행 철폐를 위한 보충 협약'을 통해 노예제를 금지했지만, 현재 동유럽 여성들은 매춘부로 팔리고, 서구와 아프리카 국가들에서 아이들이 매매되고 있으며, 브라질 농장에서는 노예들이 일하고 있다. 어린 소녀들을 강제로 결혼시켜 노예로 삼는 사례도 있다. 국제노동기구는 1억 2600만 명의 어린이들이 아동 노동으로 건강과 행복을 훼손당하고 있다고 추산한다.

기업들은 주주 가치를 창출하기 위해 노력한다. 기업들은 현재 환경에 대처하고 변화를 예상하는 메커니즘을 가지고 있다. 기업들은 특히 리스크를 줄이려고 노력한다. 기업들은 리스크가 실제 문제로 터졌을 때 기업이 받을 충격과 손실을 줄이려고 노력한다. 하지만 기업들은 평소 아무리 리스크에 대비해도, 아주 추상적인 글로벌 리스크에도 흔들릴 수 있다. 글로벌 리스크는 기업의 유통망을 좁히거나, 생산능력을 훼손하거나, 네트워크를 방해하거나, 이미지에 타격을 입히거나, 가격상승 압력을 높이는 등 다양한 방식으로 기업을 압박할 수 있다. 따라서 경영자들은 글로벌 리스크에 긴장하지만, 개별 기업의 힘만으론 본질적으로 글로벌 리스크에 대처할 수 없다. 회계 실수 같은 일부 리스크는 기업에게 잘못이 있지만, 사회 전반에 파문이 일어난다. 빈곤과 질병 같은 리스크는 사회에 더 구체적 위협을 가하지만, 경제개발에 따라 기업들이 제품과 서비스를 제공해 이러한 리스크를 완화할 수 있다.

글로벌 리스크는 발생확률은 낮지만 일단 발생하면 기업에 큰 충격을 준다. 글로벌 리스크는 너무 복잡하고 불확실성이 강해 어떤 기업도 독자적으로 대처할 수 없다. 조직은 조직이 대처할 수 있는 범위의 리스크에 가장 중점을 두어 대비하는 편향을 가지고 있기에, 기업의 리스크 대처 시스템은 글로벌 리스크를 '통제 범위를 벗어난 일'로 간주한다. 기업 경영자 입장에서 홍수로 생산시설이 물에 잠길 가능성을 대비하지 않는 것은 태만이지만, 뉴욕이 물에 잠길 가능성을 대비하지 않는 것은 태만이 아니다. 하물며 해수면 상승은 어떤 기업 경영자도 대비할 수 있는 문제가 아니다. 이러한 리스크는 개별 기업이 아닌 더 높은 권한을 가진 중앙 정부가 관리해야 한다. 글로벌 리스크는 한 기업의 역량을 넘어선 위험일 뿐, 사회의 집단 역량으로는 감당할 수 있다.

기업들은 글로벌 리스크에 촉각을 곤두세운다. 매일 리스크를 관리해도, 글로벌 리스크 한방에 허사가 될 수 있기 때문이다. 자사가 어떤 리스크에 가장 영향을 받을지 경영진이 판단하는 바에 따라, 기업이 글로벌 리스크에 신경 쓰는 정도가 다르다. 예를 들어 국제유가 상승은 운수업체들에게 상당한 걱정거리다. 반면 식품제조업체는 유가상승의 충격을 살짝 덜 받는다. 유제상승으로 농산물 가격이 상승해 간접적 충격을 받을 뿐이다. 운송비용 증가를 고객에게 전가할 수 있는 서비스업체가 받는 충격은 식품제조업체가 받는 충격보다 덜하다. 문제는 개별 기업이 할 수 있는 일을 파악하는 것이다. 기업들은 글로벌 리스크의 복잡성, 규모, 불확실성 때문에 대처하기 어려워한다.

- **복잡성** 어떠한 문제도 일부분만 뚝 떼서 해결할 수 없다. 문제 전체를 해결해야만 의미가 있다. 자산 가치는 수익에 영향을 미친다. 수익은 투자결정에 영향을 미친다. 투자결정은 정책에 영향을 미친다. 정책은 커뮤니티에 영향을 미친다. 커뮤니티는 기업 감사에 영향을 미친다. 기업 감사는 자산 가치에 영향을 미친다. 이처럼 문제는 꼬리에 꼬리를 문다. 글로벌 리스크에 대한 해법은 시장처럼 예측할 수 없는 메커니즘을 수반할 수 있다. 글로벌 리스크가 닥쳤을 때는 평소 방식이 통하기 힘들다. 경영자가 지시한 일들이 착착 진행되지 않는다. 폭넓은 예측 범위 안에서 복잡한 행태가 나타난다.
- **규모** 어떤 기업, 지역, 국가, 무역그룹도 혼자서 글로벌 리스크에 대처할 수 없다. 힐과 쿤로이더는 「사람 목숨은 하나You Can Only Die

Once」라는 글에서 "리스크를 대처하려고 투자해봤자, 대처하지 못하는 리스크 수가 증가해 리스크 대처에 투자할 인센티브가 거의 0에 가까운 상황"에서 체계적 투자부족이 일어날 가능성을 지적했다.[11]

🔹 **불확실성** 측정할 수 있는 문제 또는 미지의 리스크가 많고, 리스크를 측정하기 어려울수록 불확실성이 증가한다. 불확실한 상황에서 어떤 절차에 따라 결정을 내릴 것인가? 일개 기업이 지구온난화에 대처할 수 있는 방안이 있는가? 다양한 당사자가 글로벌 리스크에 대처하다 보면 정치적 긴장이 높아지고, 우선순위를 놓고 논쟁이 벌어진다. 독자의 기업은 조류독감 예방과 제3세계 빈곤 완화 중 어느 쪽을 우선 해결하겠는가?

고약한 문제

1970년대에 호스트 리텔과 멜빈 웨버는 '고약한 문제'라는 용어를 만들었다. 프리츠 즈위키, 웨스트 처치먼 등의 학자들이 이 개념을 더 연구했다. 리텔은 정의하기 어려운 디자인, 계획과 관련한 문제들을 탐구하면서 이러한 문제들을 '고약한 문제'라고 불렀다. 고약한 문제는 대다수 의사결정 이론가들이 연구하는 체스, 퍼즐, 게임이론 같은 정돈된 문제와 다르다. 체스 같은 게임 세계와 달리, 현실 세계는 어지럽고 순환하고 공격적이다.

고약한 문제는 해법을 개발하기 전에는 제대로 이해할 수 없는 문제다. 심지어 '문제'가 무엇인지도 확실하게 정의하기 힘들다. 고약한 문제는 서로 맞물리는 이슈들과 한계가 깔끔하게 정돈되지 않은 상태로 진화하는 문제다. 문제를 확실히 정의할 수 없기에, 확실한 해법도 없다. 문제해결 과정은 가용 자원이 다 떨어질 때 끝난다. 고약한 문제에 대한 해법은 어느 것이 옳다 그르다 따질 수 없다. 단지 더 나은 해법, 더 나쁜 해법, 충분히 좋은 해법, 충분치 않은 해법만 있을 뿐이다. 고약한 문제에 대한 모든 해법은 한 번만 쓸 수 있고, 모든 문제 해결 시도는 나름대로 결과를 낳는다. 리텔은 "고속도로 타당성을 검증하려고 고속도로를 건설할 수는 없다"라고 말했다.[12] 고약한 문제의 곤란한 점은 해법을 시도하지 않고는 문제를 파악할 수 없는데, 모든 해법이 고비용이 들고, 의도하지 않은 지속적 결과를 낳는다는 것이다. 이러한 의도하지 않은 결과가 또 다른 고약한 문제들을 낳을 수도 있다.

글로벌 리스크만 고약한 문제는 아니다. 발전소, 철도를 새로 건설하거나 컴퓨터 프로그램을 만드는 것도 고약한 문제일 수 있다. 문제가 해법에 영향을 미치거나, 해법이 문제에 영향을 미치는 상황, 해법이 사회에 있는 상황, 모든 사람이 문제를 신경 쓰는 상황에서 고약한 문제를 발견할 수 있다. 장기간에 걸쳐 일어나고, 서로 멀리 떨어진 나라들에게 영향을 미치고, 모든 사람이 즉시 대책을 촉구하는 글로벌 리스크는 대부분 고약한 문제로 분류할 수 있다.

고약한 문제를 해결하려면 한 해법만으론 부족하다. 정부는 어떤가. 많은 사람들이 고약한 문제가 생기면 "누군가 나서야 한다"라고 말한다. 물론 여기서 말하는 '누구'는 현장에 와서 사람들에게 적절한 조치를 내리고, 문제해결 비용을 지불하고, 미래에 닥칠 문제들을 피하게 해줄 전지전능한 정부다. 금융시장에서 이전 정부들이 저지른 실수를 다시 저지르지 않을 새로운 정부의 도래를 모든 사람이 고대하고 있다. 아쉽지만 그런 정부는 존재하지 않는다. 빈민들에게 무담보 소액 대출을 해주는 그라민 은행을 설립해 2006년 노벨 평화상을 받은 무하마드 유누스는 다음과 같이 말한다.

> 정부는 사회 문제를 해결하기 위해 동원할 수 있는 역량이 많다. 정부는 거대하고 강력한 권한을 가지고 있다. 거의 모든 사회 분야에 접근할 수 있고, 세금을 거둬 방대한 자원을 이용할 수 있다. …… 따라서 정부에게 사회 문제를 해결하라고 요구하려는 유혹을 느끼기 쉽다. 만약 이러한 접근법이 효율적이었다면 문제는 오래전에 풀렸을 것이다. …… 정부는 느리고, 비효율적이고, 관료주의적이고, 부패하고 비대해지기 쉽다. 정부가 나서면 장점도 있지만 부작용도 있다. 정부는 거대한 규모, 권력, 영향력을 가지고 있기에, 정부를 악용해 자기 부와 권력을 늘리려는 사람이 거의 필연적으로 생긴다.[13]

기후변화 문제에서 정부의 대처를 보라. '기후변화에 관한 국제연합기본협약UNFCCC'에 따르면, 기후변화에 대한 자본투자의 86%가 민간 부문에서 나올 것이라고 한다. 코미디언 제이 리노는 이렇게 농담한 적이 있다. "새로운 UN 보고서는 당초 전망보다 지구온난화 문제가 심각해질 것이라고 경고한다. 맙소사, 당초 UN은 지구온난화로 인류가 멸망할 것이라고 예측했는데, 더 심각해진다니." 정부 혼자서는 문제를 해결할 수 없다. 민간 부문만 나서도 문제를 해결할 수 없다. 기후변화 문제의 해법을 마련하려면 (예를 들어, 탄소 배출량을 줄이기 위해 탄소 배출에 적절한 가격을 부과하려면) 민간 부문과 정부가 힘을 합쳐야 한다.

어쩌면 NGO도 필요하다. 세계경제에서 NGO가 차지하는 비율이 점점 커지고 있다. 이러한 현상은 정부가 제 역할을 하지 못하고 있다는 신호일지, 글로벌 리스크를 해결하려면 정부와 민간 부문뿐 아니라 NGO도 나서야 한다는 사실을 사람들이 인식한 결과일지 궁금하다.

어류 멸종 위기에서 정부의 대처를 보라. 2009년 세계은행 보고서는 세계 연간 어획량은 1억 6000만 톤이고, 수산업계가 받은 보조금은 연간 100억 달러라고 추산했다. 만약 개체 수가 급감한 어종이 개체 수를 회복하도록 보호하기 위해, 연간 어획량을 지속 가능한 수준인 8000만 톤으로 줄였다면, 어획 비용은 절반으로 줄고, 4000억 달러 규모의 세계 해산물 시장에 연간 500억 달러의 추가 이익이 생겼을 것이다. 수산업이 이처럼 비효율적이고, 이익을 덜 거두는 원인은 딱 한 단어로 요약할 수 있다. 보조금이다. 2009년 세계은행 보고서는 낚시와 해양관광으로 죽은 물고기를 추가 손실로 집계하면, 지난 30년간 경제적 손실은 최소한 2조 달러일 것이라고 추산했다.[14] 게다가 전문가들은 향후 수십 년 사이에 많은 어종들이 멸종 위기에 처할 것이라고 생각한다. 일부 전문가들은 21세기 중반에 수산업이 광범위하게 붕괴할 것이라고 전망한다. 찰스 클로버는 『생태계 종말The End of the Line』이라는 책에서, 세계인이 일사분란하게 어종을 보호하지 않으면 인류가 바다에서 얻을 수 있는 어류는 해파리밖에 남지 않을 것이라고 경고했다.[15] 이러한 측면에서 정부는 문제를 완화하기는커녕 악화하고 있는 듯 보인다.

원조만으론 문제를 해결하지 못한다. 지금까지 많은 개발원조가 있었지만, 장기적 성과를 거둔 적이 없다. 폴 콜리어는 『빈곤의 경제학:

334

극빈국 10억 인구의 위기The Bottom Billion』라는 책에서 다음과 같이 요약했다.

지금까지 얘기를 요약하면 이렇다. 세계에서 가장 빈곤한 10억 명이 사는 국가들은 다음 넷 중 하나 이상의 함정에 빠졌다. 분쟁, 풍부한 자원, 해안이 없는 내륙 국가, 빈약한 행정력이라는 함정이다. 그 결과 나머지 개발도상국들은 전례 없는 속도로 경제가 성장하고 있지만, 최빈국들은 경제가 정체하거나 심지어 후퇴하고 있다. 가끔 몇몇 최빈국들은 함정에서 빠져나왔지만, 글로벌 경제 환경은 이러한 최빈국들이 앞선 국가들이 밟은 길을 따라가기 어렵도록 변하고 있다. 그 결과 함정에서 빠져나온 최빈국들은 지나치게 느리게 성장해 경제성장이 궤도에 오를 소득 수준에 도달하기 전에 다시 함정에 빠진다.[16]

세계화만으로는 문제를 해결하지 못한다. 약 10억 명의 세계인은 세계화로 혜택을 봤다. 약 40억 명의 세계인은 세계화로 현실을 개선했다. 반면 10억 명은 수출 다변화에 성공하지 못한 채 빈곤에 허덕이고 있다. 중국과 인도가 최빈국들의 비교우위 기회를 다 가져가고, 최빈국에서 자본과 인력이 쉽게 빠져나가게 됐기 때문이다. 콜리어는 선진국의 간섭, 원조, 군사개입이 최빈국 경제발전에 도움이 될 수 있지만, 선진국이 더 제한적이고 섬세하게 개입해야 한다고 강조했다.

고약한 문제에서 한 가지 확실한 점은 하향식 해법으로는 고약한 문제를 해결할 수 없다는 사실이다. 고약한 문제는 경제에만 있는 것이 아니다. 고약한 문제들의 상당수는 정부가 제 역할을 하지 않은 데 기인한다. 사실, 민간 부문이나 시장을 과도하게 신뢰하는 것도 문제다. 보이지 않는 손이 언젠가 시장에서 문제를 해결해줄 것으로 기대하고 가만히 앉아서 문제를 보고만 있어서는 곤란하다. 경제학자 제프리 삭스는 2008년에 출판한 『커먼웰스Common Wealth』에서 물고기의 시장 가격을 탐구했다.

> 이 예에서 두 가지 민감한 사실을 발견할 수 있다. 첫째, 물고기의 시장 가격은 지구 생태계에서 어종이 차지하는 사회 가치를 반영하지 않는다는 점이다. 시장 가격은 물고기 멸종을 피하기 위해 사회가 부담해야 하는 비용을 반영하지 않는다. 단지 (음식, 최음제, 애완동물, 취미, 장식용으로서) 소비 가치만을 반영할 뿐이다. 둘째, 금리는 자원 소유주가 지속 가능한 속도로 자원을 소비할 인센티브를 줄인다. 만약 자원의 가치가 금리보다 느리게 증가할 것 같으면, 자원 소유자는 빨리 자원을 팔아서 돈을 챙기려고 한다. …… 이 이론에서 예상할 수 있듯, 느리게 증가하는 동식물이 특히 멸종 위기에 있다. 예를 들어, 어장관리를 투자 관점에서 보면, 큰 물고기는 느리게 성장하기에 수익률이 낮다. 게다가 큰 물고기는 그물에 잘 잡힌다.[17]

이 경우 시장을 이용해 문제를 해결하려면, 미래 세대의 목소리를 현재 가격에 반영하는 방법을 찾아야 한다. 두 가지 방법이 언급할 가치가 있다. 첫 번째 방법은 8장에서 언급한 옵션 가격 모형을 응용해 멸종위기 어종의 생존에 가치를 부여하는 것이다. 생태다양성과 생태계 서비스의 가치를 측정하는 방법을 여러 학자들이 연구하고 있다. 생태다양성의 측정 가능성은 측정단위 개발 여부에 달렸다. 기후변화 충격을 측정하는 단위로 탄소 배출량이 쓰이는 것처럼, 생태다양성을 측정할 단위가 필요하다. 학자들은 생태다양성을 측정할 몇 가지 단위를 놓고 논쟁한다. 예를 들어, 유전자 다양성을 측정하는 것은 생물 종의 다양성을 측정하는 것과 다르다. 생물 종의 다양성은 전체 생물 개체 수와 관련이 적다. 더 간단한 측정 방법은 자연보호구역의 면적을 측정하는 것이다.

두 번째 방법은 미래성과에 대한 보증인을 찾는 것이다. 금융 서비스 커뮤니티 내부는 세 가지 카테고리로 분류할 수 있다. 투자자는 자산을 직접 보유한 사람이다. 거래상은 다른 사람이 사고파는 것을 도와 돈을 버는 사람이다. 보증인은 사건을 보증하거나 보험을 인수하는 사람이다. 보증인의 예는 보험회사다. 정부는 자원을 채굴하는 사람에게 처음과 비슷한 수준으로 자원을 유지할 것이라고 보증할 사람을 찾게 해야 한다. 예를 들어, 한 어부 집단이 한 해역에서 해마다 일정량의 물고기를 잡고 미래 어느 시점에, 처음과 같은 수준의 어류 자원을 반환하겠다고 정부와 계약한다. 보험사는 이 계약을 보증한다. 보험사는 해마다 보험료를 받는 대신, 어류 자원이 고갈되어 막대한 보험금을 지불하는 사태가 생기지 않도록 어부들의 어업 활동을 감시한다.

우리는 종종, 아무도 비용을 지불하지 않는 문제는 리스크가 아니라고 주장한다. 예를 들어, 하늘이 푸른색에서 보라색으로 변하고, 아무도 해를 입지 않는다고 가정해보자. 또, 사람들이 비용을 지불하면 하늘이 보라색으로 변할 확률을 낮출 수 있다고 가정해보자. 만약 하늘색이 바뀔 확률을 낮추려고 비용을 지불할 사람이 아무도 없으면, 하늘색이 바뀌는 것은 리스크가 아니라 이벤트일 뿐이다. 반대로, 사람들이 하늘색이 바뀔 확률을 낮추려고 비용을 지불할 의사가 있다면, 하늘색이 바뀌는 것은 리스크다. 부정적 효과가 없는 일을 피하려고 사람들이 돈을 지불할 리 없다고 생각하는 독자가 있을지도 모르지만, 어쨌든 사람들이 돈을 써가며 피할 의사가 있는 일은 리스크다. 우리는 글로벌 리스크 해법을 강구할 때 가장 중요한 관건은 사람들이 리스크 회피 비용을 지불하는 방법을 개발하는 것이라고 본다.

글로벌 리스크를 다룰 때 가장 큰 문제 중 하나는 얼마나 시급하게 조치할지 결정하는 것이다. 글로벌 해법을 강구할 때는 행동 가능성과 불확실성이라는 딜레마에 처한다. 지금 당장 조치하지 않고 기다리면 새로운 문제해결 방법이 나올지도 모른다. 하지만 그 사이 문제 규모가 커질 수 있다. 이러한 고민 때문에 인류는 종종 글로벌 리스크 문제를 너무 늦게 대처한다. 조치에는 두 유형이 있다. 탄력적 조치resilient action와 강건한 조치robust action다.

잠재적 위험에 노출된 커뮤니티는 수용 가능한 수준의 기능과 구조를 유지하기 위해 적응, 저항, 변화할 수 있다. 이러한 조치를 탄력적 조치라 한다. 탄력 있는 시스템, 커뮤니티, 사회는 부분적 실패를 겪거나 불리하고 비정상적인 조건에 처해도 여전히 작동한다. 탄력 있는 시스템은 역사적 변동성 범위 안에서 기능을 수행한다.

반면, 강건한 조치는 비합리적 수준의 문제를 해결하거나 처리하려는 행동이다. 강건한 시스템은 큰 문제를 해결하려고 나선다. 글로벌 문제를 해결하지 못하는 원인 중 상당 부분은 사람들이 문제에 익숙해져 무덤덤해진다는 것이다. 기아 문제에 대한 탄력적 접근은 합리적

338

재난구조 프로그램을 실시하는 것이다. 우선 당장 굶어죽는 사람을 구하고 넘어가는 것이 목적이다. 기아 문제에 대한 강건한 접근은 기아가 다시 발생하지 않도록 농업부터 수송, 시장, 정부까지 모든 분야를 정비하는 것이다. 문제가 재발하지 않도록 문제를 근본적으로 해결하는 것이 목적이다. 사람들은 종종 확신이 부족해 강건한 조치를 취하지 않는다. 때로는 강건한 접근법이 과해서, 핵융합 같은 획기적 기술을 개발하는 데 오랜 세월을 보낸다. 때로는 강건한 접근법이 천연두 퇴치 같은 놀라운 업적을 낳았다. 하지만 세계적 규모로 일어나는 고약한 문제에 강건한 조치를 취하려면 수많은 세력의 다양한 활동을 수반해야 한다. 정부, 기업, NGO가 각각 단독으로 움직여서는 고약한 문제를 풀 수 없다. 서로 협력해서 공동으로 풀어야 한다.

실제 거래를 통해 미래에 대한 희망을 얻는 법

지금까지 선택, 경제, 시스템, 진화라는 네 가지 흐름을 탐구해보았다. 이 네 가지 흐름을 모두 통합해야 물고기의 가격과 세상이 실제 돌아가는 방식을 이해할 수 있다고 우리는 생각한다.

우리가 추구하는 지식의 통합을 설명하는 단어가 두 개 있다. 요새는 잘 쓰이지 않는 낡은 단어지만, 우리의 목적에 부합하는 적절한 단어라서 살려 쓰는 것이 좋다고 생각한다. 첫 번째 단어는 '통섭 consilience'이다. 통섭이란 '지식의 통합'을 뜻한다. 이 영어 단어는 사상가 윌리엄 휴얼이 1840년에 출판한 『귀납적 과학의 철학The Philosophy of the Inductive Sciences』에 처음으로 등장한다. 이는 라틴어에서 나온 말로 '함께 뛰어오르다'라는 뜻을 가지고 있다. '서로 다른 현상에서 도출한 귀납들이 일치하거나 일관성을 보이는 상태'를 의미한다. 이 단어는 오랫동안 쓰이지 않다가, 20세기 말 생물학자 에드워드 윌슨이 『통섭 Consilience』이란 책을 써서 되살린 단어다. 우리가 지금까지 경제 현실을 설명하고자 네 가지 흐름을 통합하고 융합한 것을 한 단어로 표현하면 '통섭'이다.

두 번째 단어는 '카탈락틱스catallactics, 교환학, 시장학'이다. 오스트리아 경제학자 루트비히 폰 미제스가 자주 쓴 단어다. 그가 한때 가르쳤던 제자인 프리드리히 폰 하이에크도 이 단어를 자주 썼다. 1940년대에 하이에크는 "카탈락틱스는 '교환하다, 커뮤니티 출입을 허가받다, 적에서 친구로 변하다'라는 뜻을 가진 그리스어 동사 카탈라테인katallatein 또는 katallasein에서 유래한 단어"라고 말했다. 심지어 하이에크는 교환이나 상거래를 공부하는 사람은 경제학자가 아니라 카탈락티스트catallactist라고 불러야 한다고 주장하기도 했다. 여기서 주목할 점이 많다. 물고기 가격에 영향을 미치는 여러 요소를 다 감안한 실제 거래는 흔히 말하는 경제학보다는 하이에크가 정의한 카탈락틱스에 가깝다고 우리는 생각한다. 또, 실제 거래에서 커뮤니티가 중요하다.

이어서 마지막 장에서는 통섭과 카탈락틱스를 적용해 지금까지 다룬 지식 흐름을 통합하겠다. 인류가 실제 거래를 통해 고약한 문제에 어떻게 대처할 수 있을지, 실제 거래로 미래에 대한 희망을 얻을 수 있을지 탐구해보겠다.

12장

가격에 브레이크를 걸어라

통섭은 여러 분야를 발전시켰다. 통섭을 보충하는 용어로는 '다학문적 multidisciplinary' '통합unifying' 등이 있다.[1] 통섭은 학문 발전을 촉진하고 새로운 학문을 낳는다. 예를 들어, 생체모방공학biomimetrics은 최근 생물학자, 화학자, 공학자, 재료과학자들이 함께 만든 학문이다. 생체모방공학을 배운 디자이너들은 자연을 모방해 설계한다. 개미굴을 모방해 건물 냉방 시스템을, 도마뱀 발을 모방해 부착 도구를, 연 줄기 표면을 모방해 스스로 먼지를 제거하는 벽면을 만든다. 휴대폰 기술은 여러 분야에 큰 영향을 미쳤다. 과학자들은 현장을 답사할 때 휴대폰으로 손쉽게 사진을 찍을 수 있다. 사람들은 휴대폰을 들고 다니면서 가장 싼 물건을 파는 가게를 찾을 수 있다. 통섭이 금융에 영향을 미친 예도 많다. 이를테면 아프리카 상업 거래를 촉진한 휴대폰, 무담보로 소액대출을 해주는 미소금융, 농민들이 농사를 지을 때 즉시 농작물 재해보험에 가입할 수 있게 해주는 소액보험microinsurance 등의 예가 있다. 이러한 혁신의 상당수는 열악한 조건을 가진 개발도상국에서 시작되어 선진국으로 전파됐다. 개발도상국에서 시작한 P2P대출은 선진국에서도 규모가 증가하고 있다.

통섭의 또 다른 예는 '양도성 개별 할당제도Individual Transferable Quota, ITQ'다. ITQ는 어획량 쿼터를 어민들끼리 사고팔 수 있게 허용하는 제도다. 이 제도를 통해 선택, 경제, 시스템, 진화를 통섭할 수 있다. 사람들이 지속 가능한 어획을 선택하도록 돕고, 시장이 희소 자원을 배분하게 하고, 사람들이 환경과 사회를 전체적으로 바라보게 하고, 지속 불가능한 어획을 지속 가능한 어획으로 진화시킨다. ITQ를 국가정책으로 처음 채택한 나라는 뉴질랜드다. 뉴질랜드는 1986년에 ITQ를 실시해 성공을 거뒀고, 그 후 각국이 ITQ를 도입했다. 현재 연간 어획량의 10%가 ITQ로 거래된 어획량 쿼터에 속한다고 추산된다. 우리가 10장에서 제안한, 옵션시장을 이용해 지적재산권을 할당하는 방안은 ITQ와 유사한 것으로, 이것 또한 네 가지 지식 흐름을 통섭한 방안이다.

우리는 영국 정부에서 일을 의뢰해왔을 때, 물고기를 잡을 권리인 쿼터를 받은 사람과 실제로 쿼터를 사용하는 사람을 구분하는 제도를 제안했다. 우리는 보험에 가입한 사람에게만 쿼터 사용 인증서를 발부해야 한다고 정부에 건의했다. 보험사는 어부가 지속 가능한 어업을 실천할 것이라고 정부에 약속하고, 어획 활동을 감시할 것이다. 양도성 쿼터를 사용하지 않은 채 보유하는 일도 생길 것이다. NGO가 어종 보호를 위해 양도성 쿼터를 매입하고 사용하지 않을 수도 있다. 무분별하게 남획한 어부들은 경제적 손실을 볼 것이다. 어업 공동체의 역할이 더 커질 것이다.

어민들은 개별적으로 거래하는 경우가 드물다. 우리는 ITQ를 연구할 때, 커뮤니티가 양도성 쿼터 거래에 미치는 영향이 크다는 사실을 발견했다. 4장에서 언급했듯, 개인의 힘만으론 공유재를 성공적으로 관리할 수 없다. 어획 쿼터는 아이슬란드부터 패로 제도, 호주, 뉴질랜드까지 여러 나라 어민들에게 초미의 관심사다. 어획 쿼터를 잘 지키고 어장을 잘 관리하는 국가들의 공통점은 어민 커뮤니티가 어획활동에 적극 개입한다는 점이다. 커뮤니티는 전체 어획량을 설정하고, 쿼터를 배분하고, 쿼터를 가장 잘 사용할 수 있는 사람에게 쿼터가 가게 쿼터 거래를 촉진하고, 시스템을 관리하고, 분쟁을 해결하고, 중앙 정부의 어리석은 정책에 저항한다. ITQ는 지식 흐름의 통섭에 기반을 둔 커뮤니티 거래가 어떻게 현실을 개선할 수 있는지 보여주는 사례다.

이제 물고기를 싸게 살 수 없다

커뮤니티 시장은 통섭과 카탈락틱스의 좋은 예다. 하지만 커뮤니티 시장만으론 고약한 문제를 모두 해결할 수 없다. 세계은행 부총재를 지낸 장 프랑수아 리샤르는 "모든 문제를 시장에 맡기면, 고용 안정성 같은 새로운 사회문제들을 방치하게 될 것"이라고 경고했다.[2] 시장은 스스로 조직하고, 정보를 처리하고, 사회에 영향을 미치는 시스템이다. 시장은 가격을 통해 목표를 설정할 수 있다. 시장은 정보 효율이 높다. 시장은 가격을 책정해 사회에 상품 가치를 알려주고 경제활동을 유발한다. 시장은 경제활동의 목표를 정한다. 하지만 시장은 가끔 이상한 광기와 공포에 휩싸인다. 17세기 네덜란드 튤립 거품, 21세기 초 부동산 거품이 그 예다. 좋은 시장은 현명한 리스크 관리 결정에 도움을 되는 정보를 제공하는 시장이다. "자유시장이 작동하는 이유는, 사람들에게 보상이나 인센티브를 줘서가 아니라, 사람들에게 적극적으로 시도하고 실수하도록 해 사람들이 행운을 잡을 기회를 주기 때문이다."[3] 하나의 도구만으론 고약한 문제를 해결할 수 없다.

지금까지 네 가지 지식 흐름을 차례대로 살펴봤다. 선택 관련 지식 흐름에서는 사람들이 결정을 내릴 때 두뇌가 작동하는 원리를 연구하는 학자들의 성과를 살펴봤다. 그들은 전화 통화부터 온라인 경매, 고용 사이트까지 모든 형태의 정보를 새로운 방식으로 분석한다. 이러한 분석을 통해 집단결정에 대한 새로운 통찰을 얻을 수 있다. 경제학에서 가정하는 '합리적 인간'이란 존재하지 않으며, 실제 경제활동을 하는 인간은 불완전하고 때때로 잘못을 저지른다. 사람들의 동기는 복잡하다. 자기 이익이 항상 최우선 동기는 아니다. 사람들은 자신에게 경제적 이익이 없는 일도 한다. 사람들이 어떻게 선택하는지 연구하면 업무를 조직하고 민주주의를 개선할 새로운 방안도 찾을 수 있다.

21세기 초 경제위기 이후 경제학을 비판하는 사람이 많아졌다. 일부 비판자들은 거시경제학자들이 양적 완화와 긴축 재정처럼 모순적인 경제정책을 해법으로 내놓는다고 지적한다. 물론 거시경제학은 불완전하지만, 거시경제학을 개선하면 세계발전에 힘을 보탤 수 있다. 일부 사람들은 수학적 모형을 과신하는 경제학자들을 비판하고, 실증적 연구가 필요하다고 지적한다. 일부 사람들은 주류 경제학이 돈의 본질과 금융시스템의 속성 같은 금융의 핵심 내용들을 연구하지 않는다고 지적한다. 케인스는 돈은 사람들의 동기와 결정에 영향을 미치지만, 경제학에서는 이 부분을 다루지 않는다고 지적했다.[4] 이처럼 경제학에 부족한 부분들을 보충해 경제학을 개선해야 한다.

시스템 이론을 비판하는 사람들은 인류가 미래에 닥칠 심각한 자원 부족 사태에 대처하지 못할 것이라고 주장한다. 그들은 현재 경제사회 시스템으로는 세계경제가 성장하지 못하거나 저성장하는 상황에 대처하지 못할 것이라고 한다. 그들은 현재 경제사회 시스템이 지속적 성장을 가정하고 만든 것이기에, 경제가 성장하지 않으면 시스템이 기능을 멈출 것이라고 걱정한다. 또한 자본주의가 붕괴하고 새로운 체제가 필요해질 것이라고 전망하고, 탈자본주의 사회를 설계하고자 한다. 자본주의는 마르크스적 정치경제 사상의 변종으로, 복잡한 현실 세계를 단순화해서 좁게 바라본다. 우리는 이 책에서 애덤 스미스의 시장 관점[5]부터 현대 공공선택 이론까지 폭넓은 경제 이론을 통합하고, 네 가지 지식 흐름을 통섭해 정치경제를 봐야 한다고 강조했다.

찰스 클로버는 『생태계 종말』이란 책에서 어업 역사는 농업보다는 광업 역사와 유사하다고 지적했다. 사람들은 새로운 어장을 찾아 어장에서 물고기의 씨가 마를 때까지 물고기를 잡는다. 인류는 자원을 공짜로 여기고 마구 소모했다. 자원소모에 따른 비용은 경제에서 '외부효과'에 지나지 않다고 생각했다. 하지만 인류가 성장 한계에 부딪힘으로써 예전에는 공짜처럼 여기던 자원들을 가격에 내부화하고 있다. 인류는 역사적으로 저렴하게 토지를 이용했으나, 인구 증가로 토지가 부족해지고 토지를 재사용할 필요가 커지면서 토지를 싸게 살 수 있던

시대는 끝났다. 어획량이 감소하고 지속 가능한 어획을 실천할 필요가
커지면서 물고기를 싸게 살 수 있던 시대는 끝났다. 이는 시스템 실패
탓이 아니다. 반대로 인류가 자원감소를 가격으로 내부화하면서, 경
제사회 시스템이 긍정적 변화를 일으킬 기회가 많아졌다. 현재의 자원
배분 시스템을 대부분 유지해도 지속 가능한 세계를 건설할 수 있다.
우리는 세계인이 자연을 공짜로 착취할 수 있던 시대가 끝났다고 인식
하면 현재 소비행태를 바꿀 것이라고 생각한다. 소비행태도 바꿔야 하
지만, 시장 시스템도 이러한 변화에 대응할 수 있게 바뀌어야 한다.

마지막으로, 진화이론은 갈수록 더 많은 분야에 적용될 것이다. 현
재 학자들은 진화이론을 생물학 외의 분야에 적용하는 초기 단계에 있
다. 유전 알고리즘 응용 등 몇몇 성공 사례에서 보듯, 앞으로 진화 이
론을 통해 혁신 과정을 개선하고 새로운 조직 구조를 개발할 수 있을
것이다. 무하마드 유누스는 정부, 민간기업, NGO라는 기존의 분류에
문제를 제기했다.

> 사람들이 문제를 겪는 까닭은 '시장 실패'가 아니다. 원인은 훨씬 깊숙한
> 곳에 있다. 주류 경제학의 자유시장 이론은 인간의 본성을 잘못 파악했
> 고, 이는 '개념화 실패'라는 결과를 낳았다.[6]

유누스는 '사회 비즈니스 기업social business'이라는 새로운 유형의 경제단
체를 제안했다. 사회 비즈니스 기업은 이익을 내면 투자자에게서 빌린
돈을 갚는다. 이익을 배당하지 않고, 기업에 재투자한다. 오늘날 사회
비즈니스 기업이 겪는 금융 애로사항은 세금과 기업인수에 따른 부채

다. 유누스는 사회가 사회 비즈니스 기업 설립을 촉진할 수 있다고 주장한다. 이 의견에 동의하지만, 유누스가 제안한 '사회 비즈니스 기업' 개념은 우리에게 별로 새로운 개념이 아니다. 이익을 커뮤니티에 재투자하는 상호기업이 예전부터 많이 있었기 때문이다. 어쨌든, 시대는 기존의 정부 대 시장이라는 구도를 넘어서는 사고의 통섭에 기반을 둔 새로운 형태의 카탈락틱스의 진화를 요구하고 있다.

인류는 자연을 착취한 기존의 카탈락틱스를 넘어서는 해법을 마련할 수 있을 것이다. 필요는 발명의 어머니다. 인류는 가치가 있다고 느끼는 모든 것을 거래할 수 있다. 맬컴 쿠퍼는 『외부 통화를 찾아서 In Search of the External Coin』에서 미래에는 토지, 에너지, 지식이라는 세 요소가 상품의 장기 가치를 결정할 것이라고 전망했다. 그는 인구 증가로 토지와 자원이 급격히 고갈됨에 따라 희소성에 대한 사람들의 개념이 바뀔 것이라 전망하고, 지식이 미래의 부와 번영을 이끌 장기 동력이 될 것이라고 기대했다.[7] 인류는 앞으로 여러 가지 새로운 재화, 서비스, 지식에 여러 가지 새로운 방식으로 가치를 부여할 것이다. 인류가 자원을 경제사회 시스템으로 내부화함에 따라, 실제 거래의 역할이 점점 더 커질 것이다.

가치에 어울리는 가격 책정

앞서 '물고기 가격'에 관해 논의하면서, 인류가 수천 년간 물고기를 거래했어도 정부와 시장은 여전히 물고기의 진정한 가치를 모른다는 사실을 강조했다. 가격과 가치는 다른 개념이다. 장기적으로 자원을 고갈시키지 않는 소비, 채굴, 투자 결정을 내리려면, 가격을 가치와 똑같도록 책정해야 한다. 모든 상품의 가격은 잘 알지만, 가치는 모르는 회계사를 풍자하는 여러 농담들은 불편한 진실을 말해준다. 가격을 결정하는 여러 메커니즘들이 가치를 가격에 제대로 반영하는 데 실패했다는 진실이다. 이러한 메커니즘은 시장, 정부, 커뮤니티 배분도 포함한다. 최선의 가격 결정 메커니즘을 연구하고, 상품 가격이 장기적 가치와 일치하도록 유도해야 한다. 가격과 가치가 일치하면 지속 가능한 성장 시대를 열 기회가 생긴다. 지금까지는 물고기 가격이 가치와 일치하지 않았다. 의사결정과 관련해 가장 크고 고약한 문제는 가격과 가치를 일치시키는 방법을 찾는 문제다.

개인은 통찰을 통해 세상을 바꿀 수 있다. 아리스토텔레스, 뉴턴, 아인슈타인이 단적인 예다. 자원 고갈 문제를 풀려면, 개인의 통찰도 필요하고 세계인의 협력과 실천도 똑같이 필요하다. 경제 측면에서 보면, 개인은 함께 힘을 합쳐 세계를 개선한다. 세상을 바꾸려면 타인과 거래하고 협동해야 한다. 개인이 중요한 이유는 가족, 기업, 기관, 커뮤니티로 조직되었을 때 더 큰 변화를 일으킬 수 있기 때문이다.

인간의 행동을 조직하는 것도 중요하지만, 인간의 생각을 조직하는 것도 중요하다. 우리는 네 분야의 지식을 통섭하면, 한 분야의 지식만 참고할 때보다 현명한 의사결정을 내릴 수 있다는 사실을 알리고자 이 책을 썼다. 인간은 자신이 결정한 바에 따라 규정되는 존재다. 자원 고갈이라는 고약한 문제는 선택, 경제, 시스템, 진화 중 한 분야의 지식, 한 가지 학문이나 이론만 가지고는 결코 해결할 수 없다.

선택, 경제, 시스템, 진화라는 네 영역의 지식을 통섭해 경제 결정을 내리면, 지속 가능한 세계를 건설할 수 있을까? 다시 물고기를 예로 들어보자. 지금까지 여러 어종이 멸종했고, 세계 어업 현실은 암울해 보인다. 그러나 인류가 지속 가능한 어업에 성공할 것이라는 증거도 있다. 사람들이 위기에 대처해 지속 가능한 어업에 대한 희망의 불씨를 살린 사례들이 있다. 어느 시대에서도 성공 사례를 찾을 수 있다. 1970년대에 미국 버지니아 주와 메릴랜드 주 사이에 있는 체사피크 만에서 줄무늬농어 어획량이 급감하자, 정부는 남획을 금지했다. 그 결과 체사피크 만에 줄무늬농어가 돌아왔다. 체사피크 만의 굴 개체 수도 증가할 것이란 희망적 전망이 높아지고 있다. 어민들과 과학자들은 알래스카 주 가자미, 캐나다 은대구, 미국 대구, 베링 해 대구, 호주와 뉴질랜드 가재의 멸종 위기를 막고 개체 수를 보호하는 데 성공했다. 이러한 성공사례에서 보듯 인류는 현실을 바꿀 수 있다.

사람들은 다양한 분야의 지식을 통섭해 문제에 접근했다. 어민들이 어획 장소를 결정하는 원리, 소비자들이 물고기를 선택하는 원리, 사회가 물고기에 가치를 부여하는 이유 등 선택 관점에서 문제를 분석했다. 시장, 노동생산성, 대리인의 양심, 반독점 구조, 지적재산권, 교역의 자유, 자본형성, 재산권 거래 등 경제 관점에서도 문제를 분석했다. 어업 공동체, 규제, 기만, 어군 탐지기, 동력선의 역할 등 시스템 관점에서도 문제를 분석했다. 복잡한 생태계에서 어종의 변화, 복잡한 사회관계에서 시장의 변화 등 진화 관점에서도 문제를 분석했다.

협력이냐, 파멸이냐

몇 년 전, 우리는 고약한 문제에 접근하는 방법을 하나 연구했다. 이 접근법의 이름은 '협력 또는 파멸collaborate or collapse'이다.[8] 우리는 고약한 문제에 쓸 수 있는 모든 해법들을 사람들이 파악할 수 있게 돕고자 했다. 우리는 여러 사례에 시험, 적용할 바 있는 이 접근법의 일부를 독자들에게 소개하고자 한다.

협력 대응collaborative response, 공동 대응이란 무엇인가? 협력 대응은 사회적으로 유리할 뿐 아니라 투자수준에 걸맞은 경제적 보상을 얻을 수 있는 문제 접근법이다. 타인과 협력하려면 이해관계, 인센티브, 업무를 협의해 조율해야 한다. 언제 어디서나 상대방을 인정해야 한다. 복수의 당사자가 상호 작용하고, 소유권을 가지고 있고, 집행하는 상황에서 상대방을 인정하는 것이 중요하다. 글로벌 리스크는 정부만 나선다고 해결할 수도 없고, 정부가 민간단체에게 맡긴다고 해서 해결할 수도 없다. 협력 대응하려면, 기관들이 상호 의무와 네 가지 업무 진행 방식을 인식하고 대화해야 한다.

- 한 조직 안에서 일하는 방식: 가족, 기업, 정부 부서, NGO, 법인 내부에서 일하는 방식.
- 한 조직이 여러 조직을 지휘하는 방식: 명령계통을 따라 하향식으로 계획을 지시해 일을 진행한다.
- 여러 조직을 대등하게 연결하는 방식: 네트워크로 일을 진행한다. 네티즌들이 함께 만드는 위키피디아 같은 '공유지 기반 동료 생산

commons-based peer production' 또는 시장이 예다.

- 🐟 공동 대처와 보상: 당사자들이 상호 작용하고 전략과 도구를 보충해 당사자들의 리스크 대처를 통합하는 것. 한편 리스크 대처에 참가한 당사자만 보상한다.

글로벌 리스크와 고약한 문제에 대응하려면 다양한 해법을 동시에 써야 한다. 말라리아를 예로 들어보자. 말라리아콘트롤이라는 단체는 그리드 기술을 이용해 컴퓨터 네트워크에서 말라리아를 연구하고, 빌게이츠 자선재단의 도움을 받고, 말라리아 치료제를 개발하고, 말라리아 환자들에게 원조하고, 말라리아 유행 지역에 방충망을 보급하고, 말라리아 예방 교육을 실시하고, 모기약을 뿌리고, 모기가 알을 낳는 습지를 없애고, 기금을 모금한다. 이 단체 활동의 일부만 열거해도 이렇게나 많다. 복잡한 글로벌 리스크에 대처하려면 복잡하고 다양한 해법을 써야 한다. 한 가지 해법만으론 글로벌 리스크를 해결할 수 없다.

협력 대응 접근법에서 문제해결 메커니즘을 네 가지로 분류해보았다.

- 🐟 **지식** 정보와 지식을 공유하거나 다른 조직과 함께 협력 대응의 강도, 확률, 효율을 연구하는 것.
- 🐟 **시장** 리스크와 보상에 가격을 매기고, 여러 가지 경제지원을 가능하게 하는 메커니즘.
- 🐟 **표준** 생산자가 표준을 준수하고 표준에 따라 평가하면, 목표 설정, 지식 공유, 시장 효율 증진에 도움이 되고, 소비자가 생산자에게 신호를 보낼 수 있다.

🐟 **정책** 해법을 뒷받침하기 위한 가이드라인, 입법, 감독, 규제, 정책
집행.

문제해결의 방법은 상황에 따라 판이하다. 한 문제를 해결한 방법이
비슷한 문제에는 효과가 없을 수도 있다. 각국은 오존층 보호를 위해
흔히 프레온 가스라 부르는 염화불화탄소 사용을 금지했다. 이 조치는
효과를 거뒀다. 반면, 미국 정부는 아황산가스 배출권 시장을 만들어
아황산가스 배출량을 줄이고자 했으나 별 효과를 거두지 못했다.
  사람들은 글로벌 리스크 해법을 통해 다음과 같은 결과를 기대한다.
이를 그림 12.1로 나타냈다.

🐟 글로벌 리스크를 해결하거나 완화하기 위한 프론티어 확대: 예를 들
    어 질병을 치료하거나 예방하는 약을 개발하는 것, 재생 가능 에너지
    기술 개발, 황무지를 개간하는 농민들에게 관개 기술을 교육하는 것.
🐟 시스템을 바꾸는 것: 글로벌 리스크의 우선순위를 다시 매기거나, 시
    장을 개발하거나, 탄소 배출권 시장을 만들거나, 아동 노동에 대한
    정책을 바꾸는 것.
🐟 시급한 필요를 충족하기 위해 서비스를 제공하는 것: 예를 들어 전쟁
    으로 살 곳을 잃은 아이들을 돌보거나 에이즈 환자가 많은 지역에 사
    는 노인들을 돌보는 것.
🐟 사람들이 글로벌 리스크에 대처할 수 있도록 돕는 커뮤니티 건설: 예
    를 들어 자발적 탄소 배출량 감축 운동을 벌이거나, 기업들이 테러
    반대 활동에 참가하도록 하는 것.

'프론티어 확대'는 리스크와 보상이 큰 활동이다. 예를 들어, 치명적 질병을 치료하는 약을 개발하는 데는 큰 비용이 든다. 활동 결과는 약을 개발하는 데 성공하거나 실패하는 것 중 하나로, 중간이 없다. 이러한 유형의 활동은 종종 금융 측면에서 가장 잘 분석할 수 있다. '시스템 변경'도 리스크와 보상이 큰 활동이다. '서비스 제공'은 앞의 두 활동보다 리스크와 보상이 적은 활동이다. 서비스를 제공하는 활동은 비용/편익 분석으로 가장 잘 분석할 수 있다. '커뮤니티 건설'은 목표를 정의하기 매우 어렵고 결과를 정의하기도 어렵다. 지지자와 수혜자들이 봉사자와 회원으로 활동한다. 커뮤니티 활동은 상대적으로 리스크와 보상이 낮다. 봉사자와 회원들이 얼마나 자신의 시간이나 돈을 투자하길 원하는지 보는 것으로 커뮤니티 성과를 어느 정도 평가할 수 있다.

그림 12.1 예상되는 리스크/보상 결과

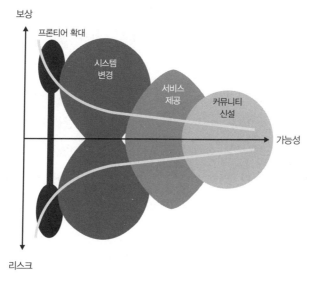

방법과 결과를 어떻게 결합하면 글로벌 리스크를 대처할 수 있는지 물고기를 예로 들어서 설명해보겠다. 어획 정책에서는 자원보호정책에서 흔히 볼 수 있는 두 가지 특징을 발견할 수 있다.

- **불확실성 정도** 물고기의 수가 많고, 물고기의 수를 정확히 측정하기 어렵고, 측정 도구도 마땅치 않기에 어획 정책의 불확실성이 크다. 예를 들어, 어떤 물고기가 언제 어디서 무엇을 먹는가? 어부의 투자 내역은 어떤가? 환경변화를 얼마나 예측할 수 있는가? 불확실한 상황에서 어떤 절차를 걸쳐 결정을 내리는가?
- **복잡성과 지속 가능한 어업의 전체론적 특성** 문제를 일부분만 해결할 수 없다. 물고기의 수, 어민의 수익, 투표, 커뮤니티, 법이 서로 영향을 미친다.

지속 가능한 어획은 글로벌 리스크를 수반하는 고약한 문제다. 표 12.1은 네 가지 방법과 네 가지 결과를 조합한 16개의 해법을 정리한 것이다.

어장 붕괴를 막고 지속 가능한 어업을 촉진하기 위한 다양한 방안을 표에서 볼 수 있다. 우리는 앞서 MSC와 함께 일한 경험을 여러 차례 얘기했다. 표에서 '시스템 변경'과 '시장'의 교차점에 쓴 내용은 MSC와 관련된 내용이다. MSC는 MSC 인증 라벨을 해산물에 부착하는 제도를 실시해, 소비자들이 지속 가능한 어업을 실천한 해산물을 살 수 있게 한다. '시스템 변경'과 '지식'의 교차점에 쓴 내용의 예는 정보기술을 이용해 남아공의 여러 어종을 보호하는 데 성공한 '남아공의 지속 가능한 해산물 계획Southern African Sustainable Seafood Initiative'이다. 이 계획의 FishMS는 어느 어종이 멸종 위기에 있거나, 거래가 불법이거나, 공급이 풍부한지 알려주는 서비스다. 다른 교차점에 쓴 내용의 사례들은 언급하지 않겠지만 (이러한 사례들을 언급하는 것만으로도 복잡하고 고약한 문제다) 이 표를 보면 지속 가능한 어업의 개념 구조를 알 수 있을 것이다.

이러한 표가 무슨 쓸모가 있을까. 상식 게임과 지식 게임을 비교해 보면 알 수 있다. 상식 게임에서는 사실을 알든지 모르든지 둘 중 하나다. 지식 게임에서는 답에 도달할 때까지 추론하는 과정이 있을 수 있다. 표 12.1은 네 가지 지식 영역과 지식, 시장, 표준, 정책을 이해하는 사람이 답을 모색하는 과정을 적은 것이다. 지능은 행동의 효과를 머릿속으로 그릴 수 있는 능력이다. 표 12.1의 각 교차점은 고약한 문제

표 12.1 지속 가능한 어업의 가격

방법/결과	지식	표준	시장	정책
프론티어 확대	어장 연구	상업적 연구 개발, 어류 선물	표준 연구, 실험 기술	해양관리법, 해양보호구역
시스템 변경	어민들에게 지속 가능한 어업 교육	거래 가능한 쿼터, 미소금융, 새로운 보험 상품	승인과 인증. 예를 들어 지속 가능한 어업 인증 마크	보조금 철폐, 어업 인증 같은 자산 보호
프론티어 확대	오픈 소스 소프트웨어, 데이터	온라인 수산시장, 어민 상호조합, 어민 협동조합	국제 품질보증 제도인 ISO 같은 산업/식품/안전 기준	정부계약 자격요건
커뮤니티 건설	벤치마킹, 시설 공유	업계와 커뮤니티의 보증 계획	자발적 라벨 부착	정부, 학계, 기업들의 모임

에 대처하는 메커니즘을 나타낸 것이다. 고약한 문제에서는 모든 정보를 알 수는 없지만 답에 도달하기 위해 추론할 수는 있다.

왜 결단하지 못하는가

인류는 미래에 닥칠 자원 고갈 사태에 중대한 결정을 내려야 한다. 지속 가능하게 자원을 개발하지 않으면, 자원 고갈로 인류가 멸종할 수도 있다. 지속 가능한 성장을 위해 리스크를 감수해야 한다. 인류는 100년 안에 멸종할지, 10만 년 안에 멸종할지, 100만 년 안에 멸종할지 선택해야 한다. 이는 쉬운 선택은 아니다. 200만 년 안에 멸종할 확률 또는 0.00005%의 확률을 측정하는 일은 유쾌하지 않다. 이처럼 확률이 낮은 극단적 상황을 측정하는 일은 극도로 불완전한 데이터를 이용해 측정해야 하기에 어렵다.

비록 과거가 미래를 짐작할 수 있는 거울이라고 해도, 인류 역사 2000년은 너무 짧다. 200만 년 뒤를 예측하려면 2000만 년의 데이터가 필요하다. 인류는 20세기에 지구를 급격히 파괴했지만 인류의 사회적 할인율은 이러한 파괴속도와 보조를 맞추지 못했다. 3장에서 언급했듯, 사람들은 효용의 할인율을 1.5%로 추정한다. 성인의 연평균 사망률이 1.5%이기 때문에 할인율을 1.5%로 잡는다. 이는 현재 세대를 넘어서는 투자에 대한 할인율로는 적절하지 않다. 현재 세대는 과거 세대들이 축적하고 전수한 기술과 지식의 혜택을 입었다. 19세기 역사가이자 시인 토머스 매컬리는 "모든 세대는 과거 세대가 물려준 막대한 재산을 만끽하고, 새로운 재산을 더해 다음 세대에 물려준다"라고 말했다.[9] 현재 세대는 미래 세대가 지속 가능한 문명을 만들 것이란 희망을 뒷받침할 정보 인프라를 만들고 있다.

컴퓨터 과학자 제런 래니어는 사람들이 미래를 불편하게 여기는 이유를 다음과 같이 설명했다.

> 현재 세대는 막대한 업보를 쌓고 있다. 현대인은 향후 1000년간 쓸 컴퓨터 네트워크와 컴퓨터 소프트웨어 인프라를 만들고 있기 때문이다. 나는 이를 '업보 현기증 효과'라 부른다. 현대인이 얼마나 많은 업보를 쌓고 있는지 깨달으면 현기증이 생긴다.[10]

어쩌면 업보 현기증 효과 때문에 사람들이 먼 미래에 대한 결단을 미루는 것인지도 모른다. 독일어로 '포어조르게프린지프Vorsorgeprinzip'라 하는 '사전예방 원칙precautionary principle'도 신중을 기하도록 요구한다. 사전예방 원칙이란 "정책의 결과를 예측할 수 없지만 사회에 중대한 또는 돌이킬 수 없는 부정적 결과를 낳을 잠재적 가능성이 있다고 판단하면, 이 정책을 폐기하는 것이 사회에 낫다"는 원칙이다. 정책을 옹호하는 측은 이 정책이 사회에 부정적 영향을 미치지 않을 것이란 과학적 증거를 제시할 책임이 있다. 환경정책이나 보건정책에서 가장 자주 적용하는 원칙이다.

사전예방 원칙을 따르자면, 피해를 측정하고, 피해가 생기지 않을 것이란 점을 입증하는 어려운 일을 해야 한다. 극단적 경우에는 비용/편익 분석이 소용이 없을 수도 있다. 더 큰 문제는 대책과 무대책을 구분하는 일이다. 아무것도 하지 않으면 피해가 생기는 상황이 많다. 이러한 상황에서 사전예방 원칙은 시간을 낭비하는 부작용이 있다. 온도계에 수은 사용을 금지하는 것, 냉장고에 프레온 가스 사용을 금지하는 것, 자동차와 발전소의 이산화탄소 배출량을 규제하는 것이 리스크를 제거하는 대책일까? 사전예방 원칙은 자연계를 보호할 윤리적 책임이 인류에게 있다는 사실, 인간이 미래를 예측할 때 오류를 저지를 수 있다는 사실을 명심하고 주의를 기울이게 한다. 1982년 UN 총회가 채택한 세계자연헌장, 1987년 체결한 몬트리올 의정서, 1992년 리우 지구환경선언, 마스트리히트 조약에서도 사전예방 원칙을 찾아볼 수 있다.

사람들은 사전예방 원칙 때문에 대책을 세우길 두려워하거나, 업보 현기증 효과 때문에 미래를 분석하길 두려워하고 미래 분석을 기피한다. 우리는 고약한 글로벌 문제를 해결할 가능성을 전망할 때, 업보 현기증 효과, 사전예방 원칙에 발목이 잡히지 않으려고 노력한다. 미래를 전망할 때 우리의 관점은 반은 비어 있고 반만 찬 유리컵과 같다. 인류는 경제를 빨리 진화시키는 해법을 찾아야 한다. 인류가 이런 해법을 찾고 실천하지 않으면, 자연 진화가 인류에게 고통스러운 결과를 강요할 것이다.

인류는 지속 가능한 경제로 진화할 수 있을까?

그렇다면 더 장기적 해법은 무엇일까? 더 영구적이고 지속적인 해법을 마련하려면, 엉뚱한 질문을 계속 던져야 한다. 인류학자 클로드 레비스트로스는 인간을 연구하고 다음과 같이 말했다. "학식 있는 사람은 정확한 답을 제공하는 사람이 아니라, 정확한 질문을 던지는 사람이다." 같은 맥락으로, 폴란드계 영국인 과학자 제이콥 브로노스키는 과학의 핵심은 좋은 질문을 던지는 것이라고 믿었다. "엉뚱한 질문을 던지는 것은 적절한 답을 찾는 과정이다. 이것이 과학의 본질이다."

1993년 MIT의 대니 힐리스 교수는 "왜 우리는 1만 년 뒤에도 작동하는 시계를 만들 수 없을까?" 하는 엉뚱한 질문을 던졌다.

내가 어렸을 때, 사람들은 2000년도에 일어날 일들을 얘기했다. 30년이 지난 지금도 그들은 여전히 2000년도에 일어날 일들을 얘기한다. 내가 한 살 먹을 때마다 미래가 1년씩 줄어든 셈이다. 나는 이제 사람들이 밀레니엄이라는 정신적 시간 개념을 넘어 장기 계획을 세워야 할 때라고 본다. 나는 스톤헨지처럼 거대하고, 계절에 따른 온도변화로 동력을 얻는 기계 시계를 제작할 것을 제안한다. 바늘이 1년에 한 칸씩 움직이고, 100년에 한 바퀴 돌며, 1000년에 한 번씩 뻐꾸기가 우는 시계다.

힐리스의 질문은 '더 빠르고 싼 것'을 추구하는 현대인에게 '더 느리고 나은 것'을 추구하도록 자극한다. 브라이언 이노는 "오래 잘 사는 것이 중요하다"라고 생각하고 롱나우 재단을 1996년에 설립했다. 이 재단은 힐리스 교수가 제안한 시계를 만들고 있다. 이 재단은 1만 년간 사람들이 관리하지 않아도 작동하는 시계를 만들려고 한다. 도둑맞지 않도록 값싼 재료를 사용하고, 재생 가능 에너지를 동력으로 사용하고, 후세 사람들이 시계 제조 기술을 잊어버렸어도 수리하기 쉽도록 시계를 설계했다. 런던과학박물관은 이 시계의 원형을 1999년부터 전시 중이다. 롱나우 재단은 사람들이 1만년이라는 시간대로 현실 문제를 생각하게 유도하려고, 모든 연도 앞에 0을 덧붙인다. 예를 들어 2011년을 02011년이라고 표시하는 것이다. 롱나우 재단은 IT 기업 억만장자부터 공상과학소설가 닐 스티븐슨까지 다양한 사람들에게 지지받았다. 스티븐슨은 롱나우 시계에 영감을 받아 『저주Anathem』라는 소설을 썼다. 롱나우 재단은 언어들을 보존하고, 장기 소프트웨어와 미디어를 개발하고, 먼 미래에 벌어지는 일에 베팅하는 다양한 프로젝트를 추진했다.[11] 2008년 1월 1일 워런 버핏도 먼 훗날에 벌어지는 일에 100만 달러를 베팅했다. 그가 베팅한 것은 "10년 뒤인 2017년 12월 31일에 S&P500 지수 상승률이 헤지펀드 수익률보다 높을 것"이라는 예측이었다. 그는 수수료와 거래비용 등 각종 비용을 감안하면 헤지펀드 투자자의 수익률이 S&P500 지수 상승률보다 높지 않을 것이라고 베팅한 것이다. 한편 롱나우 재단은 미국에 있는 동굴에 거대한 롱나우 시계를 설치 중이다.

우리는 대니 힐리스처럼 엉뚱한 질문을 던지는 데 능하지 않지만, 실제 거래와 시간에 관한 어려운 질문을 던질 수는 있다. "자원 희소성을 거래에 포함하면, 인류가 지속 가능한 형태로 자원을 소비할 것인가?" "자원을 낭비하는 경제에서 자원 희소성을 인식하는 경제로 진화하는 것의 의미는 무엇일까?" "스무 살 젊은이가 퇴직연금에 가입하면 죽을 때까지 연금을 받을 수 있을까?" 마지막 질문은 회계사, 계리사, 생명보험, 저축, 투자, 증권, 사기, 리스크, 수익, 기업 파산 등 여러 관계자와 변수가 얽혀 있는 문제다. 보험 계리사들은 현재 20세가 평균 95세까지 살 것으로 가정한다. 우리가 20세 젊은이들에게 몇 살까지 살 것 같은지 물으면 대부분 120세까지 살 것이라고 대답한다. 현재

스무 살 젊은이가 퇴직연금에 가입해 죽을 때까지 연금을 받으려면, 퇴직연금을 주는 회사나 퇴직연금제도가 앞으로 최소한 75년에서 100년은 지속돼야 한다. 우리는 이것이 가능할지는 답할 수 없지만, 이것이 중요한 문제라는 사실은 안다.

롱나우 연구소의 생각에 공감한 우리는, 2007년에 롱 파이낸스long finance라는 용어를 쓰기 시작했다. 롱 파이낸스는 현재 금융계에 만연한 근시안적 행태에서 벗어나 사회가 장기적으로 금융을 바라보고 이용하길 바라는 마음에서, Z/Yen 그룹이 그레셤 칼리지와 함께 연구해 만든 용어다. 롱 파이낸스는 프론티어 확대, 시스템 변경, 서비스 제공, 커뮤니티 건설을 추구한다. 롱 파이낸스의 핵심 질문은 "금융시스템이 정상 작동하는지 언제 알 수 있는가?"다. 실망스럽게도 금융 커뮤니티들은 이 질문에 근시안적 답변과 별 의미 없는 답변을 내놓는다.

이러한 장기 문제에 대한 일부 답은 소규모이고 단기적이다. 센딜 뮬러네이튼 연구팀의 연구 내용을 보면 극도의 희소성과 스트레스로 고통 받는 사람들(즉 극히 빈약하고 근시안적인 결정을 내리는 사람들)의 경제 행태를 알 수 있다. 센딜 뮬러네이튼 연구팀은 인도 첸나이 지방에서 과일, 야채, 꽃을 파는 소상인들이 부채의 덫에서 빠져나오는 방법을 연구했다. 연구팀은 소상인들이 지역의 미소금융 네트워크를 활용해 상대적으로 원리금 상환부담이 적은 대출상품으로 갈아타 부채부담을 줄일 수 있다고 지적한다.[12] 이러한 실용적 해법은 "작은 것이 아름답다"라고 말한 경제학자 슈마허가 수십 년 전에 상상한 '큰 것 속의 작은 것smallness within bigness'이라는 개념을 연상하게 한다.[13] 기술을 이용해 소규모 활동에 기반을 둔 해법이 가능해졌다. 이러한 해법으로 거대한 문제를 효율적으로 대처할 수 있을지 모른다.

통섭과 절충만이 고약한 문제의 답이다

독자들이 이 책에서 배워야 할 핵심내용은 현실 세계의 고약한 문제들
에 대처하려면 통섭과 절충이 필요하다는 것이다. 현명한 결정을 내리
려면 다양한 해법을 하나로 모으는 통섭이 필요하다. 각국의 커뮤니티
들이 지역적, 세계적으로 협동해야 한다. 또 문제와 해법을 지나치게 자
세히 측정하는 것도, 아예 측정하지 않는 것도 해롭다. 절충해야 한다.

이러한 절충의 좋은 예가 신뢰 회계다. 신뢰 회계는 하나로 떨어지
는 수가 아닌 범위로 경영성과를 표시하는 회계방식이다. 신뢰 회계를
도입하면, 더 다양한 커뮤니티들이 금융회계를 사용할 수 있다. 실제
거래와 관련한 문제를 해결하려면, 먼저 사람들의 거래를 현실에 가깝
게 측정해야 한다. 복잡한 현실 세계를 하나의 숫자로 표시하는 것은
오차가 많다. 범위와 확률로 표시하는 것이 오차를 줄이는 길이다.

지속 가능성 문제는 현대 사회의 핵심 리스크/보상 이전 시스템인
금융이 "내일 물고기를 잡는 비용은 누가 낼 것인가?" 하는 간단한 질
문으로 표현할 수 있는 장기적 리스크/보상 이전 문제를 제대로 다루
지 못하기 때문에 생긴다. 지금까지 금융계가 현재 결정과 장기가치의
관계에 대해 내놓은 답은 현재가치 계산이다. 이는 일리 있는 개념이
지만, 성장속도와 번식속도가 느린 어류를 지속 가능하게 어획하는 계
획에 자금을 대는 것을 비롯한 장기 계획을 세울 때 부작용을 낳았다.

지속 가능성 문제에는 혁명적인 답도, 따분한 규제개혁안도 있을 수

있고, 아무 답이 없다는 결론도 있을 수 있다. 혁명적 답이라 함은, 외환시장 구조를 바꾸거나, 효용이나 지급결제 기능을 더 명확히 정의하거나, 투자성과에 따라 이자를 다르게 지급하는 채권을 만들거나, 연금보장보험을 만드는 것 따위를 말한다. 예를 들어, 퇴직연금 문제를 해결하기 위해 P2P 퇴직연금 제도 도입을 검토해볼 수 있다. 중재자가 당신에게 세계 각국의 직장인 600명을 무작위로 묶어놓은 연금에 가입하게 한다. 중재자는 연금가입자들에게 저축하고 장기적으로 리스크와 보상을 이전하도록 지시하지만, 연금가입자들의 돈을 통제하지는 않는다. 연금가입자들이 내는 보험료는 안전한 장소에 보관하고 특별법으로 보호한다. 당신에게 가장 중요한 사회 네트워크는 당신이 가입한 연금에 가입한 가입자들이 된다. 정부가 아니라 이들이 당신의 노후를 보장해주게 되기 때문이다.

연금보다 큰 문제는 많다. 이를테면 "공정한 글로벌 무역 시스템을 어떻게 만들 것인가?" "아직 태어나지도 않은 미래 세대와 어떻게 상호 작용하고, 먼 훗날까지 인류가 지속 가능한 문명을 유지할 수 있게할 것인가?" "실제 상거래로 행복을 측정할 수 있을까?" 따위의 문제다. 이러한 문제들을 대처하려면, 글로벌 해법, 지역적 해법, 하향식 해법, 상향식 해법이 모두 필요하다. 수필가 웬델 베리는 다음과 같이 주장했다.

좋은 커뮤니티는 신용, 신뢰, 선의, 상호원조로 커뮤니티 구성원들끼리 위험을 보장하는 커뮤니티다. 좋은 커뮤니티는 좋은 지역 경제이기도 하다.

인류는 먼 훗날에도 정어리를 먹을 수 있도록 지속 가능한 방식으로 정어리를 잡고 거래해야 한다. 단지 돈을 벌자고 정어리를 잡고 거래해서는 안 된다. 선택, 경제학, 시스템, 진화 분야의 지식을 통섭해 문제를 분석하고, 지식, 시장, 표준, 정책 측면의 해법을 실천하면 지속 가능성 문제에 대한 장기적 해답을 얻을 수 있으리라고 우리는 믿는다.

상거래와 화폐가 존재하려면 커뮤니티에 대한 신뢰가 필수불가결하다. 커뮤니티에 대한 신뢰가 없는 상황에서는 상거래가 성립할 수 없다. 거래는 거래당사자들의 사회적 관습을 연결하고, 거래당사자들을 미래로 연결한다. 미래에 대한 희망이 없는 국가는 미래가 없고, 화폐의 가치도 없다. 롱 파이낸스는 세계 각국, 현재 세대와 미래 세대가 서로 신뢰할 수 있도록 촉진하는 방안이다. 롱 파이낸스는 신뢰가 있는 사람에게는 돈을 빌려주고, 신뢰가 없는 사람에게서 돈을 회수한다.

지금까지 학교 교육은 전공을 강조했다. 학교에서 더 많이 공부한 사람일수록 더 좁은 분야를 더 많이 안다. 그러나 사상가들은 절충할 필요가 있다. 더 넓은 분야를 조금씩 아는 것도 중요하다. 상거래를 연구하는 사람이라면 선택, 경제, 시스템, 진화 분야의 지식을 통섭해야 한다. 이러한 통섭을 통해 현재의 물고기 가격에 의문을 제기해야 한다.

고약한 문제에 대한 적절하고 영속적인 해답을 찾기 위해, 우리는 이 책에서 불편하고 엉뚱한 질문들을 계속 던졌다. 독자들도 스스로 불편하고 엉뚱한 질문들을 계속 던지기 바란다. 독자들이 세상이 움직이는 방식을 이해하고 더 나은 세상을 만들 방안을 고민하는 데 이 책이 길잡이가 됐으면 한다.

주

서장 무엇이 세계를 움직이는가

1. Seth A. Klarman (1991) *Margin of Safety: Risk-Averse Value Investing Strategies for the Thoughtful Investor*, Harper Collins (Sequoia Fund 1986년 연례보고서)

2. Horst W. J. Rittel & Melvin M Webber (1973) *Dilemmas in a General Theory of Planning*, Policy Sciences 4, Elsevier, pp 155-69, www.metu.edu.tr/~baykan/arch467/ Rittel+Webber+Dilemmas.pdf

1장 여럿 가운데서 선택하기

1. Reid Hastie & Robyn M. Dawes (2001) *Rational Choice in an Uncertain World: The Psychology of Judgement and Decision Making*, Sage.

2. Herbert Simon (1957) *Models of Man*, John Wiley.

3. Gary Becker (1976) *The Economic Approach to Human Behavior*, University of Chicago Press.

4. Daniel Kahneman & Amos Tversky (1979) Prospect Theory: An Analysis of Decision Under Risk, *Econometrica* 47(2): 263-91.

5. Max Bazerman (1986) *Judgment in Managerial Decision Making*, John Wiley.

6. Richard H. Thaler & Eric J. Johnson (1990) Gambling with the House Money and Trying to Break Even: The Effects of Prior Outcomes on Risky Choice, *Management Science* 36(6): 643-60.

7. Peter L. Bernstein (1996) *Against the Gods: The Remarkable Story of Risk*, John Wiley.

8. Shiv Mathur (1988) How Firms Compete: A New Classification of Generic Strategies, *Journal of General Management* 14(1): 30-57.

9. Chris Anderson (2006) *The Long Tail: Why the Future of Business Is Selling Less of More*, Hyperion.

10. Barry Schwartz (2004) *The Paradox of Choice*, HarperCollins.

11. Amos Tversky & Eldar Shafir (1992) Choice Under Conflict: The Dynamics of Deferred Decision, *Psychological Science* 3: 358-61.

12. Herbert Simon (1947) *Administrative Behaviour*, Macmillan.

13. Richard H. Thaler (1994) *The Winner's Curse: Paradoxes and Anomalies of Economic Life*, Princeton University Press.

14. Ian Harris, Michael Mainelli, & Haydn Jones (2008) Caveat Emptor, Caveat Venditor: Buyers and Sellers Beware the Tender Trap, *Journal of Strategic Change* 17(1/2): 1-9.

15. Richard H. Thaler & Cass R. Sunstein (2008) *Nudge: Improving Decisions about Health, Wealth and Happiness*, Yale University Press.

16. Richard H. Thaler (2008) Libertarian Paternalism: Why It Is Impossible Not to Nudge, Edge Masterclass Class One, http://www.edge.org/3rd_culture/thaler_sendhil08/class1.html

2장 가격보다 중요한 신뢰와 윤리

1. Paul J. Zak, Angela A. Stanton, & Sheila Ahmadi (2007) Oxytocin Increases Generosity in Humans, Plosone.org. http://www.plosone.org/article/into:doi%2F10.1371%2Fjournal.pone.001128.

2. Albert Carr (1968) Is Business Bluffing Ethical?, *Harvard Business Review* 1-2월호.

3. Robert Axelrod (1984) *The Evolution of Cooperation*, Basic Books.

4. Adam Smith (1759) *The Theory of Moral Sentiments*, A Millar (ed.), http://www.econlib.org/library/Smith/smMS.html

5. James Surowiecki (2004) *The Wisdom of Crowds*, Doubleday.

6. Eric Uslaner (2005) The Bulging Pocket and the Rule of Law: Corruption, Inequality, and Trust, Göteborg University,
http://www.bsos.umd.edu/gvpt/uslaner/uslanerbulgingpocketgoteborg.pdf

7. Dan Ariely (2008) *Predictably Irrational: The Hidden Forces That Shape Our Decisions*, HarperCollins.

8. Melissa Bateson, Daniel Nettle, & Gilbert Roberts (2006) Cues of Being Watched Enhance Cooperation in a Real-World Setting, *Biology Letters*, http://www.ncbi.nlm.nih.gov/pmc/articles/PMC1686213/

9. Avi Persaud & John Plender (2007) *Ethics and Finance*, Longtail Publishing.

3장 미래 세대의 자산을 훔치는 선택

1. George Loewenstein & Richard H. Thaler (1989) Anomalies: Intertemporal Choice, *Journal of Economic Perspectives* 3(4): 181-93; George Loewenstein & Drazen Prelec (1989) Anomalies: Intertemporal Choice: Evidence and an Interpretation, Russell Sage Foundation working paper.

2. George Loewenstein (1988) Frames of Mind in Intertemporal Choice, *Management Science* 34(2): 200-14.

3. '할인율'이라는 용어는 효율적 연간 이자율을 뜻하는 용어로 가끔 쓰인다. 이는 사람들이 대부분 1년 이상 예금하는 현실을 감안한 것이다. 예금 원금에 연간 이자를 더한 것이 예금 원금의 미

래가치다. 이러한 할인율 정의에 따라, 미래 현금의 현재 가치라는 개념을 생각할 수 있다. 예를 들어 이자를 연간 25% 주는 은행에 8달러를 예금하는 사람은 1년 뒤에 10달러의 원리금을 받을 것이라고 기대할 수 있다. 반면 이 은행은 1년 뒤의 예금채권 10달러에 할인율 20%를 적용해, 현재가치를 8달러라고 계산할 것이다. 즉 1년 뒤에 10달러를 받을 수 있는 예금채권을 지금 8달러를 내고 매입할 수 있다는 뜻이다. 미국 재무부 채권의 구조는 이와 같다. 할인율이라는 용어를 약간 다른 두 가지 의미로 사용하기에 혼동하는 사람이 있을 수도 있다. 본문에서는 이자율이라는 뜻으로 할인율이란 용어를 쓰지 않았으므로, 본문에 나오는 정의로만 할인율을 이해하고 본문을 읽을 것을 독자에게 권장한다.

4. Bernard Lietaer (2001) *The Future of Money*, Century.

5. Thomas H. Greco, Jr. (2009) *The End of Money and the Future of Civilisation*, Floris Books.

6. Richard H. Thaler & H. M. Shefrin, "An Economic Theory of Self-Control", *Journal of Political Economy* 89(2): 392-406.

7. Deborah M. Weiss (1991) Paternalistic Pension Policy: Psychological Evidence and Economic Theory, *University of Chicago Law Review* 58, http://works.bepress.com/deborah_weiss/5/.

8. Brigitte C. Madrian & Dennis F. O'Shea (2001) The Power of Suggestion: Inertia in 401(K) Participation and Savings Behaviour, *Quarterly Journal of Economics* 116.

9. Richard H. Thaler & Shlomo Benartzi (2004) Save More Tomorrow: Using Behavioural Economics to Increase Employee Saving, *Journal of Political Economy* 112.

10. Irving Fisher (1930) *The Theory of Interest*, Macmillan.

11. Sendhil Mullainathan & Elizabeth Koshy (2008) The Psychology of Debt, CAB/CMF Conference on Microfinance, http://www.ifmr.ac.in/cmf/research/dt/CAB_CMF_Conference_Jan2008.pdf

12. Sendhil Mullainathan (2008) The Psychology of Scarcity (Class 3) and The Irony of Poverty (Class 5), Edge Master Class, http://www.edge.org/3rd_culture/thaler_sendhil08/class3.html http://www.edge.org/3rd_culture/thaler_sendhil08/class5.html

13. Jerry A. Hausman (1979) Individual Discount Rates and the Purchase and Utilization of Energy-Using Durables, *Bell Journal of Economics* 10: 33-54.

14. HM Treasury (2003) *Green Book*, http://www.hm-treasury.gov.uk/d/green_book_complete.pdf

4장 이상적인 정부와 시장

1. 많은 정치철학자들이 정부와 시장 중 어느 쪽이 경제를 주도해야 하는지 논쟁을 벌였다. 이 논쟁에 관심이 있는 독자라면 존 롤스와 로버트 노지크의 고전들이 참고가 될 것이다. 존 롤스는 분배정의, 사회계약, 큰 정부를 옹호한 반면, 로버트 노지크는 정부가 시장계약 실행을 보장하고 시민들에게 손실을 끼치는 독점을 막는 최소한의 역할만 맡아야 한다고 주장했다.

2. C. Northcote Parkinson (1958) *Parkinson's Law: The Pursuit of Progress*, John Murray, http://www.economist.com/businessfinance/management/displaystory.cfm?story_id=14116121

3. H. R. Bowen (1943) The Interpretation of Voting in the Allocation of Economic Resources, *Quarterly Journal of Economics* 58: 27-48; Kenneth J. Arrow (1963) *Social Choice and Individual Values*, Yale University Press.

4. John Maynard Keynes (1936) *The General Theory of Employment, Interest and Money*, Macmillan, http://www.scribd.com/doc/11392072/The-General-Theory-of-Employment-Interest-and-Money

5. Paul Starr (1988) The Meaning of Privatization, *Yale Law and Policy Review* 6: 6-41, http://www.princeton.edu/~starr/meaning.html

6. Joseph E Stiglitz (2005) The Ethical Economist, review of *The Moral Consequences of Economic Growth* by Benjamin M. Friedman, Knopf, Foreign Affairs 2005년 11-12월호, http://www.foreignaffairs.org/20051101fareviewessay84612/joseph-estiglitz/the-ethical-economist.html

7. Alexander Hamilton, John Jay, & James Madison (1788) *The Federalist Papers*, http://www.gutenberg.org/etext/18

8. Herman E. Daly & John B. Cobb, Jr. (1989) *For the Common Good*, Beacon Press.

9. Arian Ward (2000) Getting Strategic Value from Constellations of Communities, *Strategy and Leadership Magazine* 28(2): 4-9.

10. Garrett Hardin (1968) The Tragedy of the Commons, Science 162: 1243?8, http://www.garretthardinsociety.org/articles/art_tragedy_of_the_commons.html

11. Elinor Ostrom (1990) *Governing the Commons: The Evolution of Institutions for Collective Action*, Cambridge University Press.

12 Robert Putnam (2000) *Bowling Alone*, Simon & Schuster.

5장 경제성장에 유리한 방식

1. Ori Brafman & Rod Beckstrom (2006) *The Starfish and the Spider: The Unstoppable Power of Leaderless Organizations*, Portfolio Hardcover.

2. InnoCentive, www.innocentive.com

3. Kiva, www.kiva.org; Zopa, www.zopa.com; Prosper, www.prosper.com

4. Jagdish Bhagwati (2004) *In Defense of Globalization*, Oxford University Press.

5. The Economist (2003) *The Case for Capital Controls*, The Economist 5월호

6. John Plender (2003) *Going off the Rails: Global Capital and the Crisis of Legitimacy*, John Wiley.

7. Manuel Castells (1996) *The Rise of the Network Society: The Information Age*, Economy, Society and Culture Volume One, Blackwell.

8. International Monetary Fund, Globalization, http://www.imf.org/external/np/exr/ib/2000/041200.htm

9. John Kenneth Galbraith (1958) *The Affluent Society*, Hamish Hamilton.

10. Joseph Stiglitz (2002) *Globalization and Its Discontents*, Penguin.

11. World Conservation Union (2006) The Future of Sustainability: Re-thinking Environment

and Development in the Twenty-first Century, 2006, http://cmsdata.iucn.org/downloads/
iucn_future_of_sustanability.pdf

12. Mark Granovetter (1973) The Strength of Weak Ties, *American Journal of Sociology*
78(6): 1360-80, http://www.stanford.edu/dept/soc/people/mgranovetter/documents/
granstrengthweakties.pdf

13. Malcolm Gladwell (2000) *The Tipping Point: How Little Things Can Make a Big Difference*,
Little Brown.

14. Karl Polanyi (1957) *The Great Transformation*, Beacon Press.

15. Michael Wolff (1998) *Burn Rate: How I Survived the Gold Rush Years on the Internet*,
Weidenfeld & Nicholson.

16. Yochai Benkler (2006) *The Wealth of Networks: How Social Production Transforms Markets and
Freedom*, Yale University Press.

17. Robert Jensen (2007) The Digital Provide: Information (Technology), Market Performance,
and Welfare in the South Indian Fisheries Sector, *Quarterly Journal of Economics* 122(3): 879-
924, http://www.mitpressjournals.org/doi/pdf/10.1162/qjec.122.3.879?cookieSet=1

18. Leonard Waverman, Meloria Meschi, & Melvyn Fuss (2005) The Impact of Telecoms on
Economic Growth in Developing Countries, Vodafone Policy Paper Series 2

19. Reuters (2008) Bahaba Fish Story, Anglers Let Big Cash Bonanza Get Away, Reuters, 4월 25일,
http://www.reuters.com/article/oddlyEnoughNews/idUSHAR55771320080425

20. David Boyle (1999) *Funny Money: In Search of Alternative Cash*, HarperCollins.

21 Schumacher Society, www.smallisbeautiful.org; New Economics Institute, http://
neweconomicsinstitute.org

22. Bernard Lietaer (2001) *The Future of Money*, Century.

23. Ian Angell (2000) *The New Barbarian Manifesto: How to Survive the Information Age*, Kogan
Page.

6장 인간의 삶에서 없어서는 안 될 측정과 예측

1. http://www.america.gov/publications/books/the-constitution.html

2. Warren E. Buffett (1996) An Owner's Manual for Berkshire's Class A and Class B Shareholders,
Berkshire Hathaway, June.

3. Michael E. McIntyre (2000) Audit, Education, and Goodhart's Law, Or, Taking Rigidity
Seriously,

4. Robert Mundell (1998) *Uses and Abuses of Gresham's Law in the History of Money*, Columbia
University, http://www.columbia.edu/~ram15/grash.html

5. Bank of England, Inflation Report Fan Charts, 분기 보고서, http://www.bankofengland.
co.uk/publications/inflationreport/irfanch.htm

6. Thomas L. Griffiths & Joshua B. Tenenbaum (2006) Optimal Predictions in Everyday

Cognition, *Psychological Science* 17(9), http://web.mit.edu/cocosci/Papers/Griffiths–Tenenbaum–PsychSci06.pdf

7. Thomas H. Davenport & Jeanne G Harris (2007) *Competing on Analytics: The New Science of Winning*, Harvard Business School Press.

8. Jeffrey Zaslow (2002) If TiVo Thinks You Are Gay, Here's How to Set It Straight, Wall Street Journal, 11월 26일.

9. Dan Schafer (2006) Statistical Literacy for Efficient Citizenship, http://www.statlit.org/pdf/2006SchaferBlog0927.pdf

10. University of Iowa, Electronic Markets, http://www.biz.uiowa.edu/iem/

11. Roman Frydman & Michael Goldberg (2007) *Imperfect Knowledge Economics: Exchange Rates and Risk*, Princeton University Press.

7장 시장의 움직임은 예측할 수 없다

1. Gwilym M. Jenkins (1969) The Systems Approach, *Journal of Systems Engineering* 1(1).

2. Edgar E. Peters (1991) *Chaos and Order in the Capital Markets: A New View of Cycles*, Prices, and Market Volatility, John Wiley.

3. Benoît B. Mandelbrot (1977) *The Fractal Geometry of Nature*, W H Freeman.

4. Benoît B. Mandelbrot & Richard L Hudson (2004) *The (Mis)behaviour of Markets: A Fractal View of Risk*, Ruin and Reward, 개요.

5. Paul de Grauwe & Kris Vansenten (1990) Deterministic Chaos in the Foreign Exchange Market, Center for Economic Policy Research, Discussion Paper No. 370, 1월 보고서.

6. David Deutsch (1997) *The Fabric of Reality*, Penguin.

7. Albert Einstein (1941) Science, Philosophy and Religion, A Symposium, New York, http://www.update.uu.se/~fbendz/library/ae_scire.htm

8. Ikujiro Nonaka (2001) *Managing Industrial Knowledge: Creation, Transfer and Utilization: New Perspectives on Knowledge-based Firms*, Sage.

9. Bryan Bennett & Negley Harte (eds) (1997) *The Crabtree Orations 1954-1994*, Crabtree Foundation.

10. William A. Sherden (1998) *The Fortune Sellers*, John Wiley.

11. John Allen Paulos (1991) *Beyond Numeracy*, Penguin.

12. Karl R Popper (1957) *The Poverty of Historicism*, Beacon Press.

13. John Maynard Keynes (1936) *General Theory of Employment, Interest and Money*, Palgrave Macmillan.

14. James Surowiecki (2004) *The Wisdom of Crowds: Why the Many Are Smarter than the Few*, Little, Brown.

15. Moises Naim (2005) Dangerously Unique, Foreign Policy, http://www.freemarketfoundation.com/ShowArticle.asp?ArticleType=Issue&ArticleId=2064

8장 시장에 영향을 미치는 변동성과 유동성

1. Robert Jensen (2007) The Digital Provide: Information (Technology), Market Performance, and Welfare in the South Indian Fisheries Sector, *Quarterly Journal of Economics* 122(3): 879-924, http://www.mitpressjournals.org/doi/pdf/10.1162/qjec.122.3.879?cookieSet=1

2. Peter L. Bernstein (1996) *Against the Gods: The Remarkable Story of Risk*, John Wiley.

3. Fisher Black & Myron Scholes (1973) The Pricing of Options and Corporate Liabilities, *Journal of Political Economy* 81(3): 637-54.

4. The Economist (1999) The Foresight Saga, *The Economist*, 12월 16일, http://www.economist.com/displaystory.cfm?story_id=268876

5. Ian Harris, Michael Mainelli, & Mary O'Callaghan (2002) Evidence of Worth in Not-for-Profit Sector Organizations, *Journal of Strategic Change* 11(8): 399-410, http://www.zyen.com/index.php/knowledge/index.php?option=com_content&view=article&id=135

6. The Economist (2001) Fishy Maths, *The Economist*, 8월 18일, http://www.economist.com/businessfinance/displaystory.cfm?story_id=E1_SPJGPT

7. Michael Mainelli & Bob Giffords (2009) The Road to Long Finance, Centre for the Study of Financial Innovation, http://www.longfinance.net/LongFinance/Road%20to%20Long%20Finance.pdf

8. Michael A. Nystrom (2007) Global Liquidity Defined, BullNotBull.com, 8월 3일, http://www.financialsense.com/fsu/editorials/nystrom/2007/0803.html

9. Maureen O'Hara (2004) Liquidity and Financial Market Stability, National Bank of Belgium Working Paper No. 55, 5월, http://www.bnb.be/doc/ts/publications/WP/WP55En.pdf

10. Andrew W. Lo, Harry Mamaysky, & Jiang Wang (2001) Asset Prices and Trading Volume under Fixed Transactions Costs, EFA 2001 Barcelona Meetings; Yale ICF Working Paper, http://ideas.repec.org/p/ysm/somwrk/ysm188.html

11 Christopher Brown-Humes (2007) Room for Manoeuvre, Securities & Investment Review, Securities & Investment Institute, 7월.

12. Avinash Persaud (2002) Liqudity Black Holes, World Institute for Development Economics Research, Discussion Paper 2002/31, March, http://www.wider.unu.edu/stc/repec/pdfs/rp2002/dp2002-31.pdf

13. William H. Janeway (2006) Risk versus Uncertainty: Frank Knight's "Brute" Facts of Economic Life, Social Science Research Council, http://privatizationofrisk.ssrc.org/Janeway/

14. Mark Carlson (2007) A Brief History of the 1987 Stock Market Crash with a Discussion of the Federal Reserve Response, Federal Reserve Board, 2007-13, http://www.federalreserve.gov/Pubs/Feds/2007/200713/200713pap.pdf

15. Bernard Lietaer (2001) *The Future of Money: Creating New Wealth, Work and a Wiser World*, Century.

9장 상업적 다양성으로 가득 찬 세상

1. George A. Akerlof (1970) The Market for "Lemons": Quality Uncertainty and the Market Mechanism, *Quarterly Journal of Economics* 84(3): 488–500.

2. Kenneth J. Arrow (1963) Uncertainty and the Welfare Economics of Health Care, *American Economic Review* 53(5): 941–73, http://www.uofaweb.ualberta.ca/economics/pdfs/Econ699A2–F07–RuseskiJ–Uncertainty–&–Welfare–Econ–of–Med–Care.pdf

3. George J. Stigler (1961) The Economics of Information, *Journal of Political Economy* 69(3): 213-25, http://zaphod.mindlab.umd.edu/docSeminar/pdfs/1829263.pdf

4. Joseph Stiglitz & Andrew Weiss (1981) Credit Rationing in Markets with Imperfect Information, *American Economic Review* 71(3): 393–410, http://qed.econ.queensu.ca/pub/faculty/lloyd–ellis/econ835/readings/stiglitz.pdf

5. Michael Spence (1973) Job Market Signaling, *Quarterly Journal of Economics* 87(3): 355-74.

6. George Campbell Macaulay (trans.) *The History of Herodotus*, Volume I, Book IV, Section 196, http://www.gutenberg.org/etext/2707

7. Peter L. Bernstein (2000) *The Power of Gold: The History of an Obsession*, John Wiley.

8. Claude E. Shannon (1948) A Mathematical Theory of Communication, *Bell System Technical Journal* 27: 379-423, 623-56.

9. Stephen W. Littlejohn (1983) *Theories of Human Communication*, Wadsworth.

10. Harold Innis (1950) *Empire and Communications*, Oxford University Press.

11. Marshall McLuhan (1964) *Understanding Media: The Extension of Man*, Gingko Press.

12. William Henry Furness (1910) *The Island of Stone Money: Uap and the Carolines*, J. B. Lippincott, http://www.ethnomath.org/resources/furness1910.pdf

13. Cora Lee C. Gilliland (1975) *The Stone Money of Yap: A Numismatic Survey*, Smithsonian Institution Press.

14. Milton Friedman (1991) The Island of Stone Money, The Hoover Institution, Working Papers in Economics E–91–3, http://hoohila.stanford.edu/workingpapers/getWorkingPaper.php?filename=E–91–3.pdf

15. John Maynard Keynes (1931) *Essays in Persuasion*, Macmillan.

16. Adam Smith (1776) *An Inquiry into the Nature and Causes of the Wealth of Nations*, http://www.bibliomania.com/2/1/65/112/frameset.html

17. Karl Marx (1865) *Value, Price and Profit*, http://www.marxists.org/archive/marx/works/1865/value–priceprofit/index.htm

18. Sushil Bikhandani, David Hirshleifer, & Ivo Welch (1992) A Theory of Fads, Fashion, Custom, and Cultural Change as Informational Cascades, *Journal of Political Economy* 100(5): 992-1026.

19. Donald Cox (2003) The Economics of "Believe It or Not," 8월 4일, http://www.econlib.org/library/Columns/y2003/Coxbelieve.html

372

20. Fred Hirsch (1976) *The Social Limits to Growth*, Harvard University Press.

21. Ed Smith (2008) *What Sport Tells Us about Life: Bradman's Average, Zidane's Kiss and Other Sporting Lessons*, Viking.

22. Gerald R. Musgrave (2006) John Bogle's Views on Executive Compensation, Business Economics 4월호. http://findarticles.com/p/articles/mi_m1094/is_2_41/ai_n16675914

10장 혁신이 없으면 번영도 없다

1. Michael E. Porter (1990) *The Competitive Advantage of Nations*, Free Press.

2. Joseph A. Schumpeter (1912) *The Theory of Economic Development*, Social Science Classics Series.

3. OECD (2005) Oslo Manual: Proposed Guidelines for Collecting and Interpreting Technological Innovation Data, http://www.oecd.org/dataoecd/35/61/2367580.pdf

4. Patricia B. Seybold (2006) *Outside Innovation: How Your Customers Will Co-Design Your Company's Future*, HarperCollins.

5. Herman Melville (1850) *Hawthorne and His Mosses*, Literary World.

6. Arthur Koestler (1967) *The Ghost in the Machine*, Penguin.

7. Richard Dawkins (1976) *The Selfish Gene*, Oxford University Press.

8. Alain Marciano (2006) Economists on Darwin's Theory of Social Evolution and Human Behaviour, Max Plank Institute of Economics, http://ssrn.com/abstract=673061

9. Richard Dawkins (1976) *The Selfish Gene*, Oxford University Press.

10. Fremont E. Kast & James E. Rosenzweig (1981) *The Modern View: A Systems Approach in Systems Behaviour*, Open Systems Group.

11. Terence Kealey (1996) *The Economic Laws of Scientific Research*, Macmillan.

12. William A. Sherden (1998) *The Fortune Sellers*, John Wiley.

13. William Ross Ashby (1983) Self-Regulation and Requisite Variety, in Fred Emery (ed.), *Systems Thinking*, Penguin.

14. Michael Mainelli & Stephen Pumphrey (2002) Optimising Risk/Reward in High Ratio Relationships: Jumbo Bonsai Meets Pocket Battleship, *Journal of Change Management* 2(3), 7-20.

15. Peter Drucker (2001) A Survey of the Near Future, *The Economist* 11월호.

16. Robert I. Sutton (2001) *Weird Ideas That Work: 11½ Ways for Promoting, Managing and Sustaining Innovation*, Free Press.

17. The Economist (2002) Re-engineering in Real Time, *The Economist* 1월호.

18. The Economist (2006) Searching for the Invisible Man, *The Economist* 3월호.

19. G. M. P. Swann (2000) The Economics of Standardisation: Final Report for Standards and Technical Regulations Directorate, Department of Trade and Industry, London, http://www.dti.gov.uk/files/file11312.pdf

20. Bill Bryson (1998) *Made in America*, Black Swan.

21. European Interoperability Framework for pan-European eGovernment Services, Version 1.0, 2004, http://www.apdip.net/projects/gif/country/EU-GIF.pdf

11장 지속 가능한 경제를 위하여

1. Paul R. Ehrlich & John P. Holdren (1971) Impact of Population Growth, Science 171: 1212-17; Barry Commoner (1972) The Environmental Cost of Economic Growth, *Population, Resources and the Environment, Government Printing Office*, pp. 339-63.

2. IPCC (2001) *Special Report on Emissions Scenarios: A Special Report of Working Group III of the Intergovernmental Panel on Climate Change*, Cambridge University Press, http://www.grida.no/publications/other/ipcc_sr/?src=/climate/ipcc/emission/050.htm

3. Martha M. Campbell (2005) Why the Silence on Population?, Keynote Address to Population and Sustainability Network: Population Increase: A Universal Threat? What Is the Role of Europe?, London School of Hygiene and Tropical Medicine, 10월 13일. http://www.populationandsustainability.org/download.php?id=8

4. Bruce Lloyd (2008) *What Do We Really Mean by "Sustainable"?*, World Future Society, http://www.wfs.org/lloyd08.htm

5. One Planet Living, http://www.oneplanetliving.org/index.html

6. Herman Daly (1994) World Bank Departure Speech, 1월 14일, http://www.whirledbank.org/ourwords/daly.html

7. Paul Ekins (2000) *Economic Growth and Environmental Sustainability: The Prospects for Green Growth*, Routledge.

8. Stewart Brand (2009) *Whole Earth Discipline*, Viking Books; 다음 동영상 요약 Rethinking Green, The Long Now Foundation via ForaTV, http://fora.tv/2009/10/09/Stewart_Brand_Rethinking_Green

9. Forum for the Future (Alice Chapple and others) (2007) Investments to Combat Climate Change: Exploring the Sustainable Solutions, The London Accord, Chapter D3, City of London Corporation, November, http://www.london-accord.co.uk/images/reports/pdf/d3.pdf

10. Gro Harlem Brundtland (Chair) (1987) *Our Common Future: Report of the Brundtland Commission*, Oxford University Press.

11. G. Heal & H. Kunreuther (2002) You Can Only Die Once: Public-Private Partnerships for Managing the Risks of Extreme Events, white paper for conference on Risk Management Strategies in an Uncertain World, Palisades, New York, http://www2.gsb.columbia.edu/faculty/gheal/General%20Interest%20Papers/onlydieonce.pdf

12. Horst W. J. Rittel & Melvin M. Webber (1973) *Dilemmas in a General Theory of Planning*, Policy Sciences 4, Elsevier, pp 155-69, http://www.uctc.net/mwebber/Rittel+Webber+

Dilemmas+General_Theory_of_Planning.pdf

13. Muhammad Yunus (2007) *Creating a World without Poverty: Social Business and the Future of Capitalism*, PublicAffairs.

14. World Bank and Food & Agriculture Organization (2009) The Sunken Billions: The Economic Justification for Fisheries Reform, http://siteresources.worldbank.org/EXTARD/Resources/336681−1224775570533/SunkenBillionsFinal.pdf

15. Charles Clover (2004) *The End of the Line: How Overfishing Is Changing the World and What We Eat*, Ebury Press.

16. Paul Collier (2007) *The Bottom Billion: Why the Poorest Countries Are Failing and What Can Be Done about It*, Oxford University Press.

17. Jeffrey Sachs (2008) *Common Wealth: Economics for a Crowded Planet*, Allen Lane.

13장 가격에 브레이크를 걸어라

1. Edward Wilson (1998) *Consilience*, Alfred A. Knopf.

2. Jean−Fran?ois Rischard (2002) *High Noon: Twenty Global Problems, Twenty Years to Solve Them*, Basic Books.

3. Nassim Nicholas Taleb (2007) *The Black Swan: The Impact of the Highly Improbable*, Allen Lane.

4. John Smithin (2009) *Money, Enterprise and Income Distribution*, Routledge.

5. Adam Smith (1776) *An Inquiry into the Nature and Causes of the Wealth of Nations*, http://www.bibliomania.com/2/1/65/112/frameset.html

6. Muhammad Yunus (2007) *Creating a World without Poverty: Social Business and the Future of Capitalism*, PublicAffairs.

7. Malcolm Cooper (2010) *In Search of the Eternal Coin: A Long Finance View of History*, Long Finance.

8. PricewaterhouseCoopers (2007) Global Risk, Reward, Business and Society: Collaborate or Collapse? Briefing Paper, PricewaterhouseCoopers.

9. Thomas Babington Macaulay (1825) Essay on Milton, Edinburgh Review, http://www.gutenberg.org/ebooks/2332

10. John Brockman (1996) *Digerati: Encounters with the Cyber Elite*, HardWired Books, http://www.edge.org/documents/digerati/Lanier.html

11. The Long Now, www.longnow.org

12. Sendhil Mullainathan & Elizabeth Koshy (2008) The Psychology of Debt, CAB/CMF Conference on Microfinance, http://www.ifmr.ac.in/cmf/research/dt/CAB_CMF_Conference_Jan2008.pdf; Sendhil Mullainathan (2008) The Psychology of Scarcity (Class 3) and The Irony of Poverty (Class 5), Edge Master Class, http://www.edge.org/3rd_culture/thaler_sendhil08/class3.html http://www.edge.org/3rd_culture/thaler_sendhil08/class5.html

13. Ernst Friedrich Schumacher (1973) Small Is Beautiful, Blond & Briggs.

KI신서 4403

무엇이 가격을 결정하는가?

1판 1쇄 발행 2012년 11월 9일
1판 2쇄 발행 2013년 1월 10일

지은이 마이클 마이넬리, 이안 해리스 **옮긴이** 윤태경
펴낸이 김영곤 **펴낸곳** (주)북이십일 21세기북스
부사장 임병주
MC기획4실장 주명석
해외사업팀장 김상수 **해외사업팀** 정영주 조민정
책임편집 조혜정 **디자인 표지** 김진디자인 **본문** 모아
마케팅영업본부장 최창규 **마케팅2팀** 민안기 김다영 김해나 이은혜 **영업** 이경희 정경원 정병철
출판등록 2000년 5월 6일 제10-1965호
주소 (우 413-756) 경기도 파주시 회동길 201(문발동)
대표전화 031-955-2100 **팩스** 031-955-2151 **이메일** book21@book21.co.kr
홈페이지 www.book21.com
21세기북스 트위터 @21cbook **블로그** b.book21.com

ISBN 978-89-509-4360-8 03320
책값은 뒤표지에 있습니다.